# नज़रिया
# जीत का

# नज़रिया जीत का

## जीवन में अद्भुत सफलता कैसे प्राप्त करें

### जेफ़ केलर

अनुवाद
धीरज कुमार अग्रवाल

हार्पर
हिन्दी

हार्पर हिन्दी
(हार्परकॉलिंस पब्लिशर्स इंडिया) द्वारा 2022 में प्रकाशित
बिल्डिंग नं. 10, टावर A, 4th फ्लोर,
डीएलएफ साइबर सिटी, फेज II, गुरुग्राम 122002, भारत
www.harpercollins.co.in

P-ISBN: 9789354891601
E-ISBN: 9789354891670

लेखक इस पुस्तक का मूल रचनाकार होने का नैतिक दावा करता है।
इस पुस्तक में व्यक्त किये गये सभी विचार, तथ्य और दृष्टिकोण लेखक के अपने हैं और प्रकाशक किसी भी तौर पर इनके लिए ज़िम्मेदार नहीं है।

कवर डिजाइन © : हार्पर कॉलिन्स पब्लिशर्स इंडिया
टाइपसेटिंग : निओ साफ़्टवेयर कन्सलटैंट्स, प्रयागराज (इलाहाबाद)
मुद्रक : थॉम्सन प्रेस (इंडिया) लि.

HarperCollinsIn

FSC MIX Paper FSC® C010615

This book is produced from independently certified FSC® paper to ensure responsible forest management.

# विषय-सूची

# भूमिका

आत्म-विकास की अपनी यात्रा में आप कहीं पर भी हों, मेरा मानना है कि अगर इस रास्ते में हमारी मुलाकात हुई है तो इसके पीछे कोई ना कोई वजह ज़रूर है।

वैसे मैं आपको नहीं जानता, लेकिन एक चीज़ है जिसके बारे में मुझे कोई सन्देह नहीं है: इस किताब में वैसे नियम-कायदे हैं जो आपके जीवन में नाटकीय रूप से सुधार ला सकते हैं। मैं पूरे भरोसे से ये कह सकता हूँ क्योंकि इन नियम-कायदों ने मेरी ज़िन्दगी को बेहतर बनाया है—और यही चीज़ लाखों-करोड़ों दूसरे लोगों के साथ हुई है।

1980 के दशक के मध्य में, आत्म-विकास की अपनी यात्रा में मुझे एक निर्णायक पल का अहसास हुआ। मैं वकील के तौर पर अपने करियर से बेहद असन्तुष्ट और निराश था। उस वक़्त, मैं एटीट्यूड और सफलता के सिद्धान्तों के बारे में बहुत कम जानता था। इन सिद्धान्तों ने मुझे "बचाया" और मेरे लिए सम्भावनाओं की एक नई दुनिया के दरवाज़े खोल दिए। इस किताब में आपको रातों-रात कामयाब होने या बिना किसी कोशिश के अमीर बनने के नुस्खे नहीं मिलेंगे। काश ये सब इतना आसान होता! अगर आप अपनी ज़िन्दगी में बदलाव लाना चाहते हैं, तो आपको जिम्मेदारी लेनी होगी और सोचने और काम करने के नए तरीके विकसित करने होंगे।

आपमें से कुछ लोगों ने मेरी किताब *एटीट्यूड इज़ एवरीथिंग* पढ़ी होगी। मैं अपने भारतीय पाठकों से मिले ढेरों ईमेल्स के लिए उनका शुक्रगुजार हूँ, जिन्होंने मुझे बताया है कि *एटीट्यूड इज़ एवरीथिंग* से मिली सीखों को लागू करके उन्होंने अपने जीवन में सकारात्मक बदलाव कैसे हासिल किए हैं।

मैं खास तौर पर किशोर और बीसेक साल के नौजवान भारतीय पाठकों के ईमेल्स की तादाद देखकर ख़ुश हुआ। इन नौजवान पाठकों ने पूरे उत्साह के साथ बताया कि कैसे उन्होंने अपने एटीट्यूड में शानदार सुधार किया और *एटीट्यूड इज़ एवरीथिंग* के सिद्धान्तों का इस्तेमाल अपनी परीक्षाओं और जॉब इंटरव्यू की तैयारियों के लिए किया।

अगर आपने *एटीट्यूड इज़ एवरीथिंग* पढ़ी है, तो आप *नज़रिया जीत का* पढ़ने के बाद कहीं ज़्यादा कामयाबी और ख़ुशी हासिल कर पायेंगे। आप ज़्यादा व्यवहारिक रणनीतियाँ सीखेंगे जो आपकी ज़िन्दगी को निजी और पेशेवर दोनों तरीकों से समृद्ध बनायेंगी।

महानता आपके भीतर छिपी है। *नज़रिया जीत का* आपको अपनी अद्वितीय क्षमता विकसित करने का साधन और प्रोत्साहन देता है। ये वक़्त आपके लिए जीत का नज़रिया विकसित करने और ज़िन्दगी में असाधारण नतीजे हासिल करने का है।

### जेफ़ केलर

# 1

# "नजरिया ही सबकुछ है!" पर क्यों

*मेरी पीढ़ी की सबसे महान खोज ये है कि इंसान अपने नज़रिये को बदलकर अपनी ज़िन्दगी बदल सकता है।*

—**विलियम जेम्स**

एटीट्यूड इज़ एवरीथिंग। ये मेरी कम्पनी का नाम है, और ये वो फलसफा है जिसे मैं दिलो-जान से बढ़ावा देता हूँ, क्योंकि मुझे इसका सीधा अनुभव है कि कैसे इस सिद्धान्त ने मेरे जीवन को बेहतर बनाया है। फिर भी, मेरी यात्राओं के दौरान लोग मेरे पास आकर पूछते हैं, "निश्चित रूप से एटीट्यूड ज़रूरी है। लेकिन क्या ये 'सब कुछ' है?" देखिए... मैं सच में मानता हूँ कि एटीट्यूड सब कुछ है।

चलिए, अपने मकसद के लिए, हम सकारात्मक रवैये की बेहद आसान परिभाषा लेते हैं। सबसे पहली बात, सकारात्मक रवैया रखने वाले लोग आशावादी होते हैं। वे "नहीं हो सकता" के बजाय "हो सकता है" पर फोकस करते हैं। वे सीमाओं के बजाय सम्भावनाएं देखते हैं। अब, मैं ये बात सबसे पहले स्वीकार करता हूँ कि कामयाबी को केवल सकारात्मक रवैये से कहीं ज़्यादा की ज़रूरत होती है—दूसरे नियम-कायदे भी हैं जिन्हें आपको अपनाना होता है। लेकिन इन सबकी शुरुआत होती है एटीट्यूड से! बिना सकारात्मक एटीट्यूड के, आप कामयाबी के दूसरे नियम-कायदों के फायदे नहीं उठा सकते। आपका एटीट्यूड आपकी कामयाबी और उपलब्धि की बुनियाद और शुरुआत है।

**चलिए देखते हैं कि कैसे आपका रवैया कामयाबी के दूसरे पहलुओं को सक्रिय बना देता है:**

- **आत्मविश्वास—**अगर आप आशावादी नहीं हैं तो क्या आप आत्मविश्वासी और प्रभावशाली हो सकते हैं? मुझे ऐसा नहीं लगता। आत्मविश्वासी व्यक्ति अपनी क्षमताओं में भरोसा करता है और सफलता की उम्मीद में आगे कदम बढ़ाता है। उस आत्मविश्वास को दूसरे लोग देख सकते हैं और महसूस कर सकते हैं। नकारात्मकता सन्देह और हिचक को पैदा करती है।

- **दृढ़ता—**हम सभी जानते हैं कि अपने उद्देश्य को हासिल करने में बार-बार किये जाने वाले प्रयासों का क्या महत्त्व है। अगर आपको अपनी कामयाबी का भरोसा ही नहीं होगा तो फिर आप दृढ़ क्यों होंगे? आशावादिता ही दृढ़ता की तरफ ले जाती है। नकारात्मक लोग पहली मुश्किल पर ही हार मान लेते हैं क्योंकि उन्हें लगता है कि अब ज़्यादा कोशिशें करने का कोई फायदा नहीं है।

- **पलटवार—**जब आपको धूल चटा दी गई हो तब अपने पैरों पर फिर से खड़ा होना—ये निश्चित रूप से कामयाबी के सबसे महत्वपूर्ण सिद्धान्तों में एक है। नकारात्मक लोग और भी निराशावादी हो जाते हैं जब चीज़ें उनकी योजना के मुताबिक नहीं होती हैं। सकारात्मक लोग अस्थायी रूप से हताश होते हैं... और फिर वे उस मौके या सबक की तलाश करते हैं जो मुसीबत से निकलता है। मैंने भी पाया है कि जो लोग बेहद सकारात्मक होते हैं, वे जीवन की घटनाओं का विरोध नहीं करते, अपनी किस्मत को कोसते नहीं हैं या इस बात का रोना नहीं रोते हैं कि बुरी चीज़ें हमेशा उनके साथ होती हैं। इसके बजाय, वो मानते हैं कि हर चीज़ किसी ना किसी वजह से होती है। ये नज़रिया उन्हें नाकामियों को दूर करने और "वक़्त के साथ चलने" में मदद करता है।

- **साहस—**साहस के बगैर कोई कामयाबी लगातार नहीं मिलती। जब आपको भरोसा होता है कि आप कुछ कर सकते हैं, तब आप डर लगने के बावजूद आगे बढ़ने की हिम्मत जुटा पाते हैं। दूसरी तरफ, नकारात्मक लोग अपने डर की वजह से पीछे हट जाते हैं और इस तरह अपनी सम्भावना को बर्बाद कर देते हैं।

- **उत्साह और ऊर्जा—**मुझे एक ऐसा व्यक्ति दिखाइए जिसका रवैया सक्रिय और सकारात्मक हो और मैं आपको बता सकता हूँ कि वो

ऊर्जा से भरा होगा, और पूरी सम्भावना है कि वो अपने काम को लेकर उत्साहित होगा। इन लोगों की चाल में भी ऊर्जा होती है और आप केवल उनके आस-पास रहकर भी बेहतर महसूस करते हैं। आप ऐसे कितने नकारात्मक लोगों को जानते हैं जिनके भीतर आपको इतनी ऊर्जा और उत्साह दिखता है? आप ऐसे कितने नकारात्मक लोगों के आसपास रहना पसन्द करते हैं... जो आपको अपनी नकारात्मकता से भर देते हों? मेरा दावा है कि एक भी नहीं। नकारात्मकता ऊर्जा को सोख लेती है, जबकि आशावादिता ऊर्जा को बढ़ावा देती है।

- **स्वास्थ्य**—ये एक ऐसा रिश्ता है जिसकी तारीफ करने के लिए आपको इसका अनुभव ख़ुद करना होगा। हम सभी ने अपनी ज़िन्दगी में ऐसा वक़्त देखा होगा जब हम बीमार पड़ गए क्योंकि हम काफी ज़्यादा तनाव और नकारात्मकता से घिरे थे। जब मैं अपनी उम्र के दूसरे दशक में था और मेरा रवैया नकारात्मक होता था, मैं थका हुआ महसूस करता था और कई छोटी-मोटी बीमारियों से जूझता रहता था। जैसे ही मेरा एटीट्यूड सुधरा, मेरी सेहत भी बेहतर हो गई। मैं ख़ुद को कम उम्र का दिखने और महसूस करने लगा। सच ये है कि जब आप सकारात्मक होते हैं तो आपके शरीर की कोशिकाएं सचमुच ज़िन्दा हो जाती हैं।

- **दूसरों का हौसला बढ़ाना**—जब आप अपनी क्षमता को ज़्यादा से ज़्यादा देखना और इस्तेमाल करना शुरू करते हैं, आप उस महानता को भी देख पाते हैं जो हर व्यक्ति के भीतर छिपी होती है। आपको दूसरों की काबिलियत पर भरोसा होता है, और वे उस पर खरे उतरते हैं! इसके अलावा, सकारात्मक व्यक्ति कहीं ज़्यादा असरदार नेता होता है। क्या आप किसी ऐसे की बात मानना चाहेंगे जिसे अपने काम पर भरोसा ना होता हो... या जो किसी बुरे नतीजे की आशंका करता हो? पक्के तौर पर नहीं।

- **आभार**—जब आपका नज़रिया नकारात्मक होता है, आपका ध्यान अपनी ज़िन्दगी में "गलत" पर जाने लगता है और आप अपने आसपास की खूबसूरती की तारीफ नहीं करते। जब आप सकारात्मक होते हैं, आप पर खूबसूरती का असर होता है और आप ख़ुद को आश्चर्य की भावना से घिरा पाते हैं। सकारात्मक लोग हर चीज़ की तारीफ ज़्यादा करते हैं। वे ये भी पाते हैं कि शिकायत करने और गलती ढूंढ़ने के

बजाय खुद को मिली ख़ुशियों पर ध्यान देने से उन्हें बेहतर महसूस होता है।

- **दृष्टिकोण**—आभार की बढ़ती भावना के बाद आपके दृष्टिकोण में तार्किक रूप से विकास होने लगता है। आप अपने जीवन के सकारात्मक पहलुओं की सराहना करते हैं और मानते हैं कि किसी दिक्कत या अस्थायी असुविधाओं की तुलना में खुशियों की तादाद कहीं ज़्यादा है। आप कभी टायर पंक्चर होने या अपनी बिक्री घटने को बड़ा मुद्दा नहीं मानते क्योंकि आप जानते हैं कि आपकी सेहत, आज़ादी और आपके दोस्तों और परिवार के सामने ये मुद्दे बेहद छोटे हैं।
- **"दूसरों तक आपकी पहुँच"**—उन नकारात्मक लोगों के बारे में सोचिए जिनसे आप रोज़ मिलते हैं। इन लोगों की भौंहें चढ़ी होती हैं और आपको उनसे मिलकर कोई गर्मजोशी महसूस नहीं होती। वे दूरी बनाते हैं। दूसरी तरफ, आशावादी व्यक्ति आपको देखते ही मुस्कुराता है और आप भी मुस्कुरा देते हैं! आप सकारात्मक लोगों के साथ एक जुड़ाव महसूस करते हैं और आपको उनके साथ वक़्त बिताकर अच्छा लगता है।
- **आध्यात्मिक विकास**—जो लोग अपने रवैये को सुधारने के लिए प्रतिबद्ध होते हैं, उनकी आध्यात्मिक जागरूकता आमतौर पर बढ़ी हुई होती है। नकारात्मक, नाख़ुश लोगों का उस परम शक्ति के साथ कोई सार्थक जुड़ाव नहीं होता। हालांकि, जब आपके भीतर सकारात्मक विचार और भावनाएं भरी होती हैं, आप अपनी और दूसरों की सराहना ज़्यादा करते हैं। आप ये महसूस करना शुरू कर देते हैं कि हर चीज़ के पीछे एक मकसद है और आप किसी बड़ी योजना का एक हिस्सा हैं। आप अपने मन की आवाज़ पर ज़्यादा भरोसा करते हैं और महसूस करते हैं कि आपको अपनी यात्रा के दौरान मार्गदर्शन मिल रहा है।

मेरा मानना है कि आप इस बात से सहमत होंगे कि विशेषताओं की ये सूची काफी प्रभावशाली है। और इन सभी तक पहुँचने का रास्ता है ज़्यादा सकारात्मक रवैया विकसित करना। हालांकि ये कभी नहीं भूलें कि आपका एटीट्यूड ऐसा फैसला है जिसे आप हर दिन लेते हैं। तय करें कि आप एक स्थिर सकारात्मक रवैया बनायेंगे। अन्त में, मुझे लगता है कि आपको भी महसूस होगा कि एटीट्यूड ही सब कुछ है!

# 2

# खुशकिस्मत होने का राज़

*तैयारी की अवसर से मुलाकात ही किस्मत है।*

**—एल्मर लेटरमैन**

ऐसा क्यों लगता है कि कुछ लोगों की किस्मत हमेशा उनके साथ होती है? वे हमेशा सही वक़्त पर सही जगह होते हैं। उनके कारोबार की तरक्की होती है। उन्हें एक के बाद एक शानदार प्रोमोशन मिलते रहते हैं। संक्षेप में: उन्हें असाधारण सफलता का सुख मिलता है। इसे कैसे समझाया जा सकता है? क्या वे कुछ खास कर रहे हैं, या संयोग है कि किस्मत उनके साथ है?

एक पल के लिए, हम लॉटरी जीतने को अलग रख देते हैं—जो कि किस्मत का ही खेल लगता है—और उन लोगों पर फोकस करते हैं जिन्होंने अपनी ज़िन्दगी में लगातार असाधारण नतीजे हासिल किए हैं। अक्सर, हम उनकी उपलब्धियों का श्रेय उनकी किस्मत को देते हैं। हालांकि, इन लोगों की ज़िन्दगी का अध्ययन करने के बाद मैंने पता लगाया है कि बात सिर्फ इतनी नहीं है। सही मायने में, इन लोगों ने किसी ऐसी चीज़ का फायदा उठाया है जिसे मैं "बनाई गई किस्मत" कहूँगा।

जो लोग अपना भाग्य ख़ुद बनाते हैं, उन सभी में कुछ खास विशेषताएं एक जैसी होती हैं। *तो फिर, अपनी ज़िन्दगी में किस्मत को लाने के राज़ अब मैं आपको बताता हूँ...*

1. **प्रोएक्टिव बनें.** आप मुझे ऐसा व्यक्ति दिखाइए जिसकी किस्मत लगातार साथ देती हो और मैं आपको दिखा सकता हूँ कि वो व्यक्ति कभी भी इस बात का इन्तज़ार नहीं करता कि किस्मत उसके दरवाज़े

पर दस्तक देगी। ख़ुशकिस्मत लोग अपने लक्ष्यों को हासिल करने के लिए लगातार काम करते हैं और जीतने की स्थिति में ख़ुद को रखते हैं।

2. **तेजस्वी और सकारात्मक दृष्टिकोण रखें.** ये बात साबित हो चुकी है कि हम उसी चीज़ को अपनी तरफ आकर्षित करते हैं जिसके बारे में हम सबसे ज़्यादा सोचते हैं। जिन लोगों को मौके मिलते हैं, वे ख़ुद पर और अपनी काबिलियत पर यकीन करते हैं। वे ख़ुद को अपने लक्ष्यों को पाते हुए देखते हैं और भली-भाँति जानते हैं कि वे अपने रास्ते की सारी चुनौतियों को जीत लेंगे। इसलिए असाधारण उपलब्धियों को अपनी तरफ आने देने के लिए अपने दृष्टिकोण में आत्मविश्वास भरें और सफलता पर ध्यान केन्द्रित करें!

3. **अपने भीतर तीव्र इच्छा रखें.** सकारात्मक रहने के अलावा, भाग्यशाली लोग अपने लक्ष्यों को हासिल करने के लिए जुनूनी होते हैं। वे हमेशा मौके का फायदा उठाने की तलाश में रहते हैं, और आप दावे के साथ कह सकते हैं कि उनकी इस तलाश में आपको उत्साह और ऊर्जा मिलेगी।

4. **तैयार रहें.** अर्ल नाइटिंगेल ने इस बात को शानदार तरीके से कहा: अगर आप अवसर का सामना पूरी तैयारी के साथ नहीं करते हैं, तो ऐसी स्थिति में आपकी मूर्खता ही सबको दिखाई देगी। भाग्यशाली व्यक्ति मानसिक, शारीरिक और भावनात्मक रूप से अपनी अधिकतम क्षमता से काम करने के लिए तैयार रहते हैं। वे सीखते रहते हैं और कड़ी मेहनत करते हैं। वे जिस भी काम में लगे होते हैं, आप पायेंगे कि वे उस क्षेत्र के कामयाब लोगों के बारे में पढ़ते हैं, उनसे बात करते हैं और उनकी बताई चीज़ों का अभ्यास करते हैं। और उन्हें एहसास होता है कि किसी शानदार अवसर के सामने आने के पहले उनकी तैयारी पूरी होनी चाहिए। हो सकता है कि आपको कभी-कभी एथलीट भाग्यशाली लगें, लेकिन आप उन अनगिनत वर्षों को ना भूलें जब उन्होंने लगातार अभ्यास किया होता है।

5. **अविश्वसनीय दृढ़ता और लम्बी अवधि का नज़रिया रखें.** ज्यादातर लोगों को किस्मत बदलने का मौका चाहिए और वो भी इसी वक़्त*!* काश कामयाबी इतनी आसानी से मिलती। बेहद कामयाब लोगों को ध्यान से देखें और आप पायेंगे कि करीब-करीब सभी ने सालों तक हताशा और नाकामी पर जीत हासिल की है। किसी भी पेशे में, जिन

थोड़े लोगों ने कामयाबी पास नहीं दिखने पर भी हार मानने से इनकार किया, वही लोग अन्त में "असम्भव" को सम्भव कर पाए।

6. **कड़ी मेहनत करके कामयाब बनें.** भाग्यशाली व्यक्ति छोटी शुरुआत करके धीरे-धीरे ऊँचाई पर पहुँचने के लिए तैयार रहते हैं। मिसाल के लिए, हाई स्कूल और कॉलेज में माइकल जॉर्डन दुनिया के सबसे अच्छे बास्केटबॉल खिलाड़ी नहीं थे। इसी तरह, ओप्रा विन्फ्रे ने अपना करियर नेशनल टेलीविज़न पर अपने शो के साथ शुरू नहीं किया। इन्होंने वक़्त के साथ अपने हुनर को विकसित किया और उन्हें मिले मौकों का फायदा उठाने का हक हासिल किया।

7. **उद्देश्य बिलकुल साफ़ रखें.** स्पष्टता में शक्ति है। भाग्यशाली लोग जानते हैं कि उन्हें क्या हासिल करना है और वो बिलकुल साफ़-साफ़ देख सकते हैं कि अन्तिम नतीजा क्या होने वाला है। उस ख़ुशनुमा तस्वीर से उनका हौसला बढ़ता है और वे उस तस्वीर को सच्चाई में उतारना चाहते हैं। आप केवल एक धुँधली सोच के साथ बहुत दूर नहीं जा सकते कि आप "ख़ुश" या "कामयाब" होना चाहते हैं।

8. **लचीलापन दिखाएं.** इस सच्चाई को हमें स्वीकार करना ही होगा कि आप चाहें कितनी भी अच्छी तैयारियाँ कर लें, आप कभी भी सारी नाकामियों और रास्ते की मुश्किलों का अनुमान नहीं लगा सकते। भाग्यशाली लोग अपनी तरक्की पर नज़र रखते हैं और जब ज़रूरत होती है तब उसके मुताबिक बदलाव करते हैं। जब कोई रणनीति काम नहीं करती, वे शिकायत नहीं करते या अपनी किस्मत को कोसते नहीं हैं; वे बस उस रणनीति में बदलाव करते हैं। साथ ही, वे बेहद खुली सोच के होते हैं—और उनके मूल लक्ष्य का पीछा करने के दौरान मिले किसी भी नए मौके का फायदा उठाने के काबिल होते हैं।

9. **जोखिम उठाएं.** इसका मतलब मूर्खता करना या बिना सोचे-समझे दांव लगाना नहीं है। हालांकि, असाधारण और अभूतपूर्व सफलता उन्हीं को मिलती है जो नई चीज़ों को आजमाने से नहीं घबराते।

अन्त में, कामयाब लोग अपनी किस्मत ख़ुद बनाते हैं। जॉर्ज बर्नार्ड शॉ ने शायद ये सबसे अच्छी बात कही है: "इस दुनिया में वही लोग सफल होते हैं जो उन परिस्थितियों की तलाश करते हैं जैसी वो चाहते हैं, और अगर उन्हें वैसी परिस्थितियाँ नहीं मिलतीं तो वो उन्हें बनाते हैं।"

# 3

# बूमरैंग

*काम ख़ुशी से और शान्त मन से करें, ये जान लें कि सही विचार और*
*सही प्रयास निश्चित रूप से सही परिणाम लेकर आयेंगे।*
*—जेम्स एलेन*

चाहे आपको इसका एहसास हो या नहीं, आप आज बूमरैंग फेंक रहे हैं। जैसा कि आप जानते हैं, बूमरैंग बीच से मुड़ा हुआ लकड़ी का ऐसा हथियार होता है जिसे आप ख़ुद से दूर फेंकते हैं, और जो आप तक लौटकर आ जाता है। जीवन के खेल में आप हर दिन अपने काम और व्यवहार के रूप में दुनिया में बूमरैंग फेंकते रहते हैं, और जो बाद में अक्सर कई गुना बढ़कर आप तक लौट आता है।

आपने शायद इस सिद्धान्त को अलग तरीके से सुना होगा, जैसे कि "जैसा काम करोगे वैसा फल मिलेगा।" या बाइबिल का ये वाक्य "दूसरों की मदद करो और तुम्हें मदद मिलेगी" और "जैसी करनी, वैसी भरनी।"

लेकिन ये सिद्धान्त हमारे रोजमर्रा की ज़िन्दगी पर कैसे लागू होता है? आसान शब्दों में, अगर आप दूसरों के साथ प्रेम और सम्मान भरा व्यवहार करेंगे, आप देखेंगे कि आमतौर पर दूसरे भी आपसे प्रेम और सम्मान से पेश आयेंगे। अगर आप दूसरों की सेवा करेंगे, आपकी भी सेवा होगी। बेशक, ये "नियम" नकारात्मक बर्ताव पर भी लागू होता है। अगर आप दूसरों की आलोचना करते हैं और उनके बारे में गलत राय बनाते हैं तो आपको अपनी आलोचना और अपने बारे में राय पर चौंकना नहीं चाहिए।

वैसे, आपको हमेशा वही चीज़ नहीं मिलती है जिसे आपने दिया होता है। उदाहरण के लिए, हो सकता है कि आपने किसी का पैसा चुराया हो और इसके

बदले में आपका पैसा चुराए जाने के बजाय आपको जेल हो सकती है। चाहे जो हो, बेईमानी और अनैतिक काम का नतीजा हमेशा नकारात्मक रहता है, जबकि उचित और सम्मान से भरी कोशिशों का नतीजा सकारात्मक रहता है।

आगे बढ़ने के पहले, बूमरैंग सिद्धान्त के बारे में कुछ गलतफहमियों को दूर कर लेते हैं। कई लोग इसमें यकीन नहीं करते हैं क्योंकि वे इसे लम्बी अवधि के नज़रिए से देख पाने में नाकाम होते हैं। आपके कर्मों का फल तुरन्त नहीं मिलता है। दरअसल, आपके कर्मों और वापस मिलने वाले फलों के बीच अक्सर एक लम्बा वक़्त होता है।

इसलिए, अगर आपको लगता है कि आप एक "अच्छा जीवन" बिता रहे हैं—कि आप दूसरों की मदद कर रहे हैं, अपने दोस्तों के प्रति वफादार हैं, काम-धन्धे में रचनात्मक हैं, और अपने परिवार से प्यार करते हैं—और कि आपको अभी तक इसका बड़ा इनाम नहीं मिला है तो निराशा ना जताएं। सबसे पहली बात, हो सकता है कि आप अपने जीवन में पहले से मौजूद अच्छाइयों को नज़रअन्दाज़ कर रहे हों। या, आप उस चीज़ पर यकीन कर सकते हैं जो देर से मिलने वाले इनाम के बारे में राल्फ वाल्डो एमर्सन मानते थे—कि आपके अच्छे कर्म ब्रह्मांड के बैंक में "चक्रवृद्धि ब्याज" कमा रहे हैं, समय के साथ उनकी कीमत बढ़ती जा रही है, और एक दिन आपको बेहतरीन डिविडेंड मिलेगा। इसी अन्दाज़ में ब्रह्मांड उन दृढ़ निश्चयी लोगों को इनाम देता है जो अपने लक्ष्य की तरफ पूरी मेहनत से लगे रहते हैं...और फिर ऐसा लगता है कि अचानक बहुत बड़ी कामयाबी मिल गई!

लोगों को बूमरैंग सिद्धान्त से इसलिए भी परेशानी होती है क्योंकि वे उसी व्यक्ति से फायदे की उम्मीद करते हैं जिसे उन्होंने कुछ दिया होता है। ये सिद्धान्त इस ढंग से काम नहीं करता। आपको कभी पता नहीं चलेगा कि फायदा किसकी तरफ से आयेगा—या ये कब आयेगा—लेकिन इसका आना तय है।

शायद इस सिद्धान्त को देखने का सबसे बेहतर तरीका है इसे उलटकर देखना। दूसरे शब्दों में, आप इस पर ध्यान दें कि आपके जीवन में क्या आ रहा है—और इससे आपको पता चलेगा कि आप क्या देते आ रहे हैं।

इस तरह, अगर आप कुछ भी मनपसन्द नहीं हासिल कर रहे हैं (मिसाल के लिए, दोस्ती, प्रेम या ईमानदारी), तो इस बात पर सोचें कि कहीं आप इन चीज़ों को अपने आसपास के लोगों तक पहुँचने से तो नहीं रोक रहे। जिन चीज़ों को आप दूसरों तक जाने से रोकेंगे, वे आप तक भी नहीं आयेंगी। जब आप इन चीज़ों को देना शुरू करते हैं, आप ख़ुद तक इनकी वापसी का रास्ता खोल देते हैं।

ये बेहद आसान है। इसे दीजिए और वापस हासिल कीजिए। सोचिए कि ये कितनी बड़ी ताक़त है कि आप अपने जीवन में आने वाली चीज़ों को नियन्त्रण में रख सकते हैं!

आज आप बूमरैंग कैसे फेंकेंगे? फ़ैसला आपका है।

# 4

# शिकायत छोड़ दें

*मैं कभी किसी के लिए मन में शिकायत नहीं रखता। पता है क्यों?*
*आप तो मन में शिकायत रखते हैं,*
*दूसरा आदमी इसकी परवाह तक नहीं करता।*

**—बडी हैकेट**

अगर आप बुरा ना मानें तो मैं आपसे एक निजी सवाल पूछना चाहूँगा। क्या आपके मन में किसी के लिए कोई शिकायत है? अगर आप हममें से ज़्यादातर की तरह हैं, तो शायद आप ऐसे कई लोगों के बारे में सोच सकते हैं जिनसे आप नाराज़ होंगे, या शायद नफ़रत तक करते हों। शायद किसी ने आपसे झूठ बोला हो, कोई सामान चुराया हो, आपकी आलोचना की हो या आपको शारीरिक या भावनात्मक दर्द दिया हो। ये व्यक्ति माता-पिता, रिश्तेदार, दोस्त, सहकर्मी, बॉस या यहाँ तक कि कोई अजनबी भी हो सकता है।

चलिए, ऐसे किसी शख्स के बारे में सोचिए जिससे आप सबसे ज़्यादा नाराज़ हों। जब आप इस शख्स और आपके साथ किए गए उसके बर्ताव के बारे में सोचते हैं, तो आप कैसा महसूस करते हैं? मैं दावे के साथ कह सकता हूँ कि आप तनावग्रस्त, असहज महसूस कर रहे होंगे और आपका ब्लड प्रेशर बढ़ गया होगा। (आपका शरीर दरअसल आपको बता रहा है कि नफ़रत और नाराज़गी पर आपका ध्यान देना इसे पसन्द नहीं है!)

आप पूछेंगे कि क्या शिकायतें ज़िन्दगी का हिस्सा नहीं हैं? आखिरकार, अगर कोई आपको चोट पहुँचायेगा तो आपकी प्रतिक्रिया क्या होनी चाहिए? इस बारे में

कोई सन्देह नहीं है कि हममें से ज़्यादातर ने उन लोगों के प्रति बुरी भावना मन में रखने की आदत बना ली है जिन्होंने हमें चोट पहुँचाई है। फिर भी, एक दूसरा विकल्प है जिसे हम अपना सकते हैं।

पूर्व राष्ट्रपति रोनल्ड रीगन का उदाहरण लेते हैं, जिन्हें 1981 में जॉन हिन्क्ले ने गोली दागकर लगभग जान से मार ही दिया था। हालांकि अस्पताल में, मिस्टर रीगन ने अपनी बेटी, पैटी को बताया था कि उनके शरीर का स्वस्थ होना उस हत्यारे को माफ़ करने की उनकी काबिलियत पर निर्भर था। और वो ऐसा करने में सफल हुए थे।

मैं इस निष्कर्ष पर पहुँचा हूँ कि शिकायतें "अन्दरूनी ज़हर" हैं जो उस व्यक्ति को कहीं ज़्यादा नुकसान पहुँचाती हैं जो उन्हें अपने मन में रखता है, ना कि उसे जिसके लिए वो नफ़रत मन में होती है। आप जितनी देर तक उस गुस्से को बनाए रखते हैं, उसके हर मिनट में आपको शारीरिक, मानसिक, भावनात्मक और आत्मिक नुकसान पहुँचता रहता है। इसके अलावा, जब आप गुस्से और असन्तोष से भरे रहते हैं, आप अपने मन की रचनात्मकता का रास्ता बन्द करके रखते हैं। अच्छे विचार तभी मन में खुलकर आते हैं जब आपके भीतर शान्ति रहती है—तब नहीं, जब आप पर नफ़रत या बदला हावी रहता है।

यहाँ आप कह सकते हैं, "लेकिन आपको पता नहीं कि उसने मेरे साथ क्या किया था!" ठीक है कि मुझे नहीं पता। *तो क्या!* असली बात ये है कि आपका असन्तोष आपको बीमार बनाने के अलावा कुछ और नहीं कर रहा। अपनी बुरी भावनाओं को बनाए रखने के लिए "तर्कपूर्ण" कारण भी आपकी कोई मदद नहीं कर पायेंगे.

## इसे जाने दें

फिर, हम कैसे अपने असन्तोष को दूर कर सकते हैं? अपनी भावनाओं को नकारना तो काम आयेगा नहीं। अगर आप नफ़रत या गुस्से से भरे हैं, तो इसे स्वीकार करें। सवाल ये है कि आप कितने लम्बे वक़्त तक अपनी नकारात्मक भावनाओं के साथ रहते हैं। हममें से हर किसी का गुस्से से निपटने का तरीका अलग होता है। कुछ लोग थोड़े समय के बाद ही अपने असन्तोष को दूर करने में सक्षम होते हैं। दूसरे लोगों को कई महीने या कई साल भी लग सकते हैं।

*अपनी कड़वाहट को दूर करने के और आपको चोट पहुँचाने वाले व्यक्ति को माफ़ करने के कुछ सुझाव मैं देता हूँ। [नोट: अगर आप इन सुझावों को मानते हैं, इसका ये मतलब नहीं है कि आप दूसरे व्यक्ति के बर्ताव को मान्यता दे रहे हैं*

*या आप उसके दोस्त बन रहे हैं; आप केवल उसके लिए अपने मन में बनी दुखद भावनाओं को दूर कर रहे हैं।]*

1. **एक सूची बनाएं।** उन लोगों के नाम लिख लें जिनके लिए आपके मन में गुस्सा या असन्तोष है। सूची में केवल बड़े झगड़ों को ही ना रखें—उन छोटी-छोटी बहसों को भी उसमें शामिल करें जो आपने अपने बचपन में की होंगी। इस काम में थोड़ा वक़्त लगेगा। आप इस सूची के आकार को देखकर शायद दंग रह जायेंगे! *(अब, उस व्यक्ति का नाम चुनें जिसकी वजह से आपके मन में सबसे ज़्यादा नकारात्मक भावनाएं जगती हैं, और फिर आगे पढ़िए....)*

2. **अपने मन में असन्तोष बनाए रखने के फायदे के बारे में सोचिए।** ये अंसतोष सही मायने में आपको क्या दिला रहा है? ईमानदारी से उन सारी बातों को लिख लीजिए जो इस असन्तोष को बनाए रखने से आपकी ज़िन्दगी में बेहतर हुई हैं। इस बात की उम्मीद ज़्यादा है कि "फायदों की सूची" इतनी छोटी होगी कि आपको तुरन्त उस नाराज़गी को मन में रखने की निरर्थकता दिख जायेगी।

3. **"सही" और "गलत" को भूल जाइए।** जब आप इन मुद्दों को हमेशा के लिए सुलझाने की कोशिश कर रहे हों, तो केवल अपनी दुखद भावनाओं को दूर करने पर ध्यान दें, ना कि "बहस जीतने" की कोशिश पर।

4. **शर्तें ना रखें।** आप ये ज़िद नहीं कर सकते कि सामने वाले शख्स को आपसे माफ़ी मांगनी होगी या उसे पहले आपको फ़ोन करना होगा। पहल करना आप पर है। इसलिए, पहला कदम उठाइए और अपने गुस्से को जाने दीजिए। *याद रखिए, आप ख़ुद की मदद के लिए ऐसा कर रहे हैं।*

5. **जिसके लिए नाराज़गी है, सीधा उसके पास जाएं।** उस शख्स को बताएं कि आप नाराज़गी को दूर कर रहे हैं। समझाएं कि आपके मन में उसके लिए जो भी गुस्सा या दुखद भावनाएं थीं, उन्हें आप छोड़ रहे हैं। आप उस व्यक्ति को फ़ोन कर सकते हैं, लिख सकते हैं या फिर उससे मुलाकात कर सकते हैं। (अगर दूसरा पक्ष इस दुनिया में नहीं है, तब आप एक चिट्ठी लिख सकते हैं और फिर उसे फेंक सकते हैं।)

अगर आपके मन में सच्ची गर्मजोशी और हमदर्दी होगी और अगर आपने सच में अपने सारे गुस्से और असन्तोष को निकाल दिया होगा, तब उस व्यक्ति के साथ आपकी बातचीत आपकी सोच से कहीं बेहतर होगी। वहीं, अगर आप अभी भी अपनी लड़ाई में "जीत" हासिल करने की कोशिश कर रहे होंगे, तब हो सकता है कि आप और ज़्यादा नकारात्मक भावनाएं मन में ले आएं।

वैसे भी, आपके सन्थि-प्रस्ताव पर दूसरे व्यक्ति की प्रतिक्रिया आपके लिए ज़्यादा अहम नहीं है। हो सकता है कि वो आप पर चीखने लगे या फ़ोन पटक दे। या, आपको ये भी पता चल सकता है कि उस व्यक्ति को आपकी नाराज़गी के बारे में मालूम ही नहीं था। प्रतिक्रिया चाहे जो हो, आप अपनी भावनाओं को व्यक्त करने और आगे बढ़ने के बाद कहीं बेहतर महसूस करेंगे!

## आन्तरिक रूप से असन्तोष बाहर करना

अगर आप आन्तरिक रूप से अपने गुस्से को बाहर निकालने में सक्षम हैं तो दूसरे व्यक्ति को शामिल करने वाला नज़रिया ज़रूरी नहीं है। इस जगह आपकी मदद नीचे के कुछ तरीके कर सकते हैं।

6. **दूसरे व्यक्ति की पृष्ठभूमि के बारे में सोचें।** हो सकता है कि आपके क्रोध के शिकार व्यक्ति को जीवन में वैसा प्रेम और सम्मान नहीं मिला हो जैसा आपको मिला है (शायद उनके माता-पिता ज़रूरत से ज़्यादा आलोचना करते थे, वगैरह)। इससे उनका बर्ताव सही ठहराया नहीं जा सकता लेकिन इससे आपके लिए उनकी हरकतों को समझना आसान हो सकता है। इस तरह से सोचकर, ज़्यादा उम्मीद है कि आप नफ़रत के बदले, हमदर्दी महसूस करेंगे। (उदाहरण के लिए, पैटी डेविस के मुताबिक, उनके पिता रोनल्ड रीगन ने जॉन हिन्क्ले के लिए कभी कोई नफ़रत नहीं दिखाई। बल्कि, उन्होंने उस पर तरस खाया और हिन्क्ले को "गुमराह" बताया।)
7. **दूसरे व्यक्ति की भलाई के बारे में सोचें (या प्रार्थना करें)।** हो सकता है कि ये सुनने में बड़ा अजीब लगे, लेकिन आपका ये काम नकारात्मक विचारों की उस कड़ी को तोड़ सकता है जो आपको उस दूसरे व्यक्ति से बाँधे रखता है। इसलिए, इसे अभी आजमाएं। मन शान्त करें, गहरी सांस लें, और दूसरे पक्ष की सेहत, ख़ुशी और समृद्धि की चाहत करें। शुरुआत में ये आपको मुश्किल लग सकता है। लेकिन इसे जारी रखें और, अगर आप सच में असन्तोष को बाहर करना चाहते हैं,

तो आप पायेंगे कि अन्त में आप दूसरे व्यक्ति के लिए अच्छी भावनाएं पैदा कर पा रहे हैं।

8. **कल्पना करें कि तनाव आपके शरीर से बाहर जा रहा है।** अपनी आँखें बन्द करें और अपने शरीर में नाराज़गी की एक तस्वीर बनाएं। मान लें कि ये एक ठोस और दिखाई देने वाली चीज़ है। इसका रंग क्या है? क्या इसकी कोई खास आकृति है? अब, कल्पना करें कि वो चीज़ आपका शरीर छोड़ रही है और हवा में विलीन हो रही है। गहरी सांस लें और तनाव को घटता हुआ महसूस करें।

## अब और इन्तज़ार ना करें

9. **अपने असन्तोष के दूरगामी प्रभाव का अहसास करें।** ज़्यादातर मामलों में—खासकर जहाँ परिवार या ससुराल वाले होते हैं—आपके असन्तोष का बहुत बड़ा असर दूसरों पर होता है। मिसाल के लिए, मान लेते हैं कि आप अपने भाई से बात नहीं करते। इससे परिवार वालों के लिए आप दोनों को किसी समारोह में एक साथ बुलाना मुश्किल बन जाता है। विचारशील बनें और अपने असन्तोष को अलग रख दें। हर किसी को इससे फायदा होगा।

10. **तुरन्त अमल करें—इससे पहले कि काफ़ी देर हो जाए!** दोस्तों और परिवार के सदस्यों के साथ टूटे रिश्ते एक तरह के "अधूरे काम" होते हैं। आपको इसका अहसास हो या नहीं, आपके मन का कहीं कोई कोना चाहता है कि इस रिश्ते को बची हुई ज़िन्दगी में सुधार लिया जाए। ज़िन्दगी का कोई भरोसा नहीं होता, और आप कभी नहीं जान सकते कि कब कौन बीमार पड़ जाए, उसकी मौत हो जाए या वो हज़ारों मील दूर चला जाए। अगर आप रिश्तों की दरार को तुरन्त नहीं भरेंगे, तो शायद आपको इसका दूसरा मौका भी नहीं मिले। इसलिए, एक मिनट भी और बर्बाद मत करें—या फिर आप बाकी ज़िन्दगी पछताते रह सकते हैं। यहाँ भी, इससे कोई फर्क नहीं पड़ता कि दूसरा पक्ष आपकी बातों का स्वागत करता है या नहीं। ये काम आप ख़ुद को स्वस्थ बनाने के लिए कर रहे हैं।

11. **किसी काउंसलर या डॉक्टर से बात करें।** कुछ खास मामलों में, नकारात्मक भावनाओं को दूर करने के लिए सेल्फ-हेल्प के तरीके काफ़ी नहीं होते। हो सकता है कि आप गलत व्यवहार का शिकार हुए

हों या किसी गम्भीर शारीरिक या मानसिक आघात से गुज़रे हों। अगर ऐसी बात है तो फिर उन काबिल प्रोफेशनल्स की मदद लें जो आपके जैसे हालातों में लोगों को सलाह देने में कुशल हों।

एक बार जब आप समझ जाते हैं कि असन्तोष आपको केवल नुकसान पहुँचा सकते हैं, आप उन्हें अपने मन में रखना नहीं चाहेंगे। तो, अब आप किस चीज़ का इन्तज़ार कर रहे हैं? अपनी "शिकायती सूची" के बचे हुए लोगों पर इन तकनीकों को लागू करें। ध्यान रखें कि जब आप अपनी नकारात्मक भावनाओं को दूर करते हैं, आपको लगता है कि जैसे आपके शरीर से भारी बोझ उतर गया हो। अब, ख़ुद पर एक एहसान करें और असन्तोष को बाहर निकालें...*आज ही!*

# 5

# क्या उम्मीदों पर खरा उतरने का दबाव आपको पीछे खींच रहा है?

*हम दूसरे लोगों की तरह बनने में अपनी*
*तीन-चौथाई शख्सियत खो देते हैं।*

**—आर्थर शोपेनहावर**

1971 में, न्यूयॉर्क के मैडिसन स्क्वेयर गार्डेन में एक रॉक रिवाइवल कॉन्सर्ट में कई गायकों ने परफॉर्म किया था, जिनमें एक थे रिक नेल्सन। जब उनकी बारी आई, रिक नेल्सन ने अपने "पुराने" हिट गीतों में से कुछ गाए—जो संगीत उनके प्रशंसकों को पसन्द था। उसके बाद उन्होंने कुछ नए गीत गाए, जो उनके पुराने संगीत से बिलकुल अलग था। नए गीतों को सुनकर, दर्शकों ने उन्हें भला-बुरा कहा और अपनी नाराज़गी जताई। नेल्सन आहत और हताश थे। गार्डेन में अपने अनुभव को ध्यान में रखकर उन्होंने "गार्डेन पार्टी" गीत लिखा, जो 1972 में सुपर हिट हो गया।

ये गीत हमें एक महत्वपूर्ण सबक सिखाता है: कि हमें दूसरों की उम्मीदों पर खरा नहीं उतरना है। रिक नेल्सन के प्रशंसक 1971 में उनसे केवल "पुराने गीत" सुनना चाहते थे। रिक चाहते थे कि वे कुछ नया करें। इस गीत में एक वाक्य है: "या कान्ट प्लीज़ एवरीवन, सो यू गॉट टू प्लीज़ योरसेल्फ़।" यानी आप हर किसी को ख़ुश नहीं कर सकते इसलिए आपको ख़ुद को ख़ुश करना चाहिए।

ऐसा नहीं है कि इस गीत में स्वार्थी होने या अपने आसपास के लोगों की इच्छाओं को नज़रअन्दाज़ करने की तारीफ की गई है। बल्कि, ये गीत ख़ुद का ख्याल रखने की बात कहता है, भले ही इसे कुछ लोग नापसन्द करें।

उम्मीदों पर खरा उतरने का मतलब "मौजूदा मानकों या रिवाज़ों के मुताबिक काम करना" माना जाता है।

इस सिद्धान्त को थोड़ा और करीब से देखते हैं। इस बात से कोई इंकार नहीं कर सकता कि हमारी ज़्यादातर ज़िन्दगी दूसरों के बनाए मानकों पर खरे उतरने में बीतती है। अपने-आप में ये बुरी बात नहीं है। दरअसल, सामाजिक काम-काज आसानी से होते रह सकें, इसके लिए ये बेहद ज़रूरी है। हममें से ज़्यादातर लोग कानूनों और नैतिक मानकों के हिसाब से चलते हैं। हम जूते, ब्लाउज़ या दूसरे कपड़े रोज़ पहनते हैं, हालांकि कपड़े पहनने का ये आइडिया लेकर हम नहीं आए। स्कूल में, हमारे बच्चों को कोई जवाब देने के पहले अपने हाथ ऊपर उठाना सिखाया जाता है। ये सारे "रिवाज़" हमारी ज़िन्दगी को सुधारते हैं, और हमने उनका पालन करने का फ़ैसला किया है।

लेकिन, मानकों पर खरे उतरने की हमारी आदत हमेशा हमारे काम नहीं आती। चलिए, सामाजिक मानकों को मानने के कुछ तरीकों पर नज़र डालते हैं, और देखते हैं कि क्या ऐसा करने से हमारी ज़िन्दगी बेहतर होती है—या उसमें रुकावट पैदा होती है:

**मान्यताएं.** हमारे जन्म के समय से ही, हम उन लोगों की मान्यताओं से प्रभावित होते हैं जो हमारे आसपास होते हैं। और, ज़्यादातर मामलों में, हम उन मान्यताओं को अपना बना लेते हैं। क्या आपके माता-पिता जोखिम उठाते थे? क्या आप जोखिम उठाते हैं? क्या आपके माता-पिता में से किसी का भी दृष्टिकोण सकारात्मक था? आप अपने दृष्टिकोण के बारे में क्या कहना चाहेंगे? मैं दावा कर सकता हूँ कि आपको इन सवालों के जवाब में एक सम्बन्ध दिखने लगा होगा। जो भी मान्यताएं आप तक पहुँचाई गई हों, बड़ा सवाल है: क्या इन मान्यताओं ने आपकी ज़िन्दगी को बेहतर बनाया है—या उसमें कमियाँ पैदा की हैं?

पैसे, शादी और दूसरे कई मुद्दों पर आपके विचार अक्सर उन बातों का नतीजा होते हैं जो आपको बताए जाते हैं, उन बातों का नहीं जिन पर आप निजी रूप से विश्वास करते हैं। लेकिन अब आप ये बात जान चुके हैं, तो ये आपका फ़ैसला है कि क्या आप इन मान्यताओं के अनुसार ही ज़िन्दगी बिताना चाहते हैं, या फिर कोई अलग रास्ता चुनना चाहते हैं।

**करियर के विकल्प.** कुछ लोगों पर इस बात का सीधा दबाव होता है कि उनके करियर का रास्ता क्या होना चाहिए—या फिर उन्हें इस बात का सन्देश घुमा-फिराकर दे दिया जाता है। मेरे माता-पिता शानदार थे और उन्होंने मुझे कभी नहीं कहा कि मुझे क्या करियर चुनना चाहिए। हाँ, मेरे माता-पिता डिप्रेशन में रहा करते थे और उनकी मान्यताओं में सुरक्षा को काफी ऊँचा स्थान मिलता था। इसलिए, उन्होंने मुझे ग्रेजुएट स्कूल जाने और एक "प्रोफेशनल" बनने के लिए प्रोत्साहित किया। "अपनी डिग्री हासिल करो जिसे कोई तुमसे छीन नहीं सकेगा।" इसलिए, मैंने वकील बनने का "फ़ैसला" किया। लगभग एक दशक के बाद और काफी सोचने-विचारने के बाद मैंने मोटिवेशनल स्पीकर और लेखक के रूप में एक अलग करियर के रास्ते पर चलने का फ़ैसला किया।

पीछे मुड़कर देखता हूँ तो ये साफ दिखता है कि मैं अपने माता-पिता की इच्छाओं पर चला। ज़्यादातर मामलों में, हमारे माता-पिता हमें एक खास दिशा में चलाते हैं क्योंकि वे हमें प्यार करते हैं और सोचते हैं कि यही हमारे लिए सबसे अच्छा होगा। लेकिन बालिग होने पर हमें ज़रूर पूछना चाहिए कि क्या हम किसी और की इच्छाओं के आधार पर जी रहे हैं या हम अपनी इच्छाओं को पूरा कर रहे हैं। अगर आपके बच्चे हैं, तो आपने उनके करियर विकल्पों को लेकर उन्हें क्या कहा है?

**व्यवहार.** सोचें कि किशोर उम्र के लड़के-लड़कियाँ कैसा बर्ताव करते हैं। हमउम्र साथियों के भारी दबाव की वजह से, नौजवान इस बात को लेकर चिन्तित रहते हैं कि वे किसी काम को किस तरह से करते हैं और किनके साथ वे "घूमते-फिरते" हैं। उनके लिए, लोकप्रिय और स्वीकृत होना बेहद अहम होता है। नतीजतन, उन लोगों के साथ घुलना-मिलना अस्वीकृत हो सकता है जो "मॉडर्न क्राउड" का हिस्सा नहीं हैं। बालिग लोग भी इस खेल को खेलते हैं। हम उन समूहों और संगठनों का हिस्सा होते हैं जिनकी कुछ तय परम्पराएं, रैंकिंग सिस्टम और नियम होते हैं जिनसे हम सहमत हो भी सकते हैं और नहीं भी। फिर भी, अक्सर हम अपना मुंह बन्द रखते हैं और उनके नियमों को मानते रहते हैं। आखिरकार, हम नहीं चाहते कि हम "लोगों के लिए परेशानी बनें।"

उन रिवाज़ों को मानते रहने से आपको कैसा महसूस होता है जिनका कोई मतलब नहीं बनता... या सबसे बुरा ये कि वो आपका नुकसान कर जाते हैं? जिन चीज़ों से आप सहमत नहीं हैं, आपको हर चीज़ के लिए लोगों को ये बताने की ज़रूरत नहीं है कि आप नाराज़ हैं या आप क्या सोचते हैं। हालांकि, कई बार ऐसे मौके आते हैं जब आपका अपनी राय जताना सकारात्मक बदलाव ला सकता है, और आप अपनी बात कहने को लेकर काफी बेहतर महसूस करेंगे।

**कपड़े और रंग-रूप.** ये सबसे अधिक प्रचलित चीज़ों में एक है जहाँ हम बने-बनाए ढर्रे पर चलते हैं। यहाँ भी, हम जो कुछ भी पहनते हैं, वो किसी और के बनाए मानक पर आधारित होता है। क्या आपने कभी उस तरीके के बारे में सोचा है कि हम कैसे दूसरे लोगों, जैसे फैशन डिज़ाइनरों, से प्रभावित होते हैं? वे हमें बताते हैं चौड़ी नेकटाई "फैशन" में है, इसलिए हम चौड़ी टाई खरीद लाते हैं। अगले साल, वे कहते हैं कि पतली टाई "फैशन" में है, इसलिए हम उन्हें खरीद लाते हैं। लोग मशहूर सेलेब्रिटीज़ के हेयरस्टाइल देखते हैं और फिर उनकी नकल करने लगते हैं। क्या आपको इन सब का बहुत मतलब दिखता है?

अब, आप दलील दे सकते हैं कि कारोबार में और अपनी निजी ज़िन्दगी में, हमें लोगों के साथ मिलना-जुलना पड़ता है। और, अगर हम इन मानकों में से कुछ को नहीं मानेंगे, तब दूसरे लोग हमें अनुकूल ढंग से नहीं देखेंगे। आपकी बात बिलकुल सही है। हालांकि, ये आपको तय करना है कि आप किस हद तक इन बातों को मान सकते हैं ताकि आप अपनी निजी पहचान ना खो दें।

————————

जाते-जाते मैं अपने विचार बताना चाहूँगा। सबसे पहली बात, उन लोगों के लिए थोड़े ज़्यादा सहनशील बनें जो आपसे अलग सोचते और काम करते हैं। उनके अनोखेपन पर ख़ुशी जताएं, और उनसे सीखें। दूसरी बात, सोचें कि बने-बनाए ढर्रे पर चलने से आपकी ज़िन्दगी पर क्या असर आया है। जब आप बने-बनाए ढर्रे पर चलते हैं, आप अपनी सच्ची शख़्सियत को खो देने का जोखिम उठाते हैं। आप वही सोचते और करते हैं जो दूसरे लोग कहते हैं। आप अपनी निजी पहचान से मुंह मोड़ लेते हैं, और अपनी खास प्रतिभा और दृष्टिकोण से दुनिया को महरूम रखते हैं।

इसलिए, उन तौर-तरीकों पर गौर करें जो आपको बने-बनाए ढर्रे पर चलाते हैं। उन चीज़ों को जारी रखें जिनसे आपका फायदा होता है। लेकिन, जब आपके वजूद का हर हिस्सा आपकी सोच और हरकत के खिलाफ विद्रोह कर दे, तो इतना साहस रखें कि आप बने हुए ढर्रे को तोड़ सकें और अपना रास्ता ख़ुद बना सकें। ऐसा करके, आप अपने बारे में कई नई चीज़ें जान सकते हैं और ऐसा जीवन जी सकते हैं जैसा आप जीना चाहते थे।

# 6

# जोश बिकता है!

*अगर आप सकारात्मक और उत्साही हैं,*
*तो लोग आपके साथ समय बिताना चाहेंगे।*

**—जेफ़ केलर**

आप टीवी देख रहे हैं और चैनल बदलते जा रहे हैं कि तभी आपकी नज़र एक "इन्फोमर्शियल" पर पड़ती है। स्क्रीन पर एक शख़्स आपको एक असाधारण नए प्रोडक्ट के बारे में बता रहा है। उसका उत्साह रोके नहीं रुकता है। कैमरा इसके बाद उन लोगों पर चला जाता है जिन्होंने इस प्रोडक्ट का इस्तेमाल किया है। वे मुस्कुराकर आपको इस गैजेट के तमाम फ़ायदे गिना रहे हैं।

क्या आप इसके बाद भी चैनल बदलते हैं? नहीं, पता नहीं किस वजह से आप इस इन्फोमर्शियल को सुनने लगते हैं। एक समय तो आपका मन हो जाता है कि अपना क्रेडिट कार्ड निकालें और गैजेट ऑर्डर कर दें। फिर, आप थोड़ा सोचते हैं और ख़ुद से कहते हैं, "कितनी बार मुझे ऐसे चाकू की ज़रूरत पड़ेगी जो चमड़े के जूते को काट सके?"

आपने कई मिनटों तक उस इन्फोमर्शियल को क्यों सुना? स्क्रीन पर दिख रहे लोगों के जोश ने आपको बाँध लिया था। वे लोग अविश्वसनीय रूप से ऊर्जा और उत्साह से भरे हुए थे। और ये जोश बिकता है!

जोश ना केवल तब बिकता है जब आप किसी को अपने किसी प्रोडक्ट या सर्विस को खरीदने के लिए प्रभावित करने की कोशिश करते हैं। ये तब भी बिकता है जब बात आपसी रिश्तों की आती है। चलिए मान लेते हैं कि आप ऐसे कुछ लोगों के

साथ डिनर टेबल पर बैठे हैं जिनसे आप पहले कभी नहीं मिले हैं। आप अपनी बाईं ओर देखते हैं और ऐसे किसी शख्स को पाते हैं जो आपके अनुसार शारीरिक रूप से आकर्षक है। आप अपनी दाईं ओर देखते हैं और एक दूसरे शख्स को "औसत" पाते हैं।

फिर, डिनर पर बातचीत शुरू होती है। और पता चलता है कि "आकर्षक" व्यक्ति का व्यक्तित्व बहुत ढीला है और वो बहुत कम जोश दिखाता है। "औसत" व्यक्ति अपने करियर और घूमने-फिरने के अनुभवों के बारे में पूरे उत्साह से बात करता है। आप उस पर मुग्ध हो जाते हैं। शाम खत्म होने के बाद, क्या आप उस "औसत" व्यक्ति को पहले से कहीं ज़्यादा आकर्षक नहीं मानेंगे...और "आकर्षक" व्यक्ति को पहले से काफ़ी कम? बेशक।

जब आप जोश से भरे होते हैं, आपको ये फ़ायदे होते हैं:

- लोग आपके आसपास रहना चाहेंगे।
- लोग आपके विचारों को ज़्यादा गौर से सुनेंगे।
- आपके प्रोडक्ट या सर्विस को लोगों द्वारा खरीदे जाने की सम्भावना बढ़ जायेगी।

मेरा मानना है कि हम सभी अपने भीतर छिपी ऊर्जा की भरपूर सप्लाई का फ़ायदा उठा सकते हैं और इस काम में आपकी मदद करने के लिए मैं आपको कुछ गाइडलाइंस दे रहा हूँ:

1. **अपने जुनून पूरे करें।** अपनी ऊर्जा का इस्तेमाल करने के लिए सबसे अहम बात है उन चीज़ों से जुड़ना जिन्हें करना आपको पसन्द है। आदर्श स्थिति तो ये है कि आप को ऐसे क्षेत्र में काम करना चाहिए जो वाकई में आपको उत्साहित करता हो और आप अपने काम पर हर रोज़ जाने का इन्तज़ार करते हों। देखिए, मैं आपको ये नहीं कह रहा हूँ कि अगर आप अपनी मौजूदा पोजिशन या काम को नापसन्द करते हैं तो आप अपनी नौकरी छोड़ दीजिए। लेकिन, ये ज़रूरी है कि आप कोई ऐसा तरीका ढूंढ़ें, जहाँ आप अपने पूरे मन से लग सकें, भले ही वो कोई हॉबी हो। अगर आप अपने दिन को उबाऊ गतिविधियों या कड़ी मेहनत वाले काम से भर देंगे, तो आपकी अपनी ऊर्जा बर्बाद कर रहे होंगे।

2. **अधिक जीवन्त बनें।** जीवन्त होने में जादुई असर है। अगर आप छोटे बच्चों को देखें तो पायेंगे कि वे बेहद जीवन्त और उत्साहित रहते हैं। लेकिन, धीरे-धीरे हम अपने स्वाभाविक उत्साह को दबाना सीख जाते

हैं। जब ऐसा होता है, हमारी ऊर्जा घट जाती है। इसलिए, अपने आप को किसी दूसरे के सामने व्यक्त करते वक़्त बिलकुल तनाव ना लें और ना ही किसी तरह की ज़िद दिखाएं। अपने जोश को चमक बिखेरने दें।

3. **हँसिए!** हँसी काफ़ी ऊर्जा देती है। इसलिए, जब कोई कुछ मज़ाकिया बात करता है, तो हँसने से ना डरें। इसी तरह, अपने कुदरती सेंस ऑफ ह्यूमर को ना छिपाएं। करीब-करीब हर किसी को हँसी पसन्द आती है और इससे आप बेहतर और ज़्यादा जोशीले महसूस करेंगे।

4. **काम अपने तरीके से करें।** ज़्यादा जोशीला होने का मतलब ये नहीं है कि आप ज़ोर से बोलने लगें! आप अपनी ऊर्जा अपने तरीके से विकसित कर सकते हैं। सच ये है कि जब आप ज़्यादा जोश और करिश्मा विकसित करेंगे, तब आप कुछ मायनों में बदल जायेंगे। लेकिन, ज़्यादातर मामलों में, आप अपनी असली शख्सियत को पूरी तरह नहीं छोड़ेंगे।

5. **अपनी शारीरिक सेहत को बनाए रखें।** इसे समझना बेहद आसान है। अगर आपकी खाने की आदतें सही नहीं हैं, आप पर्याप्त आराम नहीं करते और कसरत नहीं करते, तो कोई चौंकने की बात नहीं होगी कि आपके अन्दर कम जोश होगा। आपको अपनी ऊर्जा को बढ़ाने के लिए अपने शरीर का ख्याल रखना ही होगा।

तो, क्या आप चाहते हैं कि लोग आपके विचारों...और आपके सेल्स प्रेजेंटेशन पर अनुकूल प्रतिक्रिया दें? अगर ऐसा है, तो ऊपर बताए गए एनर्जी बूस्टर्स को अपनाएं, और आप पायेंगे कि ज़्यादा से ज़्यादा लोग आपसे प्रभावित होंगे!

# 7

# आप कितने भरोसेमन्द हैं?

*जैसे-जैसे मैं बड़ा होता गया, मैं लोगों की बातों पर ध्यान देना कम करता गया। मैं बस देखता हूँ कि वे क्या करते हैं।*

**—एंड्रयू कार्नेगी**

क्या आप अपनी जुबान के पक्के हैं? जवाब देने में जल्दबाज़ी ना करें—सच आपको चौंका सकता है। मेरी इस बात का असली मतलब ये है: जब आप कहते हैं कि आप कुछ करने जा रहे हैं तो क्या आप इसे पूरा करते हैं? *उस समय अवधि के भीतर जिसका आपने वादा किया था?* चलिए इन बातों पर विचार करते हैं जो हम अक्सर कहते रहते हैं।

1. **आज** मैं आपको चेक भेज दूँगा।
2. मैं **कल** प्रोपोजल और प्राइस कोट ई-मेल कर दूँगा।
3. **अगले हफ़्ते**, मैं आपको फ़ोन करूँगा और हम लंच के लिए मिलेंगे।

मान लें कि आज सोमवार है और आपने ऊपर कही गई तीनों बातों का वादा किया है। आपने पहले कथन का वादा पूरा किया अगर आप **सोमवार** को ही चेक भेज देते हैं। अगर आप चेक मंगलवार या बुधवार को भेजते हैं तब आपने अपना वादा पूरा नहीं किया। अगर आपने प्रोपोजल और प्राइस कोट मंगलवार का काम ख़त्म होने तक ई-मेल नहीं किया है, आपने अपनी बात नहीं रखी है। जहाँ तक बात है तीसरे कथन की, तो हममें से ज़्यादातर लोग मानेंगे कि हम इस वादे को पूरा नहीं कर पाते। हम ऐसे बहाने बनाते हैं, "चलो लंच साथ करते हैं," या "तुम्हें कभी

मिलना चाहिए," जबकि हम अच्छी तरह जानते हैं कि हम साथ मिलने के लिए पक्की योजना नहीं बनाने वाले हैं।

यहाँ पर आप ख़ुद से कह सकते हैं, "इसमें बड़ी बात क्या है?" "क्या इससे कोई फर्क पड़ता है अगर मैं सोमवार के बजाय बुधवार को चेक भेजूं—या मैं प्रोपोजल मंगलवार की बजाय गुरुवार को ई-मेल करूँ?" मेरा मानना है कि इससे बहुत बड़ा फर्क पड़ता है और अब जानते हैं क्यों।

## अपना वादा तोड़ने के नकारात्मक नतीजे

क. **आपका हर गलत बयान आपकी विश्वसनीयता को कम करता है।** विश्वसनीयता के महत्व को कम ना समझें। लोग उनके साथ काम-धन्धा करना पसन्द करते हैं जिन पर वे भरोसा कर सकते हैं; जो बिलकुल वही करते हैं जैसा वे करने का वादा करते हैं। जब आप कोई बात कहते हैं और "छोटी" चीज़ों का वादा पूरा नहीं कर पाते, लोग मानने लगते हैं कि आप ज़्यादा ज़रूरी चीज़ों पर भी अपना वादा पूरा नहीं करेंगे।

ख. **"काम पूरा करना" भर काफ़ी नहीं है अगर आप सबसे अच्छे नतीजे हासिल करना चाहते हैं।** आप सोच सकते हैं कि आप अच्छा काम कर रहे हैं क्योंकि आप अपने वादे को पूरा करने के काफ़ी करीब रहते हैं। अगर ऐसी बात है तो फिर आप दूसरों को ये बता रहे हैं, "जब मैं तुम्हें कुछ कहता हूँ, तुम मुझ पर बिलकुल वही करने का भरोसा नहीं कर सकते, लेकिन मैं अपने वादे के काफ़ी करीब रहूँगा।" अगर आपका नज़रिया ऐसा है तो आप ये उम्मीद मत करिए कि आप उतने कामयाब हो पायेंगे जितने आप हो सकते थे। ये सच है कि कुछ लोग अपनी बात पर पूरी तरह ना टिके रहने के आपके रवैये को स्वीकार कर लेंगे। लेकिन, पक्के तौर पर, ज़्यादातर लोग इसे नापसन्द करेंगे और आपके साथ काम नहीं करना चाहेंगे।

ग. **जिसे आप छोटी चीज़ मानते हैं वो किसी और के लिए बेहद अहम हो सकती है।** मिसाल के लिए, हो सकता है कि प्रोपोज़ल और प्राइस क्नोट का मंगलवार के बजाय बुधवार को भेजा जाना आपके लिए "ज़िन्दगी और मौत" का मामला ना हो, आपका क्लाइंट इसे बिलकुल अलग तरीके से देख सकता है। उदाहरण के लिए, इस शख्स ने दो और प्रोपोज़ल्स पहले से ही मंगाए हों और आपका प्रोपोज़ल उसके

लिए आखिरी हो। आपने कह रखा है कि आपका प्रोपोज़ल मंगलवार तक उसके हाथ में होगा; क्लाइंट ने मंगलवार की शाम आखिरी फ़ैसला लेने का मन बना रखा है। जब आपका प्रोपोज़ल वक़्त पर नहीं आता, तब क्लाइंट आपके प्रोपोज़ल पर विचार किए बगैर अपना फ़ैसला कर लेता है।

इस दौरान, आपने बुधवार का पूरा दिन एक शानदार प्रोपोज़ल बनाने में बर्बाद कर दिया... पूरी मेहनत बेकार। याद रखें, एक सम्भावित ग्राहक हमेशा आपको अपनी योजना के बारे में नहीं बतायेगा। इससे कोई फर्क नहीं पड़ता कि आपने कितना रिसर्च और कितनी तैयारी की है, आप दूसरे शख़्स के दिमाग में चल रही सारी बातों को नहीं जान सकते। इसलिए, अपने वादों से हल्का—सा भी फिरना आपके लिए गम्भीर नतीजे ला सकता है।

घ.  **जब आप अपने वादे को पूरा करने में नाकाम रहते हैं, आप दूसरों के लिए तनाव और परेशानी की वजह बनते हैं।** कभी-कभी, हम अपने वादों के असर को नज़रअन्दाज़ कर देते हैं। आखिरकार, लोग अपनी योजनाएं और वादे हमारी बात के वजन को ध्यान में रखकर कर रहे हैं। अगर हम उनसे किया अपना वादा तोड़ते हैं, उन्हें भी दूसरों का वादा तोड़ना होगा। उदाहरण के लिए, मान लेते हैं कि मेरा एक लेनदार मुझ पर भुगतान का दबाव डाल रहा है। मुझे कोई समस्या नहीं है, क्योंकि आपने कहा है कि आप मुझे सोमवार को ओवरनाइट डिलीवरी के जरिए चेक भेज रहे हैं। मुझे लगता है कि मैं आपका चेक मंगलवार को जमा कर दूँगा और मैं लेनदार को कहता हूँ कि वो गुरुवार को मेरे दफ़्तर आकर चेक ले जाए। जब आपका चेक मंगलवार को नहीं आता, मुझे अपने लेनदार को समझाना पड़ता है कि मैं अपना वादा पूरा नहीं कर पा रहा हूँ।

ऐसे हालात तनाव से भरे और शर्मिन्दा करने वाले होते हैं। जब आप अपने वादे पूरे करते हैं, आप अपने ऊपर भरोसा करने वाले लोगों की ज़िन्दगी आसान बनाते हैं—आप तनाव पैदा करने वाले नहीं बल्कि तनाव घटाने वाले बनते हैं।

## सुधार के लिए उठाए जाने वाले कदम

इस लेख का मकसद अपने वादे पूरे करने में नाकाम रहने के लिए आपको दोषी और उदास महसूस कराना नहीं है। सच्चाई ये है कि कोई भी अपने 100 फीसदी

वादे पूरे नहीं कर पाता है। इसलिए, फोकस इस बात पर नहीं है कि पर्फेक्शन हासिल किया जाए, बल्कि **सुधार** पर है।

हम सब इस जगह पर सुधार कर सकते हैं और हमें सबसे पहले अपनी सच्चाई को स्वीकार करके शुरुआत करनी चाहिए—और, साथ ही, ज़्यादा भरोसेमन्द बनने का संकल्प लेना चाहिए। अब मैं आपको कुछ उपाय बताता हूँ जिनकी मदद से आप अपने वादों को पूरा करने के रास्ते पर बड़े सुधार कर पायेंगे।

1. **अपने हर बयान को एक वादा मानें।** बहुत कम लोग अपनी कही हुई बात को ऐसा पक्का वादा मानते हैं जिसे पूरा करना ही चाहिए। फिर भी, ऐसा नज़रिया आपकी कामयाबी में और दूसरों का सहयोग हासिल करने की आपकी काबिलियत में बड़ा योगदान करेगा। इसलिए, अभी से ही, जब भी कोई बात आपके मुंह से निकले, इसे ऐसा वादा मानें जिसे पूरा करना है। इस दिन के बाद से, अगर आपका इरादा किसी काम को करने का नहीं है, तो आप कहें ही नहीं कि आप उसे करेंगे!

2. **अपने शब्दों पर तब तक ज़ोर ना दें जब तक आपके काम उनके अनुरूप ना हों।** किसी काम को एक या दो दिन में पूरा करने का वादा करना छोड़ दें जब आप जानते हों कि इसे करने में एक हफ़्ता लगेगा। यहीं पर ज़्यादातर लोग उलझ जाते हैं। वे वही कहते हैं जो दूसरा व्यक्ति सुनना चाहता है (जैसे, "आपका ऑर्डर दो दिनों में तैयार हो जायेगा") और मानते हैं कि इससे उनकी अच्छी छवि बनेगी—जो कि बनती भी है...लेकिन तभी तक जब तक कि वे अपना वादा नहीं तोड़ देते। और आपके "व्यस्त" होने की सच्चाई को भी वादा तोड़ने की वजह नहीं माना जा सकता। कोई भी वादा करने के पहले इस बात का ध्यान रखें कि आप व्यस्त हैं। वही बात कहें जिसे पूरा करने का भरोसा आपको हो।

3. **अगर आप तय समय-सीमा में काम पूरा नहीं कर सकते, तब दूसरे पक्ष को समय-सीमा ख़त्म होने के पहले ही ये बात बता दें।** ये तो आम बात है, है ना? आप ऐसा सोचते हैं। लेकिन, यही साधारण सी बात अक्सर नज़रअन्दाज़ की जाती है। कई बार ऐसा मौका होता है, जब आपकी तमाम कोशिशों के बावजूद—या फिर आपके काबू के बाहर की आपातकालीन परिस्थितियों की वजह से—आप अपना वादा पूरा करने में कामयाब नहीं हो पाते। ऐसे मौकों पर, समय-सीमा ख़त्म होने के पहले दूसरे पक्ष से सम्पर्क करें और उन्हें हालात समझाएं,

और निकट भविष्य की एक और समय-सीमा दें। दस में से नौ बार, दूसरा पक्ष आपकी बात समझेगा और इस बात की सराहना करेगा कि आपने शुरुआती समय-सीमा को इतनी गम्भीरता से लिया... और आप इतने प्रोफेशनल है कि नई समय-सीमा तय करने के लिए आपने उनसे सम्पर्क किया।

वैसे, चुप्पी साध जाना और उम्मीद करना कि दूसरा पक्ष ध्यान नहीं देगा, ये एक हारने वाली रणनीति है। मेरा यकीन करें—वे ध्यान देंगे। भले ही वे आपसे कुछ कहें या नहीं, वे अभी से आपको अविश्वसनीय मानने लगेंगे।

अपनी कही बात पर लगातार अमल करने से आप भीड़ से अलग दिखेंगे। लोग आपका सम्मान करेंगे और आपके साथ काम-धन्धा करना चाहेंगे। और, आपकी ढेरों सिफारिशें होंगी। इस बारे में सोचें: क्या आप ऐसे लोगों के साथ काम नहीं करना चाहेंगे (और जुड़ना नहीं चाहेंगे) जो भरोसेमन्द और ईमानदार हों?

सबसे ज़रूरी बात, जब आप अपने काम को अपने वादों के मुताबिक पूरा करने लगेंगे, आपका आत्मसम्मान बहुत बढ़ जायेगा। आप ईमानदारी के साथ काम करेंगे, आप बेहतर महसूस करेंगे, और आप ऊँचे स्तर पर अच्छा काम करके दिखायेंगे।

तो क्या आप इस जगह अपने को सुधारने का संकल्प लेने के लिए तैयार हैं? क्या आपने "हाँ" कहा? क्या आप मुझसे इसका वादा करेंगे?

# 8

# शैतान ने आपको ये काम नहीं करने दिया

*अपनी ज़िन्दगी की लगाम अपने हाथ में रखें और क्या होगा? एक भयानक चीज़: कोई नहीं जिस पर आप दोष डाल सकें।*

**—एरिका जॉन्ग**

जब निजी जवाबदेही स्वीकार करने की बात आती है तो इस देश में हमें एक संकट दिखने लगता है। ऐसा लगता है कि कोई भी किसी भी चीज़ के लिए अब जवाबदेह नहीं होना चाहता। कोई भी टीवी टॉक शो चलाइए और आपको ऐसे लोग दिखेंगे जो अपनी हालत के लिए दूसरों को जिम्मेदार ठहरा रहे होंगे। वे हमेशा चीखते रहते हैं कि उनकी ज़िन्दगी की खराब हालत उनके ब्वॉयफ्रेंड्स, पूर्व पत्नियों या माता-पिता की वजह से है। मैंने कभी किसी को ये कहते नहीं सुना, "अपनी ज़िन्दगी में ये गड़बड़ी मैंने की है। ये सब मेरा किया-धरा है।"

परेशान करने वाली दूसरी बात है मुकदमों का पहाड़ जिसे हम आज देखते हैं। अगर हम सुपरमार्केट में गिर जाते हैं हम स्टोर पर मुकदमा कर देते हैं। अगर हम फुटपाथ पर फिसल जाते हैं हम उस जायदाद के मालिक पर मुकदमा कर देते हैं। यहाँ मेरी राय बाकी लोगों से अलग हो सकती है, लेकिन मैंने पाया है कि जब कोई गिरता है, तो आम तौर पर इसमें जायदाद के मालिक की गलती नहीं होती बल्कि उस शख्स की गलती होती है जो गिरा और वो सावधानी नहीं बरत रहा था। हमारे समाज में शायद नया नियम बन गया है: अगर मेरी ज़िन्दगी में कुछ गलत होता है, मैं किसी ना किसी पर मुकदमा करूँगा।

## मुझे लगा था कि मैं सब कुछ देख चुका हूँ लेकिन...

कई साल पहले, मैंने एक मुकदमे के बारे में पढ़ा था जो न्यूयॉर्क में 56 साल के किसी शख़्स ने दायर किया था। वादी, मिस्टर बार्बर ने चार फ़ास्ट फूड चेन्स पर मुकदमा किया था, और उनका दावा था कि वो उन चेन्स के फैट्स से भरे भोजन खाने की वजह से मोटे हो गए और दूसरी गम्भीर बीमारियों के शिकार हो गए। उन्होंने कहा, "फ़ास्ट फूड इंडस्ट्री ने मेरी ज़िन्दगी बर्बाद कर दी।"

ऐसे मुकदमे को सही कैसे ठहराया जा सकता है? क्या मैकडॉनल्ड्स के कर्मचारी हर रोज़ मिस्टर बार्बर के घर में घुसते थे, उन्हें पकड़ते थे और उनके मुंह में बिग मैक्स और फ्राइज़ जबरन ठूसते थे? नहीं, ऐसा तो नहीं हुआ था। मिस्टर बार्बर ने अपनी इच्छा से नियमित तौर पर फ़ास्ट फूड खाने का **फ़ैसला** किया और फिर अपने दिल के दौरों, हाई ब्लड प्रेशर और बढ़े हुए कोलेस्ट्रॉल के लिए फ़ास्ट फूड चेन्स को दोषी ठहराने की मांग की।

मिस्टर बार्बर ने वकील ने कहा कि फास्ट फूड कम्पनियाँ लोगों को धोखा दे रही हैं और नहीं बता रही हैं कि उनका खाना लोगों की सेहत के लिए नुकसानदायक है। ये तो हद है, इस समाज में आपने अपनी ज़िन्दगी के 56 साल निकाल दिए और आप सच में मानते हैं कि हॉपर्स और चॉकलेट शेक में उतना ही न्यूट्रिशन है जितना ब्रॉकली में होता है? ये तो 10 साल का कोई बच्चा भी जानता है कि चिकन नगेट्स, फ्राइज़ और हॉट एपल पाइ सेहतमन्द नहीं होते।

शायद मुझे इसका अन्दाजा लगा लेना चाहिए था। आखिरकार, लोगों ने सिगरेट पीने का फ़ैसला किया, अपनी सेहत को नुकसान पहुँचाया, और तम्बाकू कम्पनियों पर मुकदमा चलाने में कामयाब हुए। आपके हिसाब से जिम्मेदारी किसकी बनती है? सिगरेट बेचने वाली तम्बाकू कम्पनियों की या उन लोगों की जिन्होंने अपनी सेहत को होने वाले नुकसान को जानते हुए भी धूम्रपान को चुना? अब आगे क्या होगा? क्या मैं आइसक्रीम निर्माता कम्पनियों पर मुकदमा करूँगा अगर मैंने बहुत ज़्यादा हॉट फज संडेज़ खा लिए? बीयर बनाने वालों पर मुकदमा करूँ अगर मैंने बहुत ज़्यादा बीयर पी लिया? समुद्र तटों का रख-रखाव करने वाली नगरपालिकाओं पर मुकदमा करूँ अगर रेत पर चलते हुए किसी सीप से मेरा पैर कट गया?

नहीं, मुझे गलत मत समझें। मैं बिलकुल इस चीज़ के पक्ष में हूँ कि कम्पनियों को जिम्मेदारी लेनी चाहिए और लोगों को सम्भावित ख़तरों के बारे में चेतावनी देनी चाहिए। जब कोई सेहत को नुकसान पहुँचाने वाली जानकारी को छिपाए या सच को तोड़-मरोड़कर बताए, तो उसे बिलकुल दंड मिलना चाहिए। मिसाल के लिए, हम चाहते हैं कि प्रॉपर्टी के मालिक अपने परिसरों को सुरक्षित और ख़तरों से दूर रखें।

लेकिन हमने इस चीज़ का थोड़ा ज़्यादा फायदा उठाना शुरू कर दिया है, और हम अपनी लापरवाही या गलत फ़ैसलों की जिम्मेदारी दूसरों पर डालने लगे हैं।

जिम्मेदारी से बचने का ये रवैया आपकी सोच से कहीं ज़्यादा असर डालता है। अनजाने में ही, हम बुद्धिमानी से फैसले लेने के बजाय दूसरों पर उसका दोष डालने के आदी हो जाते हैं। और ये रवैया हमें फंसाए रखता है और मनचाहा नतीजा हासिल करने से हमें रोकता है।

इसके पहले कि आप मिस्टर बार्बर या उन जैसे लोगों की आलोचना करने लगें, हमें स्वीकार करना चाहिए कि हम सभी अपनी बेअसर रणनीतियों का दोष दूसरों पर डालने की आदत के शिकार होते हैं। मैं भी कोई अपवाद नहीं हूँ। मेरा दावा है कि आपकी ज़िन्दगी में ऐसा कुछ ज़रूर होगा जो आपकी चाहत के मुताबिक नहीं हुआ। और जिम्मेदारी लेने और समझौता करने के बजाय, आप अपनी नाकामी के लिए किसी और को जिम्मेदार बता रहे हैं—शायद अपने जीवनसाथी या बॉस को।

शायद आपका कारोबार आपकी योजना के मुताबिक नहीं फैला, और आपको यकीन है कि सुस्त अर्थव्यवस्था ही समस्या है। शायद आप पर्याप्त मेहनत नहीं कर रहे हैं और आप इसके पीछे वजह बताते हैं कि आप काफी व्यस्त हैं। यहाँ तक कि सबसे ज़्यादा कामयाब लोगों के साथ भी ऐसी दिक्कत आती है, जिसे मैं "गैर-जिम्मेदारी की जेब" कहता हूँ। दूसरे शब्दों में, वे अपनी ज़िन्दगी के ज़्यादातर मामलों में आगे बढ़कर कदम उठाते हैं, लेकिन कुछ मामलों में जब वे तरक्की नहीं कर पाते, तब बाहर के किसी शख्स या चीज़ को उसका जिम्मेदार ठहरा देते हैं।

क्या आपकी ज़िन्दगी में ऐसा कुछ है जहाँ आप ख़ुद को फंसा हुआ पाते हैं या जहाँ आपको मनचाहे नतीजे नहीं मिले हैं? अगर ऐसा है तो यहाँ दिया चार्ट आपकी मदद कर सकता है। बाएं कॉलम में, उन उद्देश्यों की सूची बनाएं जिन्हें हासिल करने के लिए आप जूझते रहे हैं। बीच वाले कॉलम में, उन बाधाओं की पहचान करके लिखें जो उन उद्देश्यों के रास्ते में आ रही हैं। दाहिने कॉलम में उन उपायों को लिखें, जिन्हें अपनाकर आप तुरन्त मनचाही दिशा में बढ़ सकते हैं।

| मैं क्या हासिल करना चाहता हूँ | मेरे रास्ते की बाधाएं क्या हैं | मैं क्या उपाय कर सकता हूँ |
|---|---|---|
| | | |
| | | |
| | | |
| | | |
| | | |
| | | |

अगर आपको लगता है कि आप बिलकुल कुछ नहीं कर सकते, तब या तो आप उस उद्देश्य को छोड़ दें, या कम से कम, उस बारे में शिकायत करना रोक दें। आप अपनी ऊर्जा बेकार में खर्च कर रहे हैं।

जब आप किसी सहकर्मी या दोस्त को किसी चीज़ के लिए शिकायत करते देखें, उन्हें उनकी दुविधाओं के सम्भावित हल की तरफ वापस ले जाएं। उस शख्स को जिम्मेदारी लेने के लिए प्रोत्साहित करें। जब आप अपनी ज़िन्दगी में किसी चीज़ से हताश हों तो किसी को दोष देने की ना सोचें। बहानों के बारे में ना सोचें। दूसरों को दोष देना और बहाने बनाने से आपकी ज़िन्दगी नहीं सुधरेगी, और मुझे सन्देह है कि आपको इसका कोई जादुई हल मुकदमा दायर करके भी मिलेगा। हममें से हर किसी को एक शक्तिशाली, रचनात्मक मस्तिष्क का आशीर्वाद मिला है, जो हमारी सोच से कहीं ज़्यादा कर सकता है। जैसा विंस्टन चर्चिल ने कहा है, "महानता की कीमत है जिम्मेदारी।" जिम्मेदारी उठाएं और महानता के रास्ते पर आगे बढ़ें।

# 9

# स्वस्थ दृष्टिकोण कैसे विकसित करें

*छोटी-छोटी बातों पर पसीना ना बहाएं।*

**—रिचर्ड कार्लसन**

समय-समय पर हर कोई मुश्किलों का अनुभव करता है। लेकिन उन मुश्किलों पर लोगों की प्रतिक्रिया में बहुत फर्क हो सकता है। दो ड्राइवरों का उदाहरण लेते हैं जिनकी कारों के टायर काम पर जाते हुए पंक्चर हो गए। पहले ड्राइवर का पूरा दिन बर्बाद हो जाता है। वो कई घंटों तक अपनी खराब किस्मत का रोना रोता है, हर किसी को दोष देता रहता है और कुछ खास काम नहीं कर पाता। वहीं, दूसरा ड्राइवर पंक्चर्ड टायर को मामूली दिक्कत समझता है। वो इसकी मरम्मत कराता है और फिर अपने काम पर जाता है, उसका दिन ख़ुशनुमा और कामयाब रहता है।

दोनों को एक जैसी दिक्कत का सामना करना पड़ा था। फिर, क्यों एक ड्राइवर इतना परेशान हो गया जबकि दूसरे ने हालात को आसानी से सँभाल लिया? दोनों के बीच जिस चीज़ का अन्तर है, वो है **दृष्टिकोण या नज़रिया**।

शब्दकोष में दृष्टिकोण का मतलब बताया जाता है, "चीज़ों को उनके वास्तविक सम्बन्ध या सापेक्ष महत्व में देखने की क्षमता"। उन लोगों के बारे में सोचें जिन्हें आप जानते हैं। क्या आपके ऐसे कोई दोस्त या सहकर्मी हैं जो लगातार छोटी-छोटी चीज़ों पर बकवास करते रहते हैं, जैसे कि दफ़्तर में किसकी खिड़की बड़ी है? और ऐसे लोग जो अपने करीबी पारिवारिक लोगों के साथ केवल इसलिए रिश्ता तोड़ लेते हैं क्योंकि किसी शादी में बैठने के इन्तजाम को लेकर उनका विवाद

हो गया था? साफ़ है कि ऐसे लोगों ने चीज़ों के "सापेक्ष महत्व" को समझने की काबिलियत खो दी है!

बहुत सारे लोग अपनी समस्याओं को बढ़ा-चढ़ाकर बताते हैं, और उन हालातों पर अपनी कीमती मानसिक ऊर्जा खर्च करते हैं जिनके नतीजों का "ज़िन्दगी या मौत" पर कोई अन्तर नहीं होना है। दरअसल हम सभी किसी ना किसी मौके पर इस जाल में फंस जाते हैं, लेकिन वैसे लोग जो बेकार की चीज़ों पर बेहद कम ध्यान देते हैं, उनके लिए कहीं ज़्यादा कामयाबी हासिल करने—और इस दौरान ज़्यादा ख़ुश रहने की सम्भावना बढ़ जाती है।

मगर, दृष्टिकोण का मतलब केवल छोटी-छोटी निराशाओं से बेअसर रहना भर नहीं होता। ये बताता है कि आपने दुनिया में अपनी जगह बनाने के बारे में सोचा है और आप चीज़ों को "समग्र रूप में" देखते हैं। जब आप अपनी समझ के दायरे को बढ़ाते हैं, आप कम तनाव महसूस करते हैं, अपने एटीट्यूड को सुधारते हैं, अपने जीवन के अर्थ को लेकर गहरी अन्तर्दृष्टि विकसित करते हैं, और शायद कहीं ज़्यादा भौतिक सुख-सुविधाएं भी हासिल करते हैं। तब सवाल आता है: हम अपने दृष्टिकोण को व्यापक कैसे कर सकते हैं?

देखिए, एक अचूक तरीका है आने वाली मुसीबतों का सामना करना और उन पर काबू पाना। मुश्किल हालातों से सामना करने के बाद आप एक नया दृष्टिकोण हासिल करते हैं कि आपकी ज़िन्दगी में वास्तव में किन चीज़ों की अहमियत है। उदाहरण के लिए, अगर आपने किसी जानलेवा बीमारी का सामना किया है, तब किसी रेस्टोरेंट की खराब सर्विस आपके लिए ज़्यादा अहम नहीं रह जायेगी।

ख़ुशकिस्मती से, दृष्टिकोण व्यापक करने के लिए आपको किसी बड़ी आपदा का इन्तज़ार करने की ज़रूरत नहीं है। यहाँ दृष्टिकोण का दायरा बढ़ाने के लिए कुछ सुझाव हैं जिन्हें आप तुरन्त लागू कर सकते हैं:

1. **अपनी समस्या को अपने पूरे जीवन के सन्दर्भ में देखें।** ख़ुद से पूछें: ये समस्या पूरे जीवन को देखते हुए कितनी महत्वपूर्ण है? आज से दस साल बाद क्या ये बात मायने रखेगी? जैसे, आपके बाथरूम में पानी रिस रहा है। इससे आपकी बाकी ज़िन्दगी पर बहुत ज़्यादा असर नहीं पड़ेगा। या, मान लीजिए कि बिक्री का कोई ऑर्डर रद्द हो जाता है। हाँ, आप निराश होंगे लेकिन इससे दुनिया खत्म नहीं हो जायेगी। मुख्य बात ये है कि समस्या जितनी बड़ी है, उसे उतनी ही अहमियत दें—और इसे अपनी सोच पर पूरे दिन, हफ़्ते या महीने के लिए हावी ना होने दें।

2. **अक्सर ये सोचें कि आप "सबसे महत्वपूर्ण बातों" में कहाँ फिट होते हैं।** ख़ुद से पूछें, *मैं यहाँ क्यों हूँ? मेरी ज़िन्दगी का मिशन क्या है? क्या मैं अपना उद्देश्य पूरा करने में लगा हूँ? क्या मैं उस रास्ते पर जाने से बच रहा हूँ जो लगातार मुझे बुला रहा है?* ये बेवकूफाना या दार्शनिक सवाल नहीं हैं जो केवल प्लेटो और सुकरात पर लागू होते हों। मुझे ये स्वीकार करने में कोई हिचक नहीं है कि मैं कभी भी इन मुद्दों के बारे में नहीं सोचा करता था। लेकिन अब मैं सोचता हूँ... और इसने मेरी ज़िन्दगी को बड़े पैमाने पर समृद्ध किया है। जब आप इन सवालों पर सोचना शुरू करते हैं, आप झुंझलाने वाली छोटी बातों पर कम ध्यान देते हैं—और फिर उन चीज़ों पर ज़्यादा वक़्त बिताते हैं जो आपको एक बेहतर इंसान बनने में और समाज के लिए अधिक महत्वपूर्ण योगदान करने में मदद करती हैं।

3. **अपने आसपास के सभी चमत्कारों को देखना शुरू करें।** चाहे आपको अहसास हो या नहीं, आप एक असाधारण ब्रह्मांड के अंश हैं। हर सेकेंड शानदार, दिमाग को झकझोरने वाली चीजें हो रही हैं। मिसाल के लिए, बिना किसी सचेत प्रयास के आप सांस लेते हैं, आपका दिल धड़कता है और आप खाना पचा लेते हैं। ट्यूलिप को पता होता है कि हर साल किस सही समय पर ज़मीन से बाहर निकलना है। पृथ्वी घूमती है... सूर्य उगता है और डूबता है... ऋतुएं बदलती हैं। ये सभी एक चमत्कारिक, कभी ना रुकने वाले चक्र का हिस्सा हैं। इसलिए, उदासीनता भरे अपने रवैये को दूर करें और ब्रह्मांड का मार्गदर्शन करने वाले अद्भुत ज्ञान की सराहना शुरू करें!

4. **इस बात को खुले दिल से मानें कि हर चीज़ किसी ना किसी वजह से होती है।** अगर आपको इस सिद्धान्त पर सन्देह है, तब आप उन लोगों से बात करें जो आपके ख्याल से सकारात्मक और कामयाब हैं और जिनके पास मन की शान्ति भी है। उनसे पूछें कि क्या उन्हें यकीन है कि हर चीज़ किसी ना किसी वजह से होती है। इसके बाद जो लोग पूरे उत्साह से इसका जवाब "हाँ" में देते हैं, उनसे समझाने के लिए कहें कि वे ऐसा क्यों महसूस करते हैं।

5. **ख़ुद को दूसरों से जोड़ें।** हमारी आदत होती है अपनी समस्याओं में उलझना, अपने-आप को समेट लेना और हताशा और निराशा को बढ़ाते रहना। दूसरों की सेवा करने और मदद करने के तरीके ढूंढ़ने से

आप बेहतर महसूस करेंगे और सभी इंसानों के आपस में जुड़ाव की आपकी समझ और व्यापक होती जायेगी। यहाँ तक कि किसी और का हौसला बढ़ाने वाले कुछ शब्द ही बहुत बड़ा अन्तर ला सकते हैं—उनके लिए और आपके लिए भी।

6. **गम्भीर चुनौतियों का सामना कर रहे लोगों से नियमित रूप से बातचीत करें।** मिसाल के लिए, किसी लोकल हॉस्पिटल में हर हफ़्ते आप अपनी इच्छा से सेवाएं दें और बीमार लोगों के साथ वक़्त बिताएं। या, किसी सूप किचन में खाना परोसने के लिए अपना वक़्त दें। दोनों ही मामलों में, आप एक तरफ जहाँ दूसरों की मदद करेंगे, साथ ही महसूस करेंगे कि आप कितनी अच्छी स्थिति में हैं!

7. **अपनी ज़िन्दगी की ख़ुशियों पर अपना ध्यान फिर से ले जाएं।** क्या आपकी सेहत अच्छी है? क्या आपकी आँखें बिलकुल ठीक हैं और आप चल-फिर पाते हैं? क्या आपके सिर के ऊपर छत है और आपके फ्रिज में पर्याप्त भोजन है? ऐसे ढेरों लोग हैं जो इन तोहफों का सुख नहीं ले पाते हैं और जो ख़ुशी-ख़ुशी आपकी जगह लेना चाहेंगे। इसलिए, उन ढेर सारी चीज़ों पर ध्यान लगाएं जिनके लिए आप शुक्रगुजार हैं। इस आइडिया को मजबूती देने के लिए, एक इंडेक्स कार्ड के पीछे लिखें "अपने सुखों की गिनती करें" या "मेरे पास आभारी होने के लिए काफी कुछ है।" कार्ड ऐसी जगह रखें जहाँ आप उसे बार-बार देख सकें, जैसे अपनी मेज़ पर, अपनी कार में या बाथरूम के आईने पर।

8. **उन लोगों के आसपास रहें जिनका दृष्टिकोण सुन्दर है।** हम उन लोगों की संगत से प्रभावित होते हैं जिनके साथ हम रहते हैं। इसलिए, ज़्यादा वक़्त उन लोगों के साथ बिताने की कोशिश करें जो चीज़ों को सही नज़रिए से देखते हैं—चाहे वे दोस्त, रिश्तेदार या सहकर्मी हों। ये लोग शायद ही शिकायत करते हैं, ज़रूरी और गैर-ज़रूरी चीज़ों के बीच आसानी से फर्क कर सकते हैं, और उनके आसपास रहना ख़ुशी देता है।

9. **हर दिक्कत को तरक्की के मौके के तौर पर देखें।** कई बार, हम अपनी मुश्किलों को नकारात्मक अनुभवों के तौर पर देखते हैं जो हमें सज़ा देती हैं और तकलीफ पहुँचाती हैं। जब आप पीछे मुड़कर अपनी ज़िन्दगी को देखेंगे, आप पायेंगे कि कई दिक्कतों और दर्दनाक हालातों ने निजी तरक्की और बेहतर स्थितियाँ बनाई हैं। शायद आपकी कोई

नौकरी चली गई हो जिसके बाद आपकी स्थिति बेहतर हो गई। या कोई रिश्ता खत्म हो गया लेकिन आपको एक ज़्यादा सुखी रिश्ते से जुड़ने का मौका मिला। इसलिए, अपने भीतर ये दृढ़ विश्वास विकसित करें कि "बुरा" अनुभव आपकी किसी ना किसी तरीके से मदद करने वाला है। अपनी चुनौती को कोसे नहीं; इसके बजाय, उन सीख या मौकों की तलाश करें जो आपकी दिक्कतें लेकर आ रही हैं।

10. **अपनी बातों पर नज़र रखें!** क्या आप अक्सर रोते और शिकायत करते हैं... या अपनी बीमारियों और छोटी-छोटी परेशानियों को अपने सामने आने वाले हर शख्स तक पहुँचाते रहते हैं? शिकायती नज़रिया आपकी दिक्कतों को बढ़ाता है, आपको ज़्यादा कमज़ोर महसूस कराता है और दूसरों को आपसे दूर करता है। इसके बजाय अपनी ज़िन्दगी में—या फिर किसी दूसरे शख्स की ज़िन्दगी में—कुछ सकारात्मक ढूंढ़ें और उस पर बात करें।

11. **अपने आध्यात्मिक सम्बन्ध को विकसित करें।** मैंने पाया है कि सुन्दर दृष्टिकोण रखने वाले लोगों में से ज़्यादातर का आध्यात्मिक विश्वास मजबूत होता है। एक परम शक्ति में भरोसे के बिना, ज़्यादातर ज़िन्दगी बेरहम और बिना किसी मकसद के लगने लगती है। जब आप अपनी आध्यात्मिक प्रकृति के साथ लय में होते हैं, आपको जीवन का उद्देश्य समझ आता है, मन के अन्दर से अधिक मार्गदर्शन मिलता है, और आप अपने जीवन की घटनाओं के कारणों को देखने में सक्षम होते हैं। हममें से हर कोई, मूल रूप से, परम शक्ति के साथ सम्बन्ध विकसित करने की चाहत रखता है। इससे हमें सुरक्षा, आत्मविश्वास और मन की शान्ति मिलती है।

12. **हर दिन, ऐसा साहित्य पढ़ें जो आपके दृष्टिकोण का दायरा बढ़ाए।** ये बाइबिल की तरह कोई आध्यात्मिक किताब हो सकती है, या उन लोगों की कहानियाँ जिन्होंने बहुत बड़ी मुश्किलों पर जीत हासिल की है। जिस भी चीज़ से आपकी आस्था, प्रेम और शक्ति बढ़ती हो, उसे पढ़ते रहें। अहम बात है रोज़ उस चीज़ का दोहराव।

13. **अपने-आप को ऐसे माहौल में रखें जहाँ आप रोजाना के तनाव से "दूर" हो सकें।** अपने परिवेश को बदलकर आप एक तरोताज़ा, सुकून भरा नज़रिया पा सकते हैं। शायद आपको सागर तट पर बैठना या जंगल में टहलना पसन्द हो। ऐसे नज़ारों की तलाश करें जहाँ आप

तनाव मुक्त कर सकें और रचनात्मक रूप से सोच सकें... और उस जगह जितना ज़्यादा हो सके, जाएं।

14. **कसरत करें।** शारीरिक फायदे के अलावा कसरत करने से हमें तनावमुक्त रहने और सोच को साफ़ रखने में मदद मिलती है। मैं उन लोगों पर आश्चर्य करता हूँ जो कहते हैं, "मेरे पास कसरत करने का वक़्त नहीं है।" दरअसल वो कहते हैं, "मेरे पास स्वस्थ रहने का वक़्त नहीं है!" कसरत आपके दिमाग को आपकी दिक्कतों से दूर रखने का चमत्कार करती है और आपको तनाव को सँभालने के लिए ज़्यादा काबिल बनाती है। इसलिए अपने शेड्यूल में कसरत को आज से ही शामिल करें!

15. **ख़ुद को हल्का रखें और हँसें।** हम ख़ुद को और अपने काम को कहीं ज़्यादा गम्भीरता से लेते हैं। रोज़ की परिस्थितियों में हास्य ढूंढ़ें और, सबसे ज़रूरी बात कि ख़ुद पर हँसने के लिए मन बनाएं। मुस्कुराने और हँसने भर से हम शारीरिक रूप से बेहतर महसूस करते हैं और हमारा तनाव कम होता है।

16. **अपनी ज़िन्दगी को आसान बनाएं और उसे सन्तुलित करें।** ये कहना आसान है लेकिन इस पर अमल करना इतना आसान नहीं है। कभी-कभी, हम बहुत ज़्यादा जिम्मेदारियाँ या प्रोजेक्ट्स ले लेते हैं। हम प्रियजनों और यहाँ तक कि अपनी सेहत को भी नज़रअन्दाज़ कर देते हैं। इसलिए, शायद वक़्त आ गया है कि आप अगले प्रोजेक्ट को "नहीं" कहें। सही मायने में क्या ज़्यादा ज़रूरी है—अपनी इच्छा से एक और असाइनमेंट या अपने बच्चों के साथ वक़्त बिताना?

जैसे-जैसे आपका दृष्टिकोण व्यापक होता जायेगा, आप पायेंगे कि सही मायने में महत्वपूर्ण चीज़ों की आपकी सूची छोटी होती जायेगी। जैसे-जैसे हम परिपक्व होते हैं, हमारे दृष्टिकोण का दायरा बढ़ता जाता है; फिर भी ऐसे मौके भी आयेंगे जब हम अपनी दिक्कतों से इतने घिर जायेंगे कि बड़े मुद्दों को देख नहीं पायेंगे। इसलिए, हमें इस चीज़ पर लगातार काम करते रहना होगा।

हाँ, दृष्टिकोण को व्यापक बनाए रखने के लिए अनुशासन की ज़रूरत होती है। लेकिन इससे होने वाले फायदों—कम तनाव, बेहतर रिश्ते, मन की शान्ति और भी बहुत कुछ—के आगे ये कोशिश कम ही है!

# 10

## "एक समान बनाया" का क्या मतलब है?

*मेरे लिए, किसी राष्ट्रपति, भिखारी,*
*या राजा में कोई फर्क नहीं है।*
### —दलाई लामा

वर्ष 1776 में लिखा गया स्वतन्त्रता का घोषणा पत्र आज तक रचे गए सबसे महत्वपूर्ण दस्तावेजों में एक है। शायद आप जानते हों कि इसमें इन बातों को शामिल किया गया है:

*"हम इन सच्चाइयों को स्वयंसिद्ध मानते हैं कि सभी मनुष्य समान बनाए गए हैं, कि उन्हें उनके निर्माता ने कुछ अपरिवर्तनीय अधिकार दिए हैं, कि इन अधिकारों में जीवन, स्वतन्त्रता और सुख की तलाश शामिल हैं।"*

घबराएं नहीं—यहाँ इतिहास का कोई क्विज़ नहीं होगा! मैं तो आपको इस अवधारणा पर विचार करने के लिए कहना चाहता हूँ कि "सभी मनुष्य समान बनाए गए हैं।" पहली नज़र में, ये उन गम्भीर सच्चाइयों में एक लगता है, जिसे नकारना लगभग असम्भव है। लेकिन हममें से कितने लोग इस सिद्धान्त के अनुसार दूसरों के साथ बर्ताव करते हैं? क्या हम अपना कारोबार चलाने या ज़िन्दगी जीने में "सभी मनुष्य समान बनाए गए हैं" सिद्धान्त का पालन करते हैं? अक्सर, हमारे व्यवहार में दिखता है कि दरअसल हम इस सिद्धान्त में यकीन नहीं रखते हैं। मैं स्वीकार करता हूँ कि इस जगह पर मुझमें भी कमी रही है।

## आध्यात्मिक दृष्टिकोण

कल्पना कीजिए कि पृथ्वी पर आपके दिन खत्म होने वाले हैं। अचानक, आपका सामना ईश्वर से होता है जो आपको कहता है: "तुमने अपनी पूरी ज़िन्दगी, कम पैसे या हैसियत वाले लोगों के मुकाबले ज़्यादा पैसे और ऊँचे ओहदे वाले लोगों के साथ कहीं बेहतर बर्ताव किया। बधाई! शायद तुम समझते हो कि मैं हर व्यक्ति को एक जैसा महत्व नहीं देता, और कि मैं उन लोगों का पक्ष लेता हूँ जिन्होंने दौलत कमाई है या जिनके पास बड़े दफ्तर हैं।"

क्या आपको लगता है कि कभी भी आपको ऐसा सुनने का मौका मिलेगा? नहीं, क्योंकि आप अपने अन्तर्मन से जानते हैं कि सभी लोगों को एक जैसा बनाया गया है, और जिस निर्माता ने आपको जीवन दिया है, उसी ने आपके सामने आने वाले हर व्यक्ति को बनाया है।

तो ये सिद्धान्त असली दुनिया में काम कैसे करता है? यहाँ कुछ उदाहरण भर दे रहा हूँ:

**नेटवर्किंग और सामाजिक समारोह।** एक नेटवर्किंग मीटिंग में आप एक महिला से बात कर रहे हैं और वो अचानक किसी ऐसे व्यक्ति को देखती है जो उसके मुताबिक आपसे "ज़्यादा अहमियत" रखता है, और वो आपके साथ हो रही बातचीत एकाएक खत्म कर दूसरे व्यक्ति के पास जाती है। उसकी ये हरकतें आपको कैसा महसूस कराती हैं? आप दलील दे सकते हैं कि "काम तो काम है" और लोग नेटवर्किंग इवेंट में नए क्लाइंट जुटाने के लिए आते हैं, बातचीत करने के लिए नहीं। फिर भी, उस महिला का "सभी लोग एक बराबर नहीं हैं" वाला रवैया असभ्य माना जायेगा।

मैं ये नहीं कह रहा हूँ कि आपको ऐसे समारोहों में हर किसी के साथ बराबर वक़्त बिताना चाहिए। मेरा सुझाव है कि आप जिस किसी से मिलें, एक जैसे स्तर की निष्ठा, प्रोफेशनलिज़्म, और शिष्टाचार के साथ मिलें। ना सिर्फ आप ख़ुद में बेहतर महसूस करेंगे, बल्कि आप जैसा बर्ताव दूसरों के साथ करते हैं, अक्सर वैसा ही बर्ताव दूसरे आपके साथ करते हैं। जैसा आप बोते हैं, वैसा ही आप काटेंगे। आप दूसरों को अपनी तरफ से पूरी इज्जत देने लायक नहीं समझेंगे, तो दूसरे भी आपके साथ कम इज्जत से पेश आयेंगे।

**सहकर्मियों के साथ बातचीत।** क्या आप ईमानदारी से कह सकते हैं कि आप अपने संस्थान में हर व्यक्ति के साथ एक जैसी इज्जत के साथ बर्ताव करते हैं? क्या सीईओ की कॉल को आप उतनी ही अहमियत देते हैं जितनी किसी ऐसे व्यक्ति

की कॉल को, जिसे आप संस्थान में "निचले" स्तर का मानते हैं? क्या आप कुछ लोगों को अपना पूरा समय देते हैं जबकि दूसरों की बात को "अनसुना" कर देते हैं? लोगों के साथ गैर-बराबरी के बर्ताव को सही ठहराना हमेशा आसान होता है...जब तक कि ऐसा बर्ताव आपके साथ नहीं होता।

हम लोगों के साथ बराबरी का व्यवहार क्यों नहीं करते? इसकी दो मुख्य वजहें हैं:

1. **अहंकार।** आपका अहंकार दूसरों को आपसे "अलग" करके देखता है। आप महसूस करते हैं कि आपको अपनी तुलना दूसरों से करनी है और हमेशा उनसे "बेहतर" साबित होना है। अहंकार आपको ये विश्वास दिलाता है कि ख़ुद को दूसरों से "श्रेष्ठ" साबित कर आप ख़ुश रहेंगे। लेकिन इससे आपको लम्बे समय तक सन्तुष्टि नहीं मिलती, चाहे आप जितना भी धन जमा कर लें। कोई ना कोई हमेशा होता है जो आपसे ज़्यादा धन कमाता है, जो आपसे अधिक आकर्षक होता है, या जिसके पास कहीं ज़्यादा इज्जतदार ओहदा होता है।

2. **धन।** हमें लगता है कि हम तेज़ी से तरक्की करेंगे और ज़्यादा पैसे कमायेंगे अगर हम "ऊँचे ओहदे वालों" के साथ बेहतर बर्ताव करेंगे, क्योंकि उनके पास हमें इनाम देने की ताक़त है। हम मानते हैं कि (संस्थान में) हमारे बराबर या निचले स्तर के लोग हमारी किस्मत तय करने में ज़्यादा असरदार नहीं होंगे। भले ही ये मुमकिन हो कि आप लोगों के साथ "गैर-बराबरी" का व्यवहार कर ज़्यादा पैसे कमा लें, लेकिन क्या आप वाकई में यही विरासत छोड़कर जाना चाहते हैं? क्या आप वाकई में अपनी ज़िन्दगी को "काम" और "अन्य" में बांटना चाहते हैं और अपने काम के दौरान लोगों के साथ एक बराबर व्यवहार नहीं करने को सही ठहराना चाहते हैं?

मेरे स्वर्गीय पिता ने मुझे जीवन के कुछ महत्वपूर्ण सबक सिखाए हैं। उन्होंने मुझे सिखाने के लिए भाषण नहीं दिए। उन्होंने मेरे सामने बस कुछ उदाहरण रखे। मेरे पिता के लिए सामाजिक या आर्थिक हैसियत ज़्यादा मायने नहीं रखती थी। उन्हें चौकीदारों के साथ बातचीत में भी उतना ही मज़ा आता था जितना सीईओ के साथ। किसी व्यक्ति की हैसियत चाहे जो हो, मेरे पिता उस व्यक्ति में वास्तविक रुचि लेते थे और उसके परिवार और पृष्ठभूमि के बारे में जानना चाहते थे। वो हर किसी का सम्मान करते थे और किसी को नीचा नहीं दिखाते थे। मेरे पिता ने अच्छी दौलत कमाई। क्या वो "महत्वपूर्ण" लोगों पर ज़्यादा ध्यान देकर थोड़ी और दौलत कमा

सकते थे? शायद। लेकिन उन्होंने वैसा रास्ता नहीं चुना, इसकी बजाय उन्होंने थोड़ा कम कमाने और दूसरों के साथ सही बर्ताव करने को प्राथमिकता दी।

इस हफ्ते प्रयोग के तौर पर, अपने सामने आने वाले सभी लोगों के लिए थोड़ा अलग नज़रिया रखकर देखिए। जिस किसी से भी आप मिलें, उसे एक ही मानव परिवार के हिस्से की तरह देखिए, चाहे वो गली का भिखारी हो या फर्श साफ़ करने वाला शख्स या आपकी कम्पनी का सीईओ। एक ही महाशक्ति ने इन सभी का निर्माण किया है। स्वतन्त्रता के घोषणापत्र में जिस सच्चाई को व्यक्त किया गया है, उसे अभ्यास में लाइए कि "सभी मनुष्य समान बनाए गए हैं।" जब आप वो करते हैं जो सही है, तब आप गलत नहीं हो सकते।

# 11

# आलोचना का सामना कैसे करें

*आलोचना से बचने के लिए, कुछ ना करें,*
*कुछ ना कहें, कुछ ना बनें।*

**—एलबर्ट हबर्ड**

इस बात से कोई इनकार नहीं कर सकता कि आलोचना तकलीफ पहुँचा सकती है (और अक्सर पहुँचाती है)। लेकिन इससे फर्क नहीं पड़ता कि आप अपनी ज़िन्दगी में क्या करते हैं, आप ख़ुद को प्रतिकूल ढंग से आँके जाने के जोखिम में होते हैं। भले ही आप पर्दे के पीछे रहने की कोशिश करें, किसी भी तरह के टकरावों से बचते रहें, फिर भी आपको कुछ छोटे-मोटे फ़ैसले तो लेने ही पड़ते हैं—जैसे खाने का वक़्त क्या हो और कौन से कपड़े पहनें। और, यकीन मानिए कि हर कोई आपके फ़ैसले से सहमत नहीं होगा।

तो, चाहे जो हो जाए, आपकी आलोचना होने जा रही है, चलिए करीब से देखते हैं कि कैसे आप इसे सबसे अच्छे तरीके से सँभाल सकते हैं (और फायदा भी उठा सकते हैं)!

अगली बार जब आपकी आलोचना हो, आप इन बातों पर विचार करें:

1. **आलोचना अक्सर और कुछ नहीं, बल्कि निजी प्राथमिकता को दिखाती है।** आप चाहें जो भी करें, किसी ना किसी को वो चीज़ पसन्द नहीं आयेगी। उदाहरण के लिए, अपने सेमिनारों में श्रोताओं से फीडबैक लेने के लिए मैं अक्सर मूल्यांकन कराता हूँ। हर बार, दो या तीन लोग कहते हैं कि काश प्रस्तुति के दौरान श्रोताओं को भागीदारी के

लिए ज़्यादा वक़्त दिया जाता; उसी कार्यक्रम में, दो या तीन ऐसे लोग होते हैं जो चाहते हैं कि श्रोताओं की भागीदारी पर कम वक़्त दिया जाए। हमें मानना होगा कि लोगों की अलग-अलग पृष्ठभूमि, प्राथमिकताएं और रुचियाँ होती हैं। आप हर किसी को ख़ुश नहीं कर पायेंगे, इसलिए उसकी कोशिश भी ना करें।

2. **आलोचना को व्यक्तिगत ना मानें।** हाँ, ऐसा करने के मुकाबले कहना आसान है। लेकिन, आम तौर पर आलोचक ये साबित करने की कोशिश नहीं करता कि एक इंसान के तौर पर आपकी कद्र नहीं है। बल्कि, वो आपके विचार या आपके प्रदर्शन के लिए अपनी नापसन्द का इज़हार करता है। आलोचकों को उनकी राय रखने दें। आखिरकार, अन्त में आपको ही फ़ैसला करना है कि दूसरे व्यक्ति की राय का असर आप पर होगा या नहीं।

3. **उनके शब्दों से सीखने की कोशिश करें।** उनके बयानों में सच ढूंढ़ने की कोशिश करें—भले ही वो सच बेहद छोटा हो। आमतौर पर, आलोचनात्मक बयानों में कुछ सच्चाई होती है। आलोचक चतुराई से अपनी बात शायद ना कहे, या उसकी टिप्पणी बढ़ा-चढ़ाकर की गई हो, लेकिन उसमें भी अक्सर ऐसी मददगार जानकारी होती है जिसे आप जुटा सकते हैं। ये आपका काम है कि आप इस सच के अंश का पता लगाएं और इसका फायदा उठाएं! मिसाल के लिए, मान लेते हैं कि आपका जीवनसाथी शिकायत करता है कि आप वक़्त पर "कभी नहीं" पहुँचते हैं। भले ही ये बात पूरी तरह सही नहीं हो, फिर भी आप सोच सकते हैं कि किन तरीकों से आप समयपालन में सुधार ला सकते हैं।

4. **आलोचक की आलोचना ना करें।** "आलोचक की बात पर ध्यान ना देना" भी बुरा आइडिया है। भले ही कोई भरोसे के लायक नहीं है, किसी भी वजह से आपकी उससे जमती नहीं है, तो भी इसका मतलब ये नहीं है कि उनकी टिप्पणियाँ हमेशा ही खोखली होंगी।

5. **रक्षात्मक ना बनें।** आलोचक के साथ बहस करने की इच्छा पर लगाम लगाएं। ये स्वाभाविक है कि आप ख़ुद को "सही" और दूसरे व्यक्ति को "गलत" साबित करना चाहेंगे, आम तौर पर इससे कोई फायदा नहीं होता। (बेशक, ऐसे कुछ उदाहरण होंगे जहाँ ये दिखाना ज़रूरी होगा कि आप अपमानजनक टिप्पणियों को बर्दाश्त नहीं करेंगे

और आप सम्मान पाने के हकदार हैं। सारी चीज़ों पर सोच-विचारकर फैसला करें।)

6. **समझें कि कुछ लोग केवल नकारात्मक चीज़ों पर फोकस करते हैं।** आलोचक शायद ही कभी पूरा और सटीक मूल्यांकन करता है। वो केवल नकारात्मक चीज़ों के बारे में बात करता है, भले ही बताने लायक कई सकारात्मक चीज़ें भी हों। इस बात को मान लें कि कुछ लोग आपको ये बताना गैर-ज़रूरी समझते हैं कि आपने क्या सही किया है। इसके बजाय, उनका फोकस केवल आपकी "मदद" करने पर होता है—जिसका मतलब है आपको "सुधारना"।

7. **समझें कि खराब, कड़ी टिप्पणियाँ उन लोगों की तरफ से आती हैं जो ख़ुद से नाख़ुश होते हैं।** यहाँ भी मैं दोहराऊँगा कि आलोचना में सच का एक अंश हो सकता है या आप उससे कुछ सीख सकते हैं। लेकिन मैंने देखा है कि मतलबी, गुस्से भरी और अपमानजनक टिप्पणियाँ नाख़ुश और असुरक्षित लोगों की तरफ से आती हैं। उन्हें अपना गुस्सा और हताशा किसी पर निकालनी होती है और आप उनके लिए आज निशाने पर आ जाते हैं! ऐसे लोगों की वजह से हौसला ना खोएं। **नोट:** अगर आपको बार-बार दूसरों से कड़ी बातें सुनने को मिल रही हैं तब ये संयोग भर नहीं है। आप अपनी आस्थाओं और आत्मसम्मान के स्तर पर आधारित आलोचनाओं को बुलावा दे रहे हैं। इसकी जिम्मेदारी उठाएं और अपने भीतर झांककर देखें कि आप अपने आसपास के लोगों के साथ ज़्यादा बेहतर रिश्तों के लिए क्या कुछ बदल सकते हैं।

याद रखें: हर कोई आपको, आपके लक्ष्यों को या आपके काम को पसन्द नहीं करेगा। लेकिन आलोचना के डर से ख़ुद को वो चीज़ करने से ना रोकें जो आप करना चाहते हैं। आलोचना को ज़िन्दगी के हिस्से की तरह स्वीकार करें और जहाँ भी मुमकिन हो, उससे सबक लें। और सबसे अहम बात, *अपने मूल्यों और विश्वासों के प्रति सच्चे बने रहें। अगर दूसरे इसे स्वीकार नहीं करते हैं तो भी क्या!*

# 12

# आपके आत्मसम्मान पर बहुत कुछ निर्भर है

*जब तक मैंने ख़ुद के साथ सही व्यवहार नहीं शुरू किया,*
*मुझे ऐसे लोग भी नहीं मिले जो मेरे साथ सही व्यवहार करें।*

**—अज्ञात**

आत्मसम्मान के बारे में काफी बातें की जाती हैं और इसकी वजह भी है। आपके आत्मसम्मान का बड़ा असर आपकी ज़िन्दगी के हर क्षेत्र पर होता है। आपका आत्मसम्मान आपके करियर की कामयाबी के स्तर पर असर डालेगा। आपका आत्मसम्मान उस जीवनसाथी पर असर डालेगा जिसे आप आकर्षित करते हैं और आपके सभी निजी और कारोबारी रिश्तों की गुणवत्ता पर असर डालेगा।

लेकिन, आत्मसम्मान वाकई में है क्या? एक इंसान के रूप में ये अपनी कीमत समझने की आपकी अपनी भावना है—किस सीमा तक आप ख़ुद को पसन्द करते हैं और अपनी कद्र करते हैं। लेखक और वक्ता जैक कैनफील्ड ने कहा है कि "आत्मसम्मान ख़ुद को काबिल और प्यार के लायक समझने पर आधारित होता है।"

अपने आत्मसम्मान का अन्दाज़ लगाने में इस सवाल का जवाब आपकी काफी मदद करेगा: "मैं जीवन में किस चीज़ के योग्य हूँ?" अगर आपका आत्मसम्मान कम है और आप ख़ुद को प्यार के नाकाबिल, अयोग्य या नाकाफी मानते हैं, तब आप ऐसे लोगों और घटनाओं को बुलावा देंगे जो आपके बारे में बुरी राय की पुष्टि करेंगी। ये बिलकुल वैसा है जैसे कि आपके शरीर से कोई सिग्नल निकल रहा हो

जो कहता है, "मैं ख़ुद को पसन्द नहीं करता और मैं ज़्यादा का हकदार नहीं हूँ।" दूसरे लोग इस सिग्नल को पकड़ लेते हैं और आपके साथ वैसा ही बर्ताव करते हैं।

ख़ुशकिस्मती से, इसका उलटा भी सच है। अगर आपका आत्मसम्मान ऊँचा है और आप ख़ुद को प्यार के काबिल, योग्य और ज़िन्दगी में सबसे अच्छी चीज़ों को पाने के लायक मानते हैं तब आप अपनी ज़िन्दगी में वैसे लोगों और परिस्थितियों को बुलाते हैं जो आत्म-मूल्य की आपकी सकारात्मक भावनाओं की पुष्टि करते हैं।

## थोड़ा करीब से देखते हैं

आगे बढ़ने से पहले हम ऊँचे आत्मसम्मान और अहंकार या आत्मपूजा में अन्तर को समझें। आम धारणा के विपरीत, अहंकारी लोग या वे लोग जो जमकर डींग हाँकते हैं और दूसरों को ख़ुद से कमतर मानते हैं, उनका आत्मसम्मान बेहद कम होता है। ये लोग अपने बारे में अच्छा महसूस नहीं करते... और इसलिए वे डींग हाँकते हैं, दूसरों को नीचा दिखाते हैं, और/या दूसरों को—और ख़ुद को भी—भरोसा दिलाने के लिए डराने-धमकाने का सहारा लेते हैं कि वे कितने मूल्यवान हैं।

वास्तविक आत्मसम्मान एक स्वस्थ, सकारात्मक प्रेम और ख़ुद को स्वीकार करना है। जब आप अपने व्यक्तित्व को सच में चाहते और सराहते हैं, आप उस प्यार और गर्मजोशी को दूसरों तक भी पहुँचाते हैं। आप दूसरे लोगों को बनाना चाहते हैं, उन्हें नीचे गिराना नहीं। जब आपका आत्मसम्मान ऊँचा होता है, आप जीवन को ऐसे डरावने मुकाबले की तरह नहीं देखते, जहाँ आप दूसरों को नीचा दिखाकर "जीतते" हैं; इसके बजाय, आप समझते हैं कि आपकी "जीत" आपके आसपास के लोगों के जीवन में सकारात्मक योगदान में है।

यहाँ आप सोच रहे होंगे कि आपका आत्मसम्मान आता कहाँ से है। दरअसल, आपके आत्मसम्मान पर सबसे ज़्यादा असर आपके बचपन के अनुभवों का होता है। छोटे बच्चे बेहद आसानी से प्रभावित हो जाते हैं और उन्हें जो बात बार-बार कही जाती है, उसे स्वीकार करने की सम्भावना ज़्यादा होती है। वैसे उन्हें समझाई जाने वाली कुछ बातें उनके लिए फायदेमन्द हो सकती हैं, कुछ दूसरी बातें उन्हें सीमा में बाँधने वाली या नुकसानदेह हो सकती हैं। इसलिए, जब बच्चों को (उनके माता-पिता) ये बार-बार कहते हैं कि वे काबिल नहीं हैं—शायद नई चीज़ों को आजमाने के लिए उन्हें बार-बार आलोचना या डांट झेलनी पड़ती है—वे इस निष्कर्ष पर पहुँच सकते हैं कि उनकी काबिलियत काफी नहीं है या उसकी कुछ सीमाएं हैं। अन्त में, बालिग होने पर, वे उन गलत धारणाओं की वजह से पीछे रह जाते हैं जिन्हें उन्होंने अपने जीवन की शुरुआत में स्वीकार कर लिया था।

इसके नतीजे बेहद नुकसानदेह होते हैं। उदाहरण के लिए, कभी-कभी हमें लग सकता है कि हम कुछ कामों को पूरा नहीं कर सकते... कि हम कुछ खास नौकरियों के लिए कमतर हैं या उतने अच्छे नहीं हैं...या कि हम एक ख़ुशहाल शादी या उस प्रोमोशन के लायक नहीं हैं। ये भावनाएं ख़ुद को पूरा करने वाली भविष्यवाणियाँ हैं। जब हम ख़ुद को सीमित करने वाली धारणाओं और नकारात्मक भावनाओं को छोड़ते हैं और उनकी जगह आत्म-प्रेम और स्वीकृति की सकारात्मक भावनाएं लाते हैं, तभी हम अपने जीवन के लिए सम्भावनाओं के नए दरवाज़े खोल सकते हैं।

## आप जिम्मेदार हैं

जब आप एक बार बालिग हो जाते हैं, तब आप अपने आत्मसम्मान के लिए इकलौते जिम्मेदार शख्स होते हैं—अपने माता-पिता या किसी और को दोषी ठहराने का कोई फायदा नहीं होता। किसी बच्चे के उलट, अब आप तय कर सकते हैं कि कौन सी बातें आप मानेंगे और किन्हें ठुकरायेंगे। जैसा कि एलिनोर रूज़वेल्ट ने कहा, "आपकी अनुमति के बिना कोई भी आपको हीन महसूस नहीं करा सकता है।" दूसरे लोग आपका आत्मसम्मान बढ़ाने में सहयोग कर सकते हैं, लेकिन ज़्यादातर कोशिश आपकी ही होनी चाहिए।

ऊँचा आत्मसम्मान विकसित करना एक प्रक्रिया है, कोई ऐसी चीज़ नहीं जिसे आप रातों-रात बना सकें। फिर भी, मेरा पक्का विश्वास है कि हर व्यक्ति में ऊँचे आत्मसम्मान की क्षमता होती है। सवाल ये है कि क्या आप अपना आत्मसम्मान बढ़ाने के लिए प्रतिबद्ध हैं? [नोट: कुछ लोगों के लिए किसी क्वालिफाइड प्रोफेशनल से काउंसलिंग या थेरेपी लेना सही हो सकता है, खासकर अगर वो व्यक्ति किसी तरह के दुर्व्यवहार या आघात का शिकार हुआ है।] *अब हम आपके आत्मसम्मान को बढ़ाने में मदद करने वाले 11 महत्वपूर्ण कदम के बारे में जानते हैं।*

**पहला कदम: अपनी तुलना दूसरे लोगों के साथ करना छोड़ दें।**

हमेशा ऐसे कुछ लोग होंगे जिनके पास आपसे ज़्यादा होगा, और कुछ के पास आपसे कम। अगर आप तुलना करने के चक्कर में पड़ेंगे, आप ऐसे कई "विपक्षियों" से टकरायेंगे जिन्हें आप हरा नहीं सकते। फिर आप ख़ुद को घटिया और कमतर समझने लगेंगे। इसके बजाय, आपको सिर्फ और सिर्फ ख़ुद से मुकाबला करना चाहिए और सबसे अच्छा बनने की कोशिश करनी चाहिए। आप खास हैं और आपके पास चलने के लिए अपना रास्ता है।

## दूसरा कदम: ख़ुद को कम आँकना बन्द करें।

आप आत्मसम्मान को बढ़ा नहीं सकते अगर आप ख़ुद के बारे में और अपनी काबिलियत के बारे में लगातार नकारात्मक बातें दोहरायेंगे। चाहे आप अपनी शक्ल-सूरत, अपने करियर, अपने रिश्तों, अपनी आर्थिक स्थिति, या ज़िन्दगी के किसी भी पहलू के बारे में बात कर रहे हों, ख़ुद को कम करके दिखाने वाली टिप्पणियों से बचें। ऐसा करके आप केवल अपनी नकारात्मक भावनाओं को ताक़त देते हैं और अपने आत्मसम्मान को घटाते हैं।

## तीसरा कदम: हर प्रशंसा को "धन्यवाद" के साथ स्वीकार करें।

क्या कभी किसी ने आपकी तारीफ की और आपने जवाब में कहा, "अरे, ये तो कोई खास बात नहीं है"? जब आप किसी तारीफ को ठुकराते हैं तब आप ख़ुद को सन्देश देते हैं कि आप तारीफ के काबिल नहीं हैं। आगे से ख़ुद को मिलने वाली हर तारीफ का जवाब बस "शुक्रिया" के साथ दें।

## चौथा कदम: अपने आत्मसम्मान को बढ़ाने के लिए अपनी तारीफ वाले शब्दों को दोहराएं।

किसी बिजनेस कार्ड या छोटे इंडेक्स कार्ड के पीछे ऐसे वाक्य लिखें, "मैं ख़ुद को पसन्द और स्वीकार करता हूँ" या "मैं मूल्यवान और प्यारा व्यक्ति हूँ और जीवन में सबसे अच्छा हासिल करने के लायक हूँ।" कार्ड को अपने साथ रखें। दिन भर में कई बार इस वाक्य को दोहराएं, खासकर सोने के पहले रात में और जगने के बाद सुबह में। जब भी आप इन शब्दों को दोहराएं, ख़ुद को उसी सकारात्मक भावना की अनुभूति कराएं जैसे कि आपका वाक्य सच है। इस भावना को और मजबूत करने के लिए इस वाक्य को दिन भर में कई बार कागज़ पर लिखें।

## पांचवां कदम: सकारात्मक और सहयोगी लोगों के साथ जुड़ें।

जब आप वैसे नकारात्मक लोगों से घिरे रहते हैं जो हमेशा आपको और आपके विचारों को नीचा दिखाते हैं, आपका आत्मसम्मान घटता है। दूसरी तरफ, जब आपकी बात मानी जाती है और आपका हौसला बढ़ाया जाता है, आप ख़ुद के बारे में बेहतर महसूस करते हैं। इसलिए, अपने आत्मसम्मान को बढ़ाने के लिए सबसे अच्छे माहौल में रहने की कोशिश करें।

**छठा कदम: अपनी पिछली कामयाबियों की सूची बनाएं।**

ज़रूरी नहीं कि इस सूची में महान उपलब्धियाँ हों। इसमें आपकी "छोटी-छोटी जीत" शामिल हो सकती हैं, जैसे स्केटिंग सीखना, हाई स्कूल पास करना, कोई इनाम या प्रोमोशन हासिल करना, बिजनेस का कोई टार्गेट हासिल करना, वगैरह। इस लिस्ट को बार-बार पढ़ें। इसे पढ़ते वक़्त, अपनी आँखें बन्द करें और उसी सन्तोष और ख़ुशी को फिर से महसूस करें जो आपको पहली बार इन सब उपलब्धियों को हासिल करने पर हुई थीं।

**सातवां कदम: अपने सकारात्मक गुणों की सूची बनाएं।**

क्या आप ईमानदार हैं? निस्वार्थ हैं? मददगार हैं? रचनात्मक हैं? अपने साथ उदारता दिखाएं और कम से कम अपने 20 सकारात्मक गुणों को लिखें। इस सूची को भी बार-बार पढ़ना महत्वपूर्ण हैं। ज़्यादातर लोग अपनी कमियों पर ध्यान लगाते हैं और फिर सोचते हैं कि उनकी ज़िन्दगी में अच्छा क्यों नहीं हो रहा है। इसके बजाय, आप अपने सकारात्मक पहलुओं पर फोकस करें, और आप जो हासिल करना चाहते हैं, उसे हासिल करने का कहीं बेहतर मौका आपके पास होगा।

**आठवां कदम: ज़्यादा देना शुरू करें।**

मैं यहाँ पैसे की बात नहीं कर रहा। बल्कि, मेरे कहने का मतलब है कि आपको अपने आसपास के लोगों को अपना ज़्यादा वक़्त देना चाहिए। जब आप दूसरों के लिए कुछ करते हैं, आप एक सकारात्मक योगदान करते हैं और ख़ुद को ज़्यादा उपयोगी महसूस करते हैं, और इसके नतीजे में आपका हौसला और आत्मसम्मान बढ़ने लगता है। कुछ सुझाव हैं: स्वयंसेवक बनें या किसी अच्छे काम के लिए मदद दें; किसी दोस्त या पड़ोसी के साथ थोड़ा वक़्त बिताएं जो बीमार हो या मुश्किल दौर से गुजर रहा हो; परिवार के किसी सदस्य को उसके निजी प्रोजेक्ट के लिए मदद का प्रस्ताव दें (आम तौर पर जिसकी मदद का प्रस्ताव आप नहीं देते)।

**नौवां कदम: वैसे काम और गतिविधियों में ख़ुद को शामिल करें जो आपको पसन्द हैं**

अपने बारे में अच्छा महसूस करना मुश्किल है जब आपके दिन ऐसे काम में बीत रहे हों जिसे आप नापसन्द करते हैं। आत्मसम्मान में बढ़ोतरी होती है जब आप ऐसे काम और गतिविधियों में शामिल होते हैं जिन्हें करने से आपको ख़ुशी मिलती है और आप ख़ुद को उपयोगी समझते हैं। भले ही आप इस वक़्त किसी दूसरे करियर के बारे में नहीं सोच सकते हों, लेकिन आप अपने बचे हुए वक़्त का इस्तेमाल वैसे

शौकिया काम और गतिविधियों में कर सकते हैं जो आपका उत्साह बढ़ाते हैं और ख़ुशी देते हैं। एक बात तो पक्की है: घर पर बैठकर उदास होने—या अपने काम पर बुरे दिन की शिकायत करने—से आपका आत्मसम्मान नहीं बढ़ेगा।

**दसवां कदम: अपने प्रति सच्चे रहें।**

अपनी ज़िन्दगी अपनी तरह से जिएं—ना कि जो ज़िन्दगी दूसरों ने तय की है वो आपके लिए सबसे अच्छी है। अगर आप अपनी मनचाही ज़िन्दगी नहीं जी रहे हैं तब आप कभी भी आत्मसम्मान नहीं हासिल कर पायेंगे और ना ही ख़ुद के बारे में अच्छा महसूस करेंगे। अगर आप अपने फ़ैसले दोस्तों या रिश्तेदारों से मंजूरी के बाद लेते हैं, आप अपने प्रति सच्चे नहीं रह पाते हैं और आपका आत्मसम्मान घट जाता है। अगर आप अपनी दिली इच्छाओं और ख्वाबों के हिसाब से ज़िन्दगी जीते हैं, आपका आत्मसम्मान नाटकीय रूप से बढ़ जाता है।

**ग्यारहवां कदम: काम करें!**

अगर आप चुपचाप बैठे रहेंगे और जीवन की हर चुनौती से पीछे हट जायेंगे तब आप आत्मसम्मान नहीं बढ़ा पायेंगे। जब आप एक्शन लेते हैं—नतीजे की परवाह किए बगैर—आप अपने बारे में बेहतर महसूस करते हैं। जब आप डर और घबराहट की वजह से आगे बढ़ने में नाकाम रहते हैं, आप निराश और नाख़ुश रहेंगे—और निश्चित रूप से आप अपने आत्मसम्मान को बहुत बड़ी चोट पहुँचायेंगे।

आपका "असली व्यक्तित्व" शानदार और अद्वितीय है, जिसमें अपार सम्भावनाएं हैं और आप में ख़ुद के लिए प्रेम महसूस करने और उस प्रेम को दूसरों तक पहुँचाने की जबरदस्त क्षमता है। जब आपका आत्मसम्मान बढ़ता है, ये "असली व्यक्तित्व" सामने आता है। आप ज़्यादा जोखिम उठाना शुरू करते हैं और नाकामी से डरते नहीं हैं; आपको दूसरों की रजामन्दी की फिक्र नहीं रहती; आपके रिश्ते कहीं ज़्यादा फायदेमन्द होते हैं; आप वे काम करते हैं जिनसे आपको ख़ुशी और सन्तुष्टि मिलती है; और आप दुनिया के लिए बेहद सकारात्मक योगदान करते हैं।

सबसे बड़ी बात, ऊँचा आत्मसम्मान आपको मन की शान्ति देता है... क्योंकि जब आप अकेले होते हैं, आप सही मायने में उस व्यक्ति की सराहना करते हैं जिसके साथ आप हैं—यानी ख़ुद।

# 13

# छोटी-छोटी बातों पर ध्यान दें

*उस आदमी से सावधान रहें*
*जिसे छोटी-छोटी बातों की फिक्र नहीं होती।*
—**विलियम फेदर**

रविवार की सुबह जिम से घर लौटते हुए, मैं एक जानी-मानी दवा की दुकान पर रुकता था और रविवार का अख़बार खरीदता था। वहाँ से मैं लगभग हर बार ही दूसरी छोटी-मोटी चीज़ें भी खरीदता था, कभी-कभी 40 डॉलर तक की खरीदारी कर लेता था। लेकिन, हाल ही में एक बार जब मैं घर लौटा तो पाया कि अख़बार का एक हिस्सा गायब है। अगले हफ़्ते भी मैंने यही चीज़ देखी।

अगले रविवार मैंने ये बात स्टोर मैनेजर को बताई। उसने जवाब दिया कि "जो लड़का अख़बार के सारे सेक्शन एक साथ जमाता है, वो जल्दबाजी में रहता है," जैसे कि ये कोई छोटी और गैर-ज़रूरी भूल हो।

जबकि, ये छोटी भूल बिलकुल नहीं थी। अब मैं रविवार का अख़बार खरीदने के लिए उस स्टोर पर नहीं रुकता हूँ, जिसका ये भी मतलब है कि मैं वहाँ से दूसरी चीज़ें भी नहीं खरीदता हूँ। आखिर, टूथपेस्ट बेचने वाली ढेरों जगहें हैं। इस स्टोर को मेरे रूप में एक ग्राहक का नुकसान हुआ क्योंकि वे लोग छोटी-छोटी बातों पर ध्यान नहीं दे रहे थे।

मैं एक दूसरा उदाहरण आपके साथ साझा करता हूँ। कई साल पहले, मुझे एक जगह भाषण देना था जो शाम के साढ़े सात बजे शुरू होना था। मैंने अपने लिए एक माइक्रोफ़ोन और एक स्लाइड प्रोजेक्टर का इन्तजाम करने को कहा था। मैंने कॉन्फ्रेंस

सेंटर में पूछा कि मैं अपने प्रेजेंटेशन के कितने पहले अपने कमरे में जा सकता हूँ ताकि मैं देख सकूं कि सारी चीज़ें व्यवस्थित हैं और ढंग से काम कर रही हैं। मुझे बताया गया कि कमरा शाम 7 बजे के आसपास खुलेगा। मैं जानता था कि इन हालातों में क्या गड़बड़ी हो सकती है, मैंने विनम्रता से आग्रह किया कि कमरा थोड़ा पहले खोला जाए और आखिरी समय में किसी गड़बड़ी को दूर करने के लिए एक टेक्नीशियन तैयार रखा जाए। मेरा आग्रह मान लिया गया और मैं कमरे में शाम 6 बजे पहुँच गया।

*अब जानिए कि वहाँ क्या हुआ।* कमरे का स्लाइड प्रोजेक्टर काम नहीं कर रहा था। करीब 20 मिनट बाद वे दूसरी मशीन लेकर आए। ये भी काम नहीं कर सकी। करीब 15 मिनट बाद उन्होंने एक और प्रोजेक्टर का इन्तजाम किया। पहली स्लाइड स्क्रीन पर आ गई। फिर, मैं दूसरी स्लाइड पर गया। कुछ नहीं हुआ। फिर समझ में आया कि रिमोट कंट्रोल काम नहीं कर रहा था। करीब 10 मिनट बाद, दूसरे रिमोट कंट्रोल का इन्तजाम हो पाया। अन्त में, सारी चीज़ें सही से काम करने लगीं... और मेरे पास कार्यक्रम शुरू करने के पहले लगभग 30 मिनट का वक़्त और था। आखिरकार, प्रेजेंटेशन काफ़ी अच्छा हुआ और सारी मशीनों ने सही तरीके से काम किया।

लेकिन, क्या होता अगर मैं शाम 7 बजे के पहले कमरे में नहीं जा पाता? मुझे दो अप्रिय विकल्पों में से एक को चुनना पड़ता: मशीनों को बदलने के लिए कार्यक्रम को देरी से शुरू करना, या अपने कार्यक्रम को पूरी तरह मशीनों के बगैर करना। जो भी विकल्प चुनता, मैं अपने श्रोताओं के साथ गलत करता—केवल इसलिए क्योंकि मैंने छोटी-छोटी बातों पर ध्यान नहीं दिया होता।

कभी-कभी, हम अपने प्रोडक्ट या सर्विस में इतने उलझ जाते हैं कि हम बाकी सभी तथाकथित "छोटी चीज़ों" को भूल जाते हैं जो प्रक्रिया का अंग हैं। मिसाल के लिए, क्या ये मायने रखेगा अगर आपने अपने रेस्टोरेंट में सबसे अच्छा खाना परोसा लेकिन बाथरूम गन्दे थे और वहाँ हाथ पोंछने वाले तौलिये नहीं थे? कारोबार को तुरन्त नुकसान पहुँचेगा। या, भले ही खाना स्वादिष्ट था और जगह बिलकुल साफ-सुथरी, लेकिन अगर वेटर या कैशियर ग्राहकों के साथ रुखा बर्ताव करें तो क्या लोग आपके रेस्टोरेंट में बार-बार आयेंगे? मुझे नहीं लगता।

तो, इन सबका आपसे क्या लेना-देना है? मैं दावे के साथ कह सकता हूँ कि आप काम के दौरान ऐसी बहुत सी चीज़ें करते हैं जो "मामूली" लग सकती हैं लेकिन दरअसल उनके नतीजे बेहद अहम होते हैं। इसलिए अपने काम के हर पहलू को नियमित रूप से जाँचना और ये सुनिश्चित करना बहुत ज़रूरी है कि हर काम आपकी कम्पनी के ग्राहकों पर सकारात्मक प्रभाव डाले।

अपने काम से जुड़े हर पहलू पर नज़र डालने के लिए थोड़ा वक़्त निकालें। क्या आप काम पर इस तरह से तैयार होकर आते हैं जिससे आपकी और आपकी कम्पनी की अच्छी छवि बने? क्या आप अपने ग्राहकों को जानकारी देते हैं जब आप किसी मीटिंग के लिए तय समय से पीछे चलते हैं? क्या आप अपने इनवॉइस में ऐसे कोई बदलाव कर सकते हैं जिनसे आपके ग्राहकों के लिए उन्हें समझना और प्रोसेस करना पहले से आसान हो जाए? क्या ऐसा कुछ है जो आप अपने सहकर्मी का काम आसान बनाने के लिए कर सकते हैं?

ये सब मामूली चीज़ें लग सकती हैं, लेकिन इनका आपकी कम्पनी के मुनाफे पर... और आपके करियर पर बड़ा असर पड़ सकता है।

अगर मैं कोई ग्राहक हूँ तो मैं उन लोगों के साथ बिज़नेस करना चाहूँगा जो छोटी बातों पर ध्यान देते हैं। अगर मैं एक नियोक्ता हूँ तो मैं ऐसे लोगों को रखना (और तरक्की देना) चाहूँगा जो समझते हैं कि हर काम और संवाद या तो कम्पनी की कामयाबी में कुछ जोड़ता है—या उससे कुछ घटाता है। आखिरकार, जब हम दूसरों को सेवाएं देते हैं (जो किसी भी बिज़नेस की सच्चाई है) तो ऐसी कोई चीज़ नहीं रहती जिसे हम मामूली कह सकें। "छोटी चीज़ों" पर ध्यान देकर हम लगातार कामयाबी के लिए एक मजबूत बुनियाद बनाते हैं।

# 14

# अपने हालातों के बारे में सचेत रहें

*कोई भी हालात संयोग से नहीं बनते।*

**—जेफ केलर**

अगर आप ज़्यादातर लोगों की तरह हैं, शायद आपने अपनी ज़िन्दगी में कुछ *पैटर्न* देखे होंगे। "पैटर्न" से मेरा मतलब है वैसी परिस्थितियाँ जो बार-बार दिखाई देती हैं; किरदारों में थोड़ा बदलाव हो सकता है लेकिन नतीजा हमेशा एक जैसा ही रहता है।

अपने आप में, ऐसे पैटर्न अच्छे या बुरे नहीं होते हैं। वे असीम ख़ुशी या जबरदस्त निराशा, या फिर पैसे की भरमार या पैसों की भारी कमी का जरिया हो सकते हैं। दरअसल, इस बात की काफी सम्भावना है कि आपकी ज़िन्दगी में सकारात्मक और नकारात्मक दोनों पैटर्न हों।

उदाहरण के लिए, शायद आपने ऐसे कई बॉस के लिए काम किया होगा जो आपकी काफी आलोचना करते थे। आप किसी भी कम्पनी में रहे हों, नतीजा हमेशा एक जैसा रहता था। ये एक पैटर्न है।

अगर आप अपनी ज़िन्दगी का विश्लेषण ईमानदारी से करें तो पायेंगे कि आपने कई पैटर्न (या हालात) बनाए हैं (और अभी भी बना रहे हैं!)—इनमें से कुछ आपके लिए फायदेमन्द रहे हैं और बाकियों ने आपकी तरक्की में रुकावट डाली है।

अधिकांश हालातों या पैटर्न के मूल में मान्यता (आप जो हासिल कर सकते हैं उसके बारे में आपकी उम्मीदें) और आपके आत्मसम्मान का स्तर (आप अपने बारे में कैसा महसूस करते हैं) होता है। उदाहरण के तौर पर, यदि आपको विश्वास

नहीं है कि आप एक निश्चित रकम से ज्यादा कमाने में सक्षम हैं, आप एक ओहदे या करियर से दूसरे पर जायेंगे तो पायेंगे कि हर बार आप उतना ही कमा पा रहे होंगे, जितना आपने सोचा होगा।

इसी तरह, यदि आपका आत्मसम्मान अपेक्षाकृत कम है तो आप पायेंगे कि एक के बाद एक रिश्ते में (व्यक्तिगत और आपके करियर दोनों में) आप ऐसे लोगों से घिरे होंगे जो आपको नीचा ही दिखायेंगे।

*आइए आपको बताते हैं कुछ ऐसी खास बातें, जिन्हें अपनाकर आप नए हालात या पैटर्न बना सकते हैं जो आपकी ज़िन्दगी के हर क्षेत्र को बेहतर बनायेंगे:*

- **अपने वर्तमान हालात को पहचानें।** इन क्षेत्रों में अपने काम के नतीजों पर नज़र डालें:—आपका करियर, आर्थिक परिस्थितियाँ, सेहत, पेशेवर व व्यक्तिगत सम्बन्ध। क्या आप अपने करियर में लगातार आगे बढ़ रहे हैं... या आप बार-बार नौकरियाँ बदल रहे हैं और ऐसी स्थिति में फंसे हुए हैं जिससे आप नफरत करते हैं? क्या आपको लगता है कि साथ काम करने वाले आपके प्रयासों की सराहना करते हैं या "बिना किसी कारण के" आपकी नियमित रूप से आलोचना की जाती है?

अपने पैटर्न की पहचान करने के बाद, अपने आप से पूछें: *इन परिणामों को लाने के लिए मेरी कौन सी मान्यताएं जिम्मेदार हैं?* उदाहरण के लिए, आपकी मान्यता हो सकती है कि "आप बहुत संघर्ष के बाद ही पैसा कमा सकते हैं"... या "लोग आखिरकार आपको निराश ही करेंगे।" अपनी मान्यताओं की एक लिस्ट बनाएं।

- **दूसरों या बाहरी परिस्थितियों को दोष देना बन्द करें।** अगर आपने किसी ऐसे पैटर्न की पहचान की है जो आपको पसन्द नहीं है, तो समाधान अपने माता-पिता, अपने नियोक्ता या अपने जीवनसाथी को दोष देने में नहीं है। और तो और, खुद को दोष देने से भी इसमें कोई मदद नहीं मिलेगी! आपको बस और भी बुरा महसूस होगा। बस इस बात को मान लें कि आप **अपनी** सोच और **अपने** व्यवहार के कारण हालात या पैटर्न को बनाए रखे हुए हैं।

- **उस नए पैटर्न या हालात की कल्पना करें, जो आप बनाना चाहते हैं।** आपका दिमाग अब उन तस्वीरों से भर चुका है जो आपकी मौजूदा परिस्थितियों का समर्थन करती हैं! इससे आज़ाद होने के लिए आपको जो बनना है उसके बारे में ही सोचना होगा। इसलिए, अगर आप

अधिक आत्मविश्वासी होना चाहते हैं, तो कल्पना करें कि आप अधिक विश्वास के साथ काम कर रहे हैं। उदाहरण के लिए, आप सोच सकते हैं कि आप अपनी कम्पनी के एक बड़े ग्रुप के सामने एक कारगर प्रेजेंटेशन दे रहे हैं।

● **अपने शब्दों पर ध्यान दें।** आप जो कहते हैं, ख़ुद से और दूसरों से, उसके बारे में बहुत सावधान रहें। ऐसे शब्द और मुहावरे जो आपकी हिम्मत तोड़ती हैं या आपकी सीमाओं को बताती हैं, आपको एक नया पैटर्न बनाने से रोकेंगे।

● **उन लोगों से दूरी बनाएं जो आपके "पुराने" पैटर्न को दिखाते रहते हैं।** अगर आप नशीली दवाएं या शराब छोड़ना चाहते हैं, तो आप उन लोगों के साथ घूमना जारी नहीं रख सकते जो इन चीजों का सेवन करते हैं, है ना? इसी तरह, अगर आप नकारात्मक सोच की श्रृंखला को तोड़ना चाहते हैं तो नकारात्मक विचार रखने वालों की संगति में न रहें।

● **नए पैटर्न बनाने वाले काम करें।** उदाहरण के लिए जिन लोगों को आर्थिक तंगी है, वे दूध के एक गैलन पर कुछ पैसे बचाने के लिए घूम-घूमकर खरीदारी करने का आइडिया छोड़ सकते हैं। अगर आपके दिमाग पर पैसे बचाने का आइडिया हावी है तो आप अपने मन को सन्देश देते हैं, "पैसे कम हैं और इन कुछ पैसों से ही मुझे काफ़ी फर्क पड़ने वाला है।" अगर आप वास्तव में मानते हैं कि आप निकट भविष्य में काफी पैसा कमाने वाले हैं, तो उन कुछ पैसों की आपको चिन्ता नहीं करनी चाहिए।

अपनी ज़िन्दगी में बार-बार आने वाली परिस्थितियों पर ध्यान देना शुरू करें। वे "दुर्घटना" की वजह से नहीं हो रही हैं, बल्कि आपके अन्दर जो चल रहा है, वे उसके ही नतीजे हैं। जब आप अपनी सोच को ऊँचा करते हैं कि क्या सम्भव है— और अपने बारे में अच्छा महसूस करते हैं—तो आप चमत्कार करना शुरू कर देंगे!

# 15

# "संवाद खत्म करने वालों" से बचें

*ज्यादातर बातचीत एक गवाह की उपस्थिति में*
*दिए गए मोनोलॉग भर होते हैं।*

**—मार्गरेट मिलर**

हमारे व्यक्तिगत और व्यावसायिक जीवन दोनों में, ऐसा कई बार होता है जब हम दूसरे लोगों के साथ मिलते-जुलते हैं और उन्हें हमारे साथ संवाद करने में ख़ुशी होती है। इन उदाहरणों में, सूचना का एक आसान प्रवाह होता है जहाँ दोनों पक्ष सकारात्मक भावनाओं के साथ संवाद करते हैं। हाँ, बेशक, ऐसा भी होता है जब प्रभावी संवाद के रास्ते में मुश्किलें आती हैं और जो कुछ भी होता है, उसके बारे में हम औसत या नकारात्मक छवि बना लेते हैं।

काफ़ी हद तक, संवाद करने वाले के रूप में आपकी सफलता कुछ निश्चित रणनीतियों का परिणाम है, जिन्हें आप जानबूझकर या बिना ज्यादा सोचे-समझे लागू कर रहे होते हैं।

जब आप संवाद करते हैं तो बहुत कुछ दांव पर लगा होता है। यदि आप सकारात्मक निजी रिश्ता या एक सफल शादी चाहते हैं, तो आपके संवाद की प्रभावशीलता ये तय करेगी कि आप किस प्रकार के व्यक्ति को आकर्षित करते हैं, साथ ही आपकी शादी से आपको कितनी सन्तुष्टि मिलती है। बिज़नेस में, असरदार कम्युनिकेटर का ही सम्मान होता है और उन्हें लीडरशिप के ओहदे के लिए तरक्की मिलती है। सेल्स में, अच्छे कम्युनिकेटर ज़्यादा असर डालते हैं, घनिष्ठता बनाते हैं और कमजोर कौशल वाले लोगों की तुलना में अधिक बिक्री करते हैं।

असरदार होने के लिए, बेहतर संचार रणनीतियों को अपनाना ज़रूरी है। हालांकि, हमारे बीच सबसे कुशल संवाद करने वाले भी कभी-कभी ऐसे तरीकों से संवाद करते हैं जो लोगों में उत्सुकता को ख़त्म कर देते हैं। यहाँ, मैं संवाद "ख़त्म करने वाली चीज़ों" के बारे में बता रहा हूँ, जिन पर नज़र रखनी चाहिए। इन फन्दों से बचकर, हम घनिष्ठता बना सकते हैं, दूसरों पर सकारात्मक प्रभाव छोड़ सकते हैं और अपने साथ संवाद को एक मूल्यवान अनुभव बना सकते हैं।

1. **दूसरे शख्स को "ग़लत" साबित करना।** बहुत से लोग संवाद को एक बहस के रूप में देखते हैं, जहाँ उद्देश्य यह साबित करना है कि वे "सही" हैं और दूसरा व्यक्ति ग़लत है। दूसरा शख्स हमेशा इस बात का बुरा मानेगा कि आपने उसे ग़लत साबित करने की कोशिश की। इस बारे में सोचें: जब कोई ये साबित करने की कोशिश करता है कि आप ग़लत हैं तो आपको कैसा लगता है? मैं शर्त लगा सकता हूँ कि जब कोई सहकर्मी या परिवार का कोई सदस्य आपके साथ ये खेल खेलता है तो आप नाराज़ हो जाते हैं। कई बार हम ये दावा करते हैं कि हमारी राय सही है, जहाँ वास्तव में कोई सही या ग़लत नहीं है। यहाँ तक कि अगर आप आँकड़े भी बता रहे हैं और आप जानते हैं कि दूसरे व्यक्ति से भूल हुई है, तो भी उसे ग़लत ठहराने पर ज़ोर देकर आपको ज़्यादा फायदा नहीं मिलता। मानता हूँ कि कुछ मामलों में दूसरे व्यक्ति की भूल की तरफ ध्यान दिलाना ज़रूरी होता है—जैसे जब कोई ज़ोर देकर कहता है कि मीटिंग सोमवार को है और आप जानते हैं कि ये मंगलवार को है। हालांकि, ये अपवाद है और हार-जीत के बिना अपनी बात रखना कहीं बेहतर है।

2. **अपने बारे में बहुत ज़्यादा बात करना।** लगभग हर कोई इस फन्दे में फंसता ही है। आप किसी के साथ चर्चा कर रहे होते हैं और आप अपने बारे में बात करके वहाँ हावी हो जाते हैं, जबकि दूसरे पक्ष को बोलने का बहुत कम मौका देते हैं। जब आप दूसरे पक्ष को बोलने दिए बिना केवल अपने बारे में बात करते हैं, तो आप ये जताते हैं कि आपको दूसरे लोगों की परवाह नहीं है। इससे असन्तोष पैदा होता है और वो व्यक्ति भविष्य में आपसे बात करने से कतराने लगेगा। दूसरी ओर, जब आप किसी और की बात सुनते हैं, तो वो व्यक्ति महत्वपूर्ण महसूस करता है। अब से आप अपनी बातचीत में, सुनने के मुकाबले जितना समय बोल रहे हैं, उसका प्रतिशत नोट कर लें। इस बात को याद रखें: हम दो कान

और एक मुंह के साथ पैदा हुए हैं और उसी अनुपात में उनका उपयोग करने की कोशिश करनी चाहिए। आप जितना बोलते हैं, अगर उसका दोगुना सुनते हैं तो दूसरे व्यक्ति पर आपका सकारात्मक प्रभाव पड़ेगा और अक्सर उसे यह महसूस होगा कि आप अच्छी बातचीत करने वाले हैं, भले ही आपने बहुत कम बात की हो।

3. **टोकना।** बातचीत करने के दौरान यह सबसे आम भूलों में से एक है। हम किसी की बात सुनना शुरू करते हैं लेकिन फिर हम सोचने लगते हैं कि हम आगे क्या कहने जा रहे हैं और हम उन्हें टोक देते हैं। जब हमारे विचार आने लगते हैं तो हम सामने वाले को टोक देते हैं और अपनी बात करना शुरू कर देते हैं। ये दूसरे पक्ष का अपमान है क्योंकि आपने उस व्यक्ति को उसकी बात पूरी नहीं करने दी। अपनी बात कहने से पहले दूसरों को उनके विचार रखने देने के अनुशासन का पालन करें।

4. **ग्रुप डिस्कशन में विषय को अचानक बदलना।** ये बीच में टोकने का एक अलग तरीका है। आप कुछ दोस्तों के साथ अपनी हाल की छुट्टी के बारे में बात कर रहे हैं, तभी कोई आपकी बात को काट देता है और कुछ ऐसा कहता है, "क्या तुमने कल रात बेसबॉल मैच देखा?" इससे आपको कैसा महसूस होता है? ज्यादातर मामलों में, आपको काटने वाला व्यक्ति चर्चा को एक ऐसे विषय पर ले जाना चाहता है जहाँ वह चर्चा की कमान फिर से अपने हाथों में ले सकता है और हावी हो सकता है। कभी-कभी, जो व्यक्ति आपकी बात को काटता है, वो बहुत ज़्यादा देर किसी विषय पर ध्यान केन्द्रित नहीं कर पाता और उसे विषय बदलने की जरूरत होती है। मकसद चाहे जो भी हो, ये अशिष्टता है।

5. **नकारात्मक चीज़ों के बारे में बहुत ज्यादा बात करना।** मीडिया से निगेटिव ख़बरों की बौछार हो रही है। आतंकवाद, हिंसक अपराध और प्राकृतिक आपदाएं कुछ ऐसे विषय हैं जिन पर रोज़ाना कई घंटे कवरेज होती है। फिर आपके निजी जीवन में नकारात्मक "नाटक" होते हैं—आपके निराशाजनक रिश्ते, अधूरा करियर, बीमारी से दो-चार होना। वैसे अपने जीवन के अनुभवों को दूसरों के साथ साझा करना स्वाभाविक है, खासकर दोस्तों और सहकर्मियों के साथ, फिर भी उन्हें आपके साथ सब कुछ ग़लत के बारे में बताने की ज़रूरत नहीं है। आपको क्या लगता है कि वे आपके बिखरे हुए परिवार या इस तथ्य

के बारे में सुनना चाहते हैं कि काम पर आपकी सराहना नहीं की जाती है? आपकी दुख भरी कहानी के बगैर भी लोगों के पास अपनी ख़ुद की काफ़ी परेशानियाँ हैं! अपनी बातचीत के स्तर को ऊपर उठाते रहें तभी दूसरे आपसे बात करने के लिए उत्सुक होंगे।

6. **आप जिस व्यक्ति से बात कर रहे हैं, उससे ज़्यादा अहमियत अपने गैजेट को देना।** ये समस्या नियन्त्रण से बाहर होती जा रही है। ज़्यादा से ज़्यादा लोग चौबीसों घंटे दुनिया से "जुड़े" होने की ज़रूरत महसूस करते हैं। ये लोग सेल फ़ोन और अपने कम्प्यूटर के गुलाम हैं। इससे कोई फर्क नहीं पड़ता कि आप किसी से बात कर रहे हैं या उनसे मिल रहे हैं। अगर उनके फ़ोन की घंटी बजती है या उनके डिवाइस में कोई सन्देश आता है, तो वे तुरन्त अपना ध्यान आप से हटा लेते हैं। वे दरअसल ये बताना चाहते हैं कि आया हुआ सन्देश आपकी बात से अधिक महत्वपूर्ण है। जब तक कोई इमरजेंसी मैसेज नहीं हो (जो कभी-कभार ही होता है), दूसरों से मिलते समय मोबाइल फ़ोन को बन्द कर दें। आपके पास बाद में उन मैसेज को पढ़ने या देखने के लिए काफ़ी वक़्त होगा।

7. **अधिक "महत्वपूर्ण" लोगों की तलाश।** ये आमतौर पर नेटवर्किंग इवेंट्स में होता है। आप किसी से बातचीत कर रहे हैं कि तभी आप किसी ऐसे शख्स को देखते हैं जिसे आप "अधिक महत्वपूर्ण" समझते हैं। आपकी नज़र "महत्वपूर्ण" व्यक्ति की तरफ जाती है और आप बस ये चाहते हैं कि चल रही बातचीत रोकी जाए और उस शख्स की तरफ बढ़ा जाए जो आपकी नज़र में ज़्यादा फायदेमन्द है। ये उस व्यक्ति का अपमान है जिससे आप बात कर रहे हैं। अगर आपको लगता है कि आपको किसी और से बात करने के लिए चल रही बातचीत को रोकना चाहिए, तो ये बात उसे बताएं और उस व्यक्ति से वादा करें कि आप थोड़ी देर बाद उसके पास लौटेंगे। फिर दूसरे शख्स से बातचीत पूरी होने के बाद पहले शख्स के पास वापस जाना सुनिश्चित करें।

आप ये दलील दे सकते हैं कि कई कामयाब लोग हैं जो संवाद करते समय इन ग़लतियों को करते हैं। मैं आपसे सहमत हूँ। हालांकि वे लोग अपनी बेरुखी से बेवजह दुश्मन बना रहे हैं। अगर वे संवाद की अपनी रणनीति को बदलते हैं तो वे और भी अधिक इज्जत और कामयाबी का लुत्फ उठा सकेंगे।

आने वाले दिनों, हफ्तों और महीनों में, संवाद की इस कला की लिस्ट को अपने पर्स में या अपनी डेस्क पर रखें। ये ऐसी आदतें हैं जिन्हें बदलना थोड़ा मुश्किल है और आपको सावधान रहना होगा। ज़्यादा असरदार कम्युनिकेटर बनें, फिर आप पायेंगे कि दूसरे लोग आपका अधिक सम्मान करते हैं-—और जो आप चाहते हैं उसे पाने में आपकी मदद करते हैं।

# 16

# छोटी काली बिन्दी

*जब दूसरे लोग अपनी मुश्किलों की गिनती करने में लगे हों,*
*तब अपनी ज़िन्दगी की अच्छाइयों को गिनना ही ख़ुशी का राज़ है।*

**—विलियम पेन**

अपने कुछ प्रेजेंटेशन्स के दौरान, मैं सफ़ेद कागज़ का एक टुकड़ा लेकर बीच में एक छोटी सी काली बिन्दी बनाता हूँ। इसके बाद मैं दर्शकों में से कुछ लोगों को कागज़ का वो टुकड़ा दिखाता हूँ और उनसे पूछता हूँ कि वे क्या देखते हैं। ज्यादातर कहेंगे कि उन्हें काली बिन्दी दिखाई दे रही है। बहुत कम मुझे बतायेंगे कि वे कागज़ का टुकड़ा देख रहे हैं जिस पर एक छोटी सी काली बिन्दी है।

हम अपनी ज़िन्दगी को काफ़ी हद तक इसी तरह से देखते हैं। हमारे पास अच्छी सेहत है, खाने के लिए पर्याप्त भोजन है, एक नौकरी है जो हमारे खर्च करने के लिए पैसे और हमें थोड़े सुकून भरे काम करने की छूट देती है, लेकिन हमारा ध्यान उस पर नहीं जाता है। हम इसकी कद्र नहीं करते। इसके बजाय हम छोटे काले बिन्दु पर ध्यान केन्द्रित करते हैं—हमारी ज़िन्दगी में 10% चीज़ें जो हमें पसन्द नहीं हैं या वो चीज़ें जिन्हें हम बदलना चाहते हैं। हमारी परेशानियों को दिखाने वाली या वो चीज़ें जिन्हें हम पसन्द नहीं करते, उन 10% पर ध्यान केन्द्रित करने से, हम एक नकारात्मक सोच बना लेते हैं और कमतर महसूस करते हैं। इसके अलावा, एक मानी हुई बात है जो सभी जानते हैं: हम जिस चीज़ के बारे में ज़्यादा सोचते हैं, वैसी ही चीज़ हमारी तरफ आती है। हम ज़िन्दगी की कमियों पर ध्यान केन्द्रित करके तंगी के अनुभव को और बढ़ाते हैं।

अपनी ज़िन्दगी के बारे में सोचिए। क्या आप उस 10% पर ज्यादा ध्यान दे रहे हैं जो आपकी चाहत के मुताबिक नहीं है...बनिस्पत उस 90% के जो अच्छी चल रही है? मैं ये नहीं कह रहा हूँ कि हमें अपनी चुनौतियों या उन चीज़ों को नज़रअन्दाज़ करना चाहिए जिन्हें हम बदलना चाहते हैं। लेकिन अगर हम अच्छी चल रही 90% पर ज़्यादा ध्यान देते हैं, तो हमारा रवैया बेहतर होगा और हमें बेहतर नतीजे मिलेंगे।

जब आपकी नौकरी की बात आती है, तो क्या आप अपने ओहदे के सभी सकारात्मक पहलुओं पर ध्यान केन्द्रित करते हैं, या क्या आप अपने वेतन और अपने सहकर्मियों के बारे में चिन्तित होते हैं, या इस बात पर कि किसी दूसरे को वो प्रोमोशन मिल गया जो आप चाहते थे?

ज़िन्दगी की बुनियादी ज़रूरतों के बारे में आप क्या सोचते हैं? क्या आप हर दिन खा रहे भोजन, आपके कपड़े, आपके सिर के ऊपर की छत के लिए आभार महसूस करते हैं या फिर इन सभी चीजों को हल्के में लेते हैं?

अपने शरीर और अपनी सेहत को न भूलें। आप कितना वक़्त ये सोचने में लगाते हैं कि इस दुनिया को क्या चला रहा है? मत भूलें कि आपका शरीर कुदरत का एक करिश्मा है। आपका शरीर और उसका रोज़ काम करते रहना कोई "छोटी चीज़" नहीं है। अल्बर्ट आइंस्टाइन ने एक बार कहा था कि ज़िन्दगी जीने के दो तरीके हैं—पहला ये मानना कि इस दुनिया में कुछ भी चमत्कार नहीं है... और दूसरा कि जैसे सब कुछ एक चमत्कार है। हममें से ज़्यादातर लोग अपने शरीर के चमत्कार को मामूली चीज़ मानते हैं। हम इस अद्भुत रचना को लेकर ऐसा रवैया रखते हैं मानो ये कोई बड़ी बात नहीं है।

इस बारे में सोचें: आपका दिल केवल एक मुट्ठी के आकार का है और फिर भी ये आपके पूरे शरीर में खून भेजता रहता है। हर दिन, दिल लगभग 2,000 गैलन खून पम्प करता है और लगभग एक लाख बार धड़कता है। ये सिर्फ एक दिन का आँकड़ा है। एक साल में, ये तीन करोड़ पैंसठ लाख बार धड़कता है। और ज़्यादातर मामलों में दिल कई दशकों तक साल में तीन करोड़ पैंसठ लाख बार धड़कता रहता है। पल भर के लिए रुककर इस करिश्मे के महत्व को समझें। और, ज़ाहिर है कि आपके दिल को धड़कते रहने के लिए आपको ना तो शरीर के किसी हिस्से को बदलना होता है या अपनी छाती पीटनी होती है। ये अपने-आप धड़कता है और आपकी बिना किसी कोशिश के पूरे शरीर को खून भेजता है।

अब, अपने दिमाग के बारे में सोचें। दिमाग और रीढ़ की हड्डी कई कोशिकाओं से बनी होती है, जिनमें न्यूरॉन्स भी शामिल हैं। मस्तिष्क में लगभग 100 अरब न्यूरॉन्स होते हैं। 100 अरब! न्यूरॉन्स तन्त्रिका कोशिकाएं होती हैं जो दिमाग से

200 मील प्रति घंटे तक की रफ़्तार से तन्त्रिका संकेतों को प्रसारित करती हैं। क्या यह अद्भुत नहीं है?

आपके कान... आपकी आँखें... देखिए, मैं शरीर के इन करिश्मों पर पूरे दिन बात कर सकता हूँ और हम इसे कैसे हल्के में लेते हैं। अपनी बात समझाने के लिए एक आखिरी मिसाल देता हूँ।

जब आपको सर्दी हो जाती है और कुछ दिनों तक सांस लेने में मुश्किल होती है, तो मुझे यकीन है कि आप अक्सर सभी को बताते होंगे कि आपको बलगम है और आप अच्छा महसूस नहीं कर रहे हैं। जब हफ़्ते भर में सर्दी ठीक हो जाती है और आप सामान्य रूप से सांस लेने लगते हैं, तो आप शायद ये नहीं कहते: "आज मैं सही से सांस ले पा रहा हूँ! मुझे उतनी ऑक्सीजन मिल रही है जितनी मुझे ज़रूरत है!" एक हफ़्ते के लिए सांस लेने में तकलीफ़ की शिकायत करने का क्या मतलब है... जबकि बाकी के 51 हफ़्तों में ये नहीं बोलते कि आप सही तरीके से सांस ले पा रहे हैं?

इस अविश्वसनीय शरीर को हल्के में लेना बन्द करें। उन सभी चीज़ों की सराहना करें जो काम कर रही हैं! आप एक चलता-फिरता करिश्मा हैं और एक असाधारण ब्रह्मांड का हिस्सा।

आप में से कुछ लोग ये महसूस कर सकते हैं कि काले बिन्दु को नज़रअन्दाज़ करना हल नहीं है—और आपको ज़िन्दगी के कुछ हालातों को सुधारने के लिए काले बिन्दु पर ध्यान केन्द्रित करने की ज़रूरत है। ठीक है, अगर आप इसी रास्ते पर जाना चाहते हैं तो यहाँ तीन रणनीतियाँ हैं जिनका इस्तेमाल आप कर सकते हैं:

1. काले बिन्दु की चिन्ता करें।
2. काले बिन्दु की शिकायत करें।
3. काले बिन्दु को ख़त्म या कम करने के लिए आगे बढ़कर कुछ कदम उठाएं।

एकमात्र रणनीति जो काम की है, वो तीसरे नम्बर की है। फिर भी बहुत से लोग पहली व दूसरी रणनीति चुनते हैं जो उनकी ज़िन्दगी में केवल और ज़्यादा दुख भरती है।

अपने साथ पूरी तरह से ईमानदार रहें। क्या आपकी ज़िन्दगी का ऐसा कोई पहलू है जहाँ आप बड़े सफ़ेद कागज़ को नज़रअन्दाज़ कर रहे हैं और केवल छोटी काली बिन्दी देख रहे हैं? क्या आप काम पर या घर पर लोगों की ग़लतियाँ देखते हैं और शायद ही कभी अपनी ज़िन्दगी में उनके सकारात्मक योगदान की सराहना

करते हैं? अगर आप हममें से ज़्यादातर की तरह हैं, तो आपके पास अच्छी चीज़ों की भरमार है, फिर भी आप अक्सर उन्हें अनदेखा करते हैं।

अगर आपने हाल के दिनों में कुछ छोटे काले बिन्दुओं को देखा है, तो इसकी जिम्मेदारी लें। और समझें कि कोई भी आपको इन काले बिन्दुओं को देखने के लिए मजबूर नहीं कर रहा है। आपने नकारात्मक चीज़ों को देखने की आदत बना ली है और अगर आप अपनी नज़र को सफ़ेद कागज़ की तरफ करना शुरू करते हैं तो आपकी (और आपके आस-पास के लोगों की) ज़िन्दगी काफ़ी बेहतर होगी।

आपके पास एक विकल्प है। आप काले बिन्दु पर नज़रें गड़ाए रह सकते हैं और दूसरों को उन सभी चीज़ों के बारे में बता सकते हैं जो आपकी ज़िन्दगी में ग़लत घट रही हैं या आप अपनी सभी अच्छी चीज़ों की तारीफ़ शुरू कर सकते हैं। ये विकल्प तो काफ़ी आसान लगता है, है ना?

# 17

# नई दुनिया में कैसे प्रवेश करें

*आपकी दुनिया इस बात की जीवन्त अभिव्यक्ति है कि*
*आप अपने दिमाग का कैसे इस्तेमाल कर रहे हैं*
*और अब तक कैसे किया है।*

**—अर्ल नाइटिंगेल**

अपनी प्रस्तुतियों के दौरान, मैं अक्सर दर्शकों के सामने एक सवाल रखता हूँ: "अपनी अब तक की ज़िन्दगी में आप में से कितने लोग अपेक्षाकृत निम्न स्तर के आत्मसम्मान से उच्च स्तर का आत्मसम्मान पा सके हैं?" 100 लोगों के समूह में से तकरीबन 10 लोग ही हाथ उठायेंगे।

फिर मैं उन 10 लोगों से पूछता हूँ, "जब आपने ख़ुद के बारे में अलग महसूस किया, आप में से कितने लोगों ने पाया कि आपने अपनी ज़िन्दगी में बेहद अलग लोगों और बेहद अलग परिस्थितियों को आकर्षित किया है?" स्वाभाविक रूप से, सभी 10 हाथ ऊपर उठते हैं। जब मैं उन्हें ये बताने के लिए मंच पर बुलाता हूँ कि आत्म-मूल्य की भावना में बढ़ोतरी के बाद क्या हुआ, तो वे अपनी ज़िन्दगी में सकारात्मक बदलावों के बारे में उल्लेखनीय और प्रेरक कहानियाँ सुनाते हैं। कुछ बताते हैं कि वे अपने करियर में कैसे आगे बढ़े। कुछ लोग गर्व से बताते हैं कि कैसे उनके रिश्तों में सुधार आया या वे एक शानदार शख्स से मिले जिससे उन्होंने बाद में शादी की। उनकी कहानियों को सुनकर, आप सोचेंगे कि इन लोगों को एक नई दुनिया में ले जाया गया था, जहाँ वे पहले कभी नहीं रहे थे।

अपनी बातों को आगे बढ़ाने के पहले, आत्मसम्मान की परिभाषा इन्हें समझने में मददगार होगी। एक आसान परिभाषा है कि आत्मसम्मान वो स्तर है जहाँ तक आप ख़ुद को पसन्द करते हैं और अपनी कद्र करते हैं। द *सिक्स पिलर्स ऑफ़ सेल्फ-एस्टीम* के लेखक नथानिएल ब्रैंडन की दी गई परिभाषा, मेरे हिसाब से सबसे अच्छी परिभाषाओं में एक है। वो आत्मसम्मान को "ज़िन्दगी की बुनियादी चुनौतियों का सामना करने में और ख़ुशियों के काबिल होने के लिए ख़ुद को लायक मानने की खासियत" के रूप में परिभाषित करते हैं।

चलिए, मेरे श्रोताओं की बताई गई कहानियों पर लौटते हैं। उनकी ज़िन्दगी में होने वाले बदलावों को कैसे समझा जाए? हम जो देखते हैं वो दरअसल आकर्षण का सिद्धान्त है, या ये कहें कि "एक जैसी चीज़ें एक-दूसरे को अपनी तरफ खींचती हैं।" आप अपनी ज़िन्दगी में उस चीज़ को ही आकर्षित करते हैं जिस पर आप आदतन ज़्यादा ध्यान केन्द्रित करते हैं और मानते हैं कि आप उसके योग्य हैं। आपके आन्तरिक विचार और भावनाएं बाहर निकलती हैं और, एक चुम्बक की तरह, आप उन विचारों और भावनाओं के अनुरूप परिस्थितियों को अपनाते हैं।

अब, मैं आपको ये सटीक ढंग से नहीं बता सकता कि आकर्षण का नियम कैसे काम करता है। ये आँखों को दिखाई नहीं देता है। ये "पर्दे के पीछे" काम करता है, लेकिन फिर भी ये सच है। यहाँ आपको एक उदाहरण देता हूँ जो इस सिद्धान्त को समझाने में मदद कर सकता है—रेडियो स्टेशन। मान लें कि 10 रेडियो स्टेशन हैं जिन्हें आप ट्यून कर सकते हैं। स्टेशन 1 से 3 कम आत्मसम्मान वाले लोगों के लिए हैं; स्टेशन 4 से 6 मध्यम श्रेणी के आत्मसम्मान वाले लोगों के लिए हैं; और स्टेशन 7 से 10 उनके लिए हैं जो अपने बारे में अच्छा सोचते हैं। हाँ, ये इस सिद्धान्त को कुछ ज़्यादा आसान बनाने की कोशिश है, लेकिन आप मेरी बात सुनिए।

चलिए मान लेते हैं कि आपकी ज़िन्दगी स्टेशन 5 पर "चल" रही है। आपका स्वाभिमान मध्यम श्रेणी में है। आप पायेंगे कि जिन लोगों को आप आकर्षित करते हैं उनमें से अधिकांश 4 से 6 स्टेशनों पर हैं। यानी आप उन्हीं लोगों के साथ घुल-मिल रहे हैं जिनकी "फ्रीक्वेंसी" एक जैसी हैं। कभी-कभी, आप दूसरे स्टेशनों के कुछ लोगों से मिलेंगे। हालांकि, आप स्टेशन नम्बर 2 के लोगों के साथ अधिक समय बिताने में सहज महसूस नहीं करेंगे और न ही आपको यह महसूस होगा कि आप स्टेशन नम्बर 8 के लोगों के साथ फिट बैठते हैं।

ये सब इसलिए होता है क्योंकि आपको लगता है कि आप इसी के काबिल हैं। फिर आप लोगों और परिस्थितियों को अपने आत्म-मूल्य की भावनाओं की पुष्टि करने के लिए आकर्षित करते हैं।

किसे आकर्षित करना है—ये फ़ैसला कहीं भीतर होता है, अवचेतन मस्तिष्क के स्तर पर। होशोहवास में कोई नहीं कहता कि "मैं ऐसे लोगों को आकर्षित करना चाहता हूँ जो मेरे साथ अच्छा व्यवहार नहीं करेंगे या जो मेरी सराहना नहीं करेंगे।" हालांकि, अवचेतन स्तर पर, उन्हें लगता है कि वे इसी चीज़ के हकदार हैं। ये भावनाएं और विश्वास अक्सर बचपन में बनते हैं। अक्सर हम अपने माता-पिता द्वारा अनुभव किए गए रिश्तों को दोबारा जीते हैं।

ज़िन्दगी के दौरान अपने अन्तरंग सम्बन्धों के बारे में सोचें। कार्यस्थल पर अपने सम्बन्धों के बारे में सोचें। क्या आप अपने माता-पिता के अनुभव किए गए रिश्तों के साथ कोई समानता देखते हैं? आपके माता-पिता का उदाहरण आपके दिमाग में गहरा छप सकता है, चाहे आप इसे महसूस करें या न करें। ये सच है कि कुछ लोग अपने माता-पिता के अनुभवों से बिलकुल उलट रिश्ते बनायेंगे और अनुभव करेंगे, लेकिन ये अपवाद है।

## आगे बढ़ते हैं

एक नई दुनिया में जाने और अगले स्तर तक पहुँचने की अवधारणा केवल उन लोगों तक सीमित नहीं है जो महसूस करते हैं कि वे कम या औसत आत्मसम्मान वाले हैं। यह अधिक आत्मसम्मान वाले लोगों के लिए भी है। आखिरकार, आप कभी भी अधिक आत्मसम्मान विकसित कर सकते हैं और जब आप ऐसा करते हैं, तो आपकी ज़िन्दगी के हालातों में नाटकीय रूप से सुधार होगा। ये बस बेहतर और बेहतर होते जायेंगे!

आप अपने आत्मसम्मान के स्तर को कैसे बढ़ा सकते हैं ताकि आप आकर्षण के नियम का लाभ उठा सकें? यहाँ कुछ बातें बताईं जा रही हैं जो आपके लिए मददगार हो सकती हैं:

**उन लोगों और परिस्थितियों की जिम्मेदारी लें जिन्हें आपने अब तक आकर्षित किया है।** अगर आप यह मानना जारी रखते हैं कि बाहरी ताकतें आपके रिश्तों और हालातों के लिए जिम्मेदार हैं, तो आप अटके रहेंगे। एक बार जब आप स्वीकार करते हैं कि आप अपनी वर्तमान स्थिति के लिए जिम्मेदार हैं, तो आप आगे बढ़ने के लिए अलग-अलग विकल्प तलाशेंगे, जो नए लोगों और नई स्थितियों को आकर्षित करेंगे।

**अपने कम्फर्ट जोन से बाहर निकलें।** केवल आईने के सामने खड़े होने और "मैं ख़ुद से प्यार करता हूं" कहने से आत्मसम्मान विकसित नहीं होता है। जैसा कि नथानिएल ब्रैंडन की परिभाषा बताती है, आत्मसम्मान के लिए योग्यता का होना

ज़रूरी है। आपको ज़िन्दगी से जुड़ना होगा और ख़ुद को काबिल महसूस करना होगा। जब आप हाशिये पर बैठते हैं और अपनी क्षमताओं की सीमा के बारे में जानना नहीं चाहते हैं, तो आप घुटन महसूस करते हैं। आप जानते हैं कि आप ज़िन्दगी में और भी बहुत कुछ अनुभव कर सकते हैं, इसके बावजूद भी आप पीछे हटते हैं। यह आपके आत्मसम्मान को कम करता है। ख़ुद को बने-बनाए ढर्रे से आगे बढ़ने के लिए चुनौती देकर अपने आत्मसम्मान को एक नई उड़ान दें। एक नया हुनर सीखें। पब्लिक स्पीकिंग क्लास में जाएं। अपने संस्थान में ऐसे ओहदे के लिए अर्जी दें जिसे आपने हमेशा पाना चाहा है लेकिन इसके लिए आगे बढ़ने से डरते थे। इससे कोई फर्क नहीं पड़ता कि आप कामयाब हुए या नहीं। आप "इसमें शामिल होकर" अपना आत्मसम्मान तुरन्त बढ़ायेंगे।

**अपनी शब्दावली को बदलें।** जब आप लगातार ख़ुद को नीचे रखते हैं तो आप ऊँचा आत्मसम्मान नहीं पा सकते। आप अपने बारे में क्या कहते हैं, ये मायने रखता है। उदाहरण के लिए, अब से, जब भी कोई आपकी तारीफ़ करे, तो "शुक्रिया" कहकर जवाब दें। अगर आप तारीफ़ को ठुकराते हैं, जैसा कि बहुत से लोग करते हैं—"ओह, ये तो कुछ भी नहीं था,"—आप ख़ुद से कह रहे हैं कि आप तारीफ़ के लायक नहीं हैं और आप लोगों को ख़ुद की कम कद्र करने के लिए आकर्षित करेंगे।

**अपना सम्मान करें।** जब तक आप ख़ुद का सम्मान नहीं करेंगे, तब तक कोई और आपका सम्मान नहीं करेगा। इसी प्रकार, जब कोई आप पर अपमानजनक टिप्पणी करता है या आपको नीचा दिखाता है, तो ये साफ़ करें कि आप वैसी भाषा को स्वीकार नहीं करेंगे। आपको बहस करने या साबित करने की ज़रूरत नहीं है कि दूसरा व्यक्ति "ग़लत" है। आप अपने लिए जैसे ही अधिक सम्मान दिखाते हैं, आप पायेंगे कि अब अपमानित करने वाले लोग आपकी ज़िन्दगी में दाखिल नहीं हो रहे हैं। आप पहले से ऊँची "फ्रीक्वेंसी" पर चल रहे हैं और अब आप उन लोगों को आकर्षित करते हैं जो आपकी आलोचना करने के बजाय आपको महत्व देंगे। आकर्षण का सिद्धान्त इसी तरह काम करता है!

हम सभी मानवीय चुम्बक हैं, और हमारे विचार और भावनाएं कुछ खास लोगों और हालातों को हमारी ज़िन्दगी में बुलाते हैं। जब आप अपनी कद्र ज़्यादा करते हैं, आप सम्भावनाओं की एक नई दुनिया में प्रवेश करते हैं। अच्छे दिन आगे हैं!

# 18

# शुरुआत करो!

*एक बार जब आप चलते हैं,*
*तो आप चलते रह सकते हैं।*
**—रोनाल्ड एलन वीस**

हमारे घर में मैं और मेरी पत्नी के आने के कुछ ही समय बाद, पूर्वी तट पर भारी बर्फ़बारी हुई जिससे हमारे सामने वाले रास्ते पर लगभग 30 इंच बर्फ़ जम गई थी। ये रास्ता लगभग 35 फीट का है और जब मैं पहली बार वहाँ का जायजा लेने पहुँचा तो बर्फ़ हटाने का काम पहाड़ जैसा लग रहा था। मेरे दिमाग में आया, "ये काम तो कभी ख़त्म नहीं होगा!"

मैं करीब 30 सेकंड के लिए वहाँ खड़ा रहा, ये देखता रहा कि मुझे क्या करना है, थोड़ा ज़्यादा निराश था। फिर, मैंने अपना फावड़ा उठाया और बर्फ़ हटाना शुरू कर दिया। मैं बहुत अच्छी तरह से बर्फ़ काटते हुए आगे बढ़ रहा था और ख़ुशकिस्मती से बर्फ़ काफ़ी नरम थी। करीब दस मिनट बाद, मैं थोड़ी देर के लिए रूका और मैंने देखा कि खुदाई का काम काफ़ी अच्छी तरह से हुआ है। मैं वाकई बढ़िया काम देख रहा था, जिससे मुझे उस काम पर वापस जाने के लिए प्रेरणा मिली।

करीब 30 मिनट में मैंने लगभग आधा रास्ता साफ़ कर लिया था। मैंने ये जायजा भी लिया कि कितना काम बचा है, लेकिन आधे घंटे पहले के उलट अब मुझे काम ख़त्म होता दिखने लगा था। इसने मुझे और जोश से फावड़ा चलाने के लिए प्रेरित किया। लगभग एक घंटे में मैंने पैदल जाने वाला पूरा रास्ता साफ़ कर लिया था! मैं ख़ुद में एक नई ऊर्जा महसूस कर रहा था, साथ ही और बर्फ़ हटाने के लिए

मैं तैयार था। किसी बड़े प्रोजेक्ट को पूरा करने के बाद आपने शायद इसी तरह की उत्तेजना महसूस की होगी। हालांकि, काम ख़त्म करने के बाद मैंने तय किया कि मैंने काफ़ी काम कर लिया है और अब मैं आराम का सही हकदार हूँ।

अन्दर बैठने के कुछ मिनटों के बाद, मैंने महसूस किया कि इस खुदाई के काम में मुझे अपने उद्देश्यों को हासिल करने और हमारे सपनों को साकार करने के रास्ते के बारे में सिखाने के लिए बहुत कुछ था।

सबसे महत्वपूर्ण बात, मुझे किसी भी काम को पूरी दृढ़ता के साथ शुरू करने के महत्व के बारे में पता चला। मैं अक्सर इस्तेमाल किए जाने वाले मुहावरे 'शुरुआत ही जीत है' का बड़ा समर्थक नहीं हूँ। मेरे तजुर्बे के हिसाब से दृढ़ निश्चय ही जीत है। हालांकि, यदि आप किसी लक्ष्य को प्राप्त करना चाहते हैं या नए रास्ते तलाशना चाहते हैं तो शुरुआत करना ही महत्वपूर्ण व पहला कदम है। जोश के साथ शुरुआत करना बहुत महत्वपूर्ण है, क्योंकि आप अपेक्षाकृत कम समय में तरक्की होती देख सकते हैं। इससे आपको आगे बढ़ते रहने की प्रेरणा मिलती है।

इसका मतलब ये नहीं है कि आपको योजना नहीं बनानी चाहिए और जोश-जोश में हड़बड़ी करते हुए अपना प्रोजेक्ट शुरू कर देना चाहिए। अपनी रिसर्च पक्के तौर पर करें। लेकिन जब भी आप शुरू करें, शुरुआती कदम दृढ़ता से और जल्दी उठाएं। ये किसी काम को शुरू करने में अनिश्चितता से कहीं ज़्यादा असरदार होता है। जब आप पानी में डुबकी लगाते हैं, तो आप उत्साहित महसूस करते हैं और आप पहले से ही गति में होते हैं। जब आप अपने पैरों को पानी में डालकर इन्तज़ार करते हैं, तब आप हिचकिचाते हैं और लम्बे समय तक स्थिर खड़े रहते हैं।

हाँ, सबसे ग़लत चीज़ जो की जा सकती है, वो ये कि आप जो करने जा रहे हैं, उसके बारे में बातें तो खूब कर रहे हैं, लेकिन कोई कदम नहीं उठा रहे। अफ़सोस की बात है कि कई लोग यही तरीका अपनाते हैं। वे "किसी दिन मैं करूँगा..." के जाल में फंसे होते हैं। आप जानते हैं कि इसमें क्या होता है:

*किसी दिन, मैं कसरत शुरू करूँगा...*
*किसी दिन, मैं हवाई घूमने जाऊँगा...*
*किसी दिन, मैं अपनी डिग्री लेने के लिए फिर से स्कूल जाऊँगा...*
*किसी दिन, मैं एक किताब लिखूंगा...*
*किसी दिन, मैं एक्टिंग करूँगा या गाना गाऊँगा...*

"किसी दिन, मैं करूँगा..." आपकी ऊर्जा को ख़त्म कर देता है और आपको अटकाए रहता है। फावड़ा उठाकर खुदाई शुरू करना कितना ज़्यादा बेहतर है! यानी,

कसरत करने की बातें करने के बजाय आप कसरत शुरू कर दें। स्कूल वापस जाने की बात करने के बजाय आप क्लासेज़ के लिए रजिस्टर करें। किताब लिखने की बात करने के बजाय आप अपने कम्प्यूटर पर बैठें, खाका तैयार करें और लिखना शुरू कर दें।

जब आप फावड़ा उठाते हैं और जल्द से जल्द फावड़ा चलाना शुरू करते हैं, तो आपको एक और फायदा मिलता है। आप अपने लक्ष्य को उससे कम समय में हासिल कर लेते हैं, जितना आपने शुरू में सोचा था। मान लीजिए कि आप "किसी दिन" हवाई घूमने जाना चाहते हैं। हो सकता है कि आपकी ये इच्छा सालों से रही हो। हर बार जब ये विचार आपके दिमाग में आता है, तो आप अपने रास्ते की सभी मुश्किलों पर ध्यान देते हैं। आपके पास समय नहीं है। आपके पास पैसा नहीं है। तो, आप इस विचार को ठंडे बस्ते में डाल देते हैं और उम्मीद करते हैं कि आप "किसी दिन" घूमने जायेंगे।

यहाँ हवाई घूमने की आपकी योजना को जल्दी से जल्दी अमल में लाने का एक बेहतर तरीका है। आज, हवाई घूमने के लिए जानकारी जुटाना शुरू करें, जैसे कि आप तुरन्त ही वहाँ जाने वाले हैं। वहाँ जाने वाली एयरलाइंस के बारे में पता कीजिए। किसी भी विशेष छूट वाले ऑफर के साथ हवाई किराये के बारे में जानकारी जुटाएं। ऑनलाइन जाकर उन होटलों या स्थानों के बारे में पता करें जहाँ आप किराया देकर ठहर सकते हैं। आप इंटरनेट पर हवाई की तस्वीरें देख सकते हैं और उस टापू के बारे में सब कुछ जान सकते हैं, जिससे आपका रोमांच और भी बढ़ जायेगा। अब आप वहाँ जाने के लिए तेज़ी से कदम उठा रहे हैं!

आपके ऐसा करने के कारण कई चीज़ें होंगी। आपको पता चल सकता है कि यात्रा आपके अनुमान से कहीं ज़्यादा किफ़ायती है। या, आप इतने उत्साहित हो सकते हैं कि इस यात्रा पर खर्च होने वाली रकम के लिए ज़रूरी अतिरिक्त पैसा कमाने का कोई तरीका मिल जाए। आप बैंक में एक "वेकेशन अकाउंट" भी खोल सकते हैं और अपने सपने को साकार करने के लिए इसमें पैसे जमा करना शुरू कर सकते हैं। आप देखेंगे कि अब आप अपने रास्ते में आने वाली मुश्किलों के बारे में सोचने की बजाय हवाई में छुट्टियाँ बिताना मुमकिन बनाने के तरीकों के बारे में सोचने लगे हैं।

जब आप काम शुरू करते हैं, तो आप अपने मनचाहे नतीजे हासिल करने के लिए सक्रिय रहते हैं। आप उत्साहित और गतिशील रहते हैं। आपको मुश्किलों का सामना करना पड़ सकता है, लेकिन आप उन्हें दूर करने में काबिल होते हैं।

हम में से बहुत से लोग शुरुआत नहीं करते क्योंकि हमें डर होता है कि हम अपने सपनों को सच करने के लिए तैयार नहीं हैं। हम चाहते हैं कि सब कुछ अच्छी स्थिति में हो ताकि हमारे पास एक साफ-सुथरा रास्ता हो, जिसमें अचानक आने वाला कोई घुमाव न हो, कोई आलोचना न हो और कोई निराशा न हो। आपको शायद ही कभी कोई ऐसी परिस्थिति मिलेगी जिसमें सब कुछ परफेक्ट हो। यह काम कभी न शुरू करने का बहाना भर है। जब आप दिल और दिमाग से किसी काम को करने में लगे हुए हैं और कुछ हासिल करने के लिए अपना सब कुछ झोंक रहे हैं, तो इसके साथ आप अपने अवचेतन मन को उसे पाने का तरीका खोजने के लिए भी रास्ता दिखा रहे होते हैं। और अवचेतन मन आपके लिए, आमतौर पर चमत्कारी तरीकों से काम करता है।

तो, क्या कोई लक्ष्य या सपने हैं जिसके लिए आप कोई भी कदम उठाने में देरी कर रहे हैं या नाकाम हो रहे हैं? अगर हाँ, तो अपनी कमर कस लें और उस काम को शुरू कर दें...आज ही!

# 19

## चमत्कार की रूपरेखा

*आप जो कुछ भी कर सकते हैं या सपना देख सकते हैं, उसे शुरू करें।*
*साहस में प्रतिभा, शक्ति और जादू है!*
— **जोहान वोल्फगैंग वॉन गोएथ**

गेम के अन्तिम लम्हों में दुनिया भर के लाखों लोगों को यकीन नहीं हो रहा था कि क्या होने वाला है। और जैसे ही गेम ख़त्म हुआ, हमने ब्रॉडकास्टर अल माइकल्स के वो मशहूर शब्द सुने, "क्या आप चमत्कारों में यकीन करते हैं?"

ये एक चमत्कार ही था। खेल इतिहास का सबसे बड़ा उलटफेर। हाँ, मैं 1980 में लेक प्लैसिड, न्यूयॉर्क में सोवियत संघ पर अमेरिकी ओलम्पिक हॉकी टीम की जीत की बात कर रहा हूँ। अमेरिकी दल ने उस साल स्वर्ण पदक पर कब्जा किया था।

याद करें कि अमेरिकी टीम किसके खिलाफ थी—और सोवियत संघ के खिलाफ ये जीत वास्तव में एक "चमत्कार" क्यों थी। 1980 के शीतकालीन ओलम्पिक में आने से पहले शक्तिशाली, पेशेवर सोवियत हॉकी टीम ने लगातार चार स्वर्ण पदक जीते थे और 1968 से ओलम्पिक खेलों में उसे कोई हरा नहीं सका था। 1979 में, सोवियत ने पेशेवर नेशनल हॉकी लीग ऑल-स्टार्स को 6-0 से हराया था।

दूसरी ओर, अमेरिकी टीम में नए नवेले कॉलेज खिलाड़ियों की भरमार थी। 1980 के शीतकालीन ओलम्पिक से कुछ समय पहले सोवियत टीम ने एक प्रदर्शनी मैच में अमेरिकी ओलम्पिक टीम को 10-3 के स्कोर से शर्मनाक हार दी थी। हर कोई जानता था कि कॉलेज के ये खिलाड़ी सोवियत टीम को कड़ा मुकाबला तक

नहीं दे सकते, उन्हें हराने की तो बात तो छोड़ ही दें। केवल हर्ब ब्रूक्स को छोड़कर, जिन्होंने 1980 की अमेरिकी टीम को कोचिंग दी थी।

ब्रूक्स ने सोचा कि वो चमत्कार कर सकते हैं। उनका मानना था कि अमेरिका स्वर्ण पदक जीत सकता है, भले ही उसे "अपराजेय" सोवियत टीम को हराने की ज़रूरत है। 2004 में, वॉल्ट डिज़्नी पिक्चर्स ने कोच ब्रूक्स और 1980 की अमेरिकी ओलम्पिक टीम पर बनी फ़िल्म रिलीज़ की, जिसका नाम बिलकुल सही था "मिरैकल"। कोच ब्रूक्स के रूप में कर्ट रसेल अभिनीत ये एक अद्भुत, प्रेरक फ़िल्म है। हाल ही में फ़िल्म देखने के बाद, मैंने इस बात पर गौर किया कि जहाँ हर चमत्कार अनोखा होता है, लेकिन कुछ ऐसी बातें हैं जो ज़्यादातर चमत्कारों में एक जैसी हैं। उदाहरण के लिए:

**चमत्कार किसी बड़े सपने का नतीजा होता है।** हर्ब ब्रूक्स ने जो सपना देखा था, उससे ज़्यादा बड़ा या दुस्साहसी सपने की कल्पना करना मुश्किल है। वो ये सोच भी कैसे सकता था कि वो कॉलेज के हॉकी खिलाड़ियों के एक दल को ऐसी टीम में ढाल सकता है जो शक्तिशाली सोवियत टीम को हरा देगी? याद रखें, सोवियत टीम को अजेय माना जाता था। फिर भी ब्रूक्स ने ख़ुद को ये सपना देखने दिया कि वो एक ऐसी टीम का कोच बन सकता है जो इस ताक़तवर टीम को हरा देगी।

दरअसल, बहुत से लोग बहुत छोटे सपने देखते हैं और फिर वे सपने को पूरा करने के लिए उत्साहित नहीं हो पाते हैं। बड़े सपने ही होते हैं जो आपके ख़ून में रवानी लाते हैं और बड़े सपने ही होते हैं जो दूसरे लोगों को उत्साहित करते हैं कि वे उन सपनों को पूरा करने के लिए आपके साथ जुट जाएं।

लोग अक्सर आश्चर्य करते हैं, "मुझे कैसे पता चलेगा कि मुझे अपने सपने के पीछे जाना है, या क्या ये केवल "अव्यावहारिक" है? रिचर्ड बाख कहते हैं— "आपके मन में कभी कोई इच्छा भर नहीं पैदा होती, बल्कि उसे पूरा करने की ताक़त भी आती है।" इसलिए, अगर आपका सपना आपसे लगातार "बात" कर रहा है और उस सपने से आपकी जबरदस्त भावना जुड़ी हुई है, तो ये एक सकारात्मक संकेत है। हालांकि, अगर आप कुछ हासिल करना चाहते हैं, लेकिन इसके बारे में सोचकर आप रोमांचित नहीं होते हैं तो ये मुमकिन है कि आप उस लक्ष्य के बारे में सही मायने में उत्साहित नहीं हैं और शायद आप वो सब कुछ करने के लिए तैयार नहीं होंगे जो इस सपने को हकीकत में बदलने के लिए ज़रूरी है।

**केवल प्रतिभा से कोई चमत्कार नहीं होता है।** फ़िल्म में एक बेहतरीन लाइन है जहाँ कोच ब्रूक्स अपने खिलाड़ियों से कहते हैं—"तुम लोगों के पास इतनी

प्रतिभा नहीं है कि केवल प्रतिभा के बल पर जीत हासिल कर सको।" इस बात से इनकार नहीं किया जा सकता है कि सोवियत टीम में अमेरिकी युवाओं की तुलना में अधिक प्रतिभा थी। हालांकि, ब्रूक्स जानते थे कि सबसे प्रतिभाशाली खिलाड़ियों से भरी टीम भी हर बार नहीं जीतती है। कॉलेज के सैकड़ों हॉकी खिलाड़ियों में से टीम को चुनते वक़्त ब्रूक्स ने कई प्रतिभाशाली खिलाड़ियों को नज़रअन्दाज़ कर लोगों को चौंका दिया था। इसके बजाय, उन्होंने ऐसे खिलाड़ियों को चुना जिनके पास उतना कौशल नहीं था, लेकिन वे उनके अनोखे सिस्टम में फिट थे और वे मनोवैज्ञानिक रूप से मज़बूत थे।

**चमत्कार के लिए रचनात्मक सोच की ज़रूरत होती है।** उत्तरी अमेरिका की दूसरी टीमों ने हॉकी की "उत्तर अमेरिकी शैली" में खेलकर सोवियत टीम को हराने की कोशिश की थी। ब्रूक्स ने महसूस किया कि खेल की ये शैली काम नहीं कर रही! दूसरे शब्दों में, सोवियत टीम बार-बार उस रणनीति के खिलाफ जीत हासिल करने में कामयाब हो रही थी। ब्रूक्स ने तय किया कि वो पारम्परिक उत्तर अमेरिकी शैली को छोड़कर एक अलग रणनीति का इस्तेमाल करेंगे। वो बेहतर कंडीशनिंग, अनुशासन और गति पर जोर देने वाली एक नई प्रणाली विकसित करने के लिए तैयार थे। वो जानते थे कि उनके खिलाड़ियों के लिए इसे सीखना और अमल में लाना चुनौतीपूर्ण होगा... लेकिन कुछ नया करने की उनकी चाहत ने आखिरकार एक स्वर्ण पदक दिलवा दिया था।

**चमत्कार के लिए असामान्य बलिदान की ज़रूरत होती है।** किसी ने नहीं कहा कि चमत्कार आसानी से होता है। हर्ब ब्रूक्स ने अपने खिलाड़ियों को चेताया था कि सोवियत टीम को हराने और स्वर्ण पदक जीतने के लिए उन्हें "असामान्य" इंसान बनना होगा। उन्हें कंडीशनिंग का एक बेहतर स्तर विकसित करना होगा। उनके अभ्यास सत्र थकाने वाले थे। फ़िल्म का सबसे यादगार दृश्य एक प्रदर्शनी मैच के दौरान आता है जो अमेरिकी टीम ओलम्पिक की तैयारी के लिए खेल रही होती है। अमेरिकी टीम ने पूरा ज़ोर नहीं लगाया था और जब मैच ख़त्म हो गया तब ब्रूक्स ने पहले से थके हुए खिलाड़ियों को बर्फ़ पर बुलाया और उन्हें स्केट "स्प्रिंट" करने को कहा। रिंक (आइस हॉकी खेल का मैदान) में बत्तियाँ बन्द होने पर भी वो नहीं रुका! उसका साफ़ सन्देश था: अगर हम कोई चमत्कार करना चाहते हैं, तो हमें हर गेम के हर लम्हे में अपना सब कुछ झोंकना होगा।

**चमत्कार आम तौर पर पूरी टीम का प्रयास होता है।** जब आप किसी चमत्कार के लिए निकल पड़ते हैं, और ये सोचते हैं कि आप इसे अकेले कर सकते

हैं तो आप ख़ुद को मूर्ख बना रहे होते हैं। असाधारण उपलब्धियों के लिए एक समान लक्ष्य के लिए एक साथ आने वाले लोगों की ज़रूरत होती है। ब्रूक्स ने एक ऐसे समूह को इकट्ठा किया जो एक टीम के तौर पर खेली, जिसमें उनके निजी अहम की जगह नहीं थी।

**चमत्कार अक्सर विपरीत परिस्थितियों से प्रेरित होता है।** हर्ब ब्रूक्स अपने युवा दिनों में एक उत्कृष्ट हॉकी खिलाड़ी थे। 1960 में उन्होंने अमेरिकी ओलम्पिक हॉकी टीम में शामिल होने की कोशिश की और वो टीम में शामिल न हो पाने वाले अन्तिम शख़्स थे। उस टीम ने गोल्ड मेडल जीता। क्या आप कल्पना कर सकते हैं कि एक खिलाड़ी के तौर पर उन्होंने ख़ुद को स्वर्ण पदक विजेता टीम का हिस्सा नहीं हो पाने की कितनी निराशा महसूस की होगी? वो इस निराशा से प्रेरित होकर कोच के तौर पर गोल्ड मेडल हासिल करने में सफल रहे।

ये सोचना आसान है कि चमत्कार "दूसरे लोगों" के लिए होते हैं—वे लोग जिन्हें हम टीवी पर देखते हैं या जिनके बारे में अखबार में पढ़ते हैं। और फिर भी हमारे मन का एक कोना जानता है कि हम भी चमत्कार कर सकते हैं। फ़िल्म "मिरैकल" को देखें और असाधारण करतब दिखाने की अपनी क्षमता को फिर से जगाएं। (डीवीडी संस्करण में हर्ब ब्रूक्स के साथ एक इंटरव्यू भी है, जिनकी फ़िल्म रिलीज़ होने से पहले एक कार हादसे में दुखद मौत हो गई थी।)

मैं पक्के तौर पर नहीं कह सकता, लेकिन मैं शर्त लगा सकता हूँ कि आप जो कुछ भी हासिल करना चाहते हैं वो उतना मुश्किल नहीं है जितना हर्ब ब्रूक्स ने 1980 के ओलम्पिक में करना तय किया था। शायद ये आपके लिए अपने नए नज़रिए और सभी मुश्किलों को पार पाने की इच्छा का इस्तेमाल करते हुए एक साहस भरे सपने के रास्ते पर चलने का वक़्त है। फिर, एक दिन, शायद हम आपके चमत्कार की फ़िल्म देख रहे होंगे!

# 20

# मिलियन डॉलर का इनाम

*हमेशा ख़ुद को सौंपी गई जिम्मेदारी से ज़्यादा काम करें।*

**—जॉर्ज एफ. पैटन**

अफ्रीका में एक ग्राहक ने हमारी कुछ प्रेरक सामग्रियों का ऑर्डर दिया और हमें न्यूयॉर्क के एक बैंक का चेक भेजा। मैं चेक जमा करने अपने बैंक गया। जब मैं उस सुबह बैंक की ब्रांच में गया, तो मैंने उस महिला को देखा जिसके जिम्मे बिजनेस अकाउंट्स होते हैं। चलिए, उसे नाम देते हैं जेन। चेक जमा करने से पहले, मैंने इसे जेन को दिखाया, बस ये सुनिश्चित करने के लिए कि मेरे खाते में पैसे आने में कोई देरी या दिक्कत नहीं होगी। उसने मुझे तसल्ली दी कि सब कुछ ठीक लग रहा है और चेक का भुगतान न्यूयॉर्क में वित्तीय संस्थान तुरन्त कर देगा।

मैंने इस बारे में ज़्यादा कुछ नहीं सोचा जब तक कि मैंने 6 दिन बाद अपनी डाक नहीं देखी—जिसमें मुझे अपने बैंक का एक लिफाफा मिला। इसमें हमारे अफ्रीकी ग्राहक के चेक की एक **कॉपी** थी, साथ में एक नोट था जिसमें लिखा था कि चेक "बिना भुगतान के" वापस कर दिया गया है।

एक—दो दिन के बाद, मैंने अपने बैंक ब्रांच में जाकर जेन से बात की। उसने चेक की कॉपी देखी और समझ नहीं पाई कि इसे बिना भुगतान के क्यों लौटा दिया गया था और न ही वो बता पा रही थी कि असली चेक का क्या हुआ। उसने इस मामले की जाँच करने और उसी दिन मुझे जानकारी देने का वादा किया। उस दिन जेन ने सम्पर्क नहीं किया, इसलिए मैंने अगले दिन उसे फ़ोन किया। उसने कहा कि उसने न्यूयॉर्क में बैंक से सम्पर्क किया था लेकिन अभी तक कोई जवाब नहीं मिला।

लगभग तीन दिन बाद, मैंने जेन को फ़ोन किया और उसने मुझे बताया कि वो अभी भी इस पर काम कर रही है लेकिन न्यूयॉर्क बैंक से अभी तक कोई जवाब नहीं मिला है। तीन और **हफ़्ते** बीत गए और मैं अपने बैंक वापस गया। जेन के पास कोई जवाब नहीं था लेकिन उसने मुझे भरोसा दिलाया कि वो इस मामले में पूरी कोशिश कर रही है।

स्वाभाविक रूप से मेरा सब्र जवाब दे रहा था। परेशान होकर, मैंने जेन की ओर देखा और कहा, "*अगर इस बात के लिए दस लाख डॉलर का इनाम होता कि क्या बैंक 24 घंटों के भीतर पता लगा सकता है कि चेक बिना भुगतान के क्यों लौटाया गया, तो मेरा मानना है कि बैंक तुरन्त जवाब ढूंढ़ लेता और इनाम पर दावा कर देता।*"

जेन ने मुझे भरोसा दिलाया कि वो इस मामले में जानकारी जुटाने की लगातार कोशिश करेगी। एक बात पक्की है। जेन के पास "मिलियन डॉलर इनाम" की मानसिकता नहीं थी। वो इक्के-दुक्के कॉल करने के बाद ही निश्चिन्त हो गई थी और फिर चुपचाप जवाब का इन्तज़ार कर रही थी। अगर उसके पास मिलियन डॉलर इनाम का नज़रिया होता, तो मेरा मानना है कि वो बेशक कुछ घंटों में इस मसले को सुलझा सकती थी।

अगर आप सोच रहे हैं कि आगे क्या हुआ तो मैं बता दूँ कि कहानी का अन्त अच्छा हुआ (कम से कम मेरे लिए!) अफ्रीका में मेरे ग्राहक को पता चला कि चेक का भुगतान नहीं हुआ है। कम्पनी के प्रेसिडेंट ने अफ्रीका में अपने बैंक से सम्पर्क किया और उन्हें ये पता लगाने को कहा कि मामला क्या है। एक दिन के भीतर, मुझे जवाब मिल गया।

मेरे बैंक ने असली चेक खो दिया था और न्यूयॉर्क में बैंक को फोटोकॉपी भेजी थी। न्यूयॉर्क के बैंक ने फोटोकॉपी को स्वीकार नहीं किया क्योंकि मेरे बैंक ने उसके साथ असली चेक के खो जाने से जुड़ा स्टेटमेंट नहीं भेजा था। जब मेरे बैंक ने असली चेक के खो जाने से जुड़ा स्टेटमेंट दिया, तो चेक का तुरन्त भुगतान कर दिया गया और पैसा मेरे खाते में जमा हो गया।

क्या ये दिलचस्प नहीं है कि अफ्रीका में मिलियन डॉलर इनाम मानसिकता वाले कुछ लोग एक दिन में इस मसले को सुलझाने में कामयाब हुए, जबकि मेरा बैंक—जो उसी राज्य में स्थित था जहाँ चेक भेजा गया था—एक महीने में भी पता नहीं लगा सका?

मुझे ग़लत ना समझें। जेन बहुत अच्छी इंसान है। लेकिन उसके पास मिलियन डॉलर इनाम की मानसिकता नहीं थी। नतीजतन, उसने बैंक के ग्राहकों को घटिया सेवा दी।

हम सभी ने उन व्यक्तियों या कम्पनियों के साथ काम किया है जो मिलियन डॉलर इनाम मानसिकता के साथ काम करते हैं। वे अतिरिक्त मेहनत करते हैं और हर काम को ज़रूरी समझने की भावना के साथ काम करते हैं। वे हालातों या किसी दूसरे को उनसे मिल रही सर्विस की गुणवत्ता तय नहीं करने देते। वे जितनी जल्दी हो सके, काम पूरा करते हैं। वे इसमें शामिल रकम की परवाह किए बिना हर ग्राहक में निजी दिलचस्पी लेते हैं।

अपने काम करने के तरीके पर नज़र डालें। क्या आप अपना काम इस तरह करते हैं जैसे आपके प्रदर्शन पर एक मिलियन डॉलर का इनाम था? क्या आप सर्विस उसी तरह देते हैं जैसी सर्विस आप ग्राहक होने पर चाहते हैं?

मिलियन डॉलर इनाम वाली मानसिकता एक "एटीट्यूड" है। ये आपके काम करने का तरीका है। आप अतिरिक्त मेहनत कर सकते हैं और हर काम को ज़रूरी समझ सकते हैं... या आप कुछ कागज़ात इधर-उधर कर सकते हैं, कुछ कॉल कर सकते हैं और चीज़ों को उनके हाल पर छोड़ देते हैं।

ये कभी न भूलें कि मिलियन डॉलर इनाम की मानसिकता से सिर्फ दूसरों की मदद नहीं होती। ये ख़ुद की मदद करना है। कार्यस्थल में, आप दूर से ही मिलियन डॉलर इनाम की मानसिकता वाले लोगों को ढूंढ़ सकते हैं। वे ऐसे व्यक्ति हैं जो आगे बढ़ेंगे और लम्बी दौड़ में इनाम के हकदार होंगे।

मैं इस बात की वकालत नहीं कर रहा हूँ कि आप हड़बड़ा कर काम करें और इधर-उधर भागते रहें। बात तेज़ रफ़्तार से काम करने की नहीं है। और, ज़ाहिर है, दूसरों की तुलना में कुछ चीज़ों की अहमियत ज़्यादा होगी। बात है ख्याल रखने की...अपने ग्राहकों का ख्याल रखने की...अपने काम की गुणवत्ता का ख्याल रखने की... और कड़ी मेहनत करने की ताकि दूसरे लोगों का ख्याल रखना पक्का हो सके।

ख़ुद पर, अपने सहकर्मियों पर और अपने ग्राहकों पर एक अहसान कीजिए। जब आपको कोई काम करना हो, तो ख़ुद को यकीन दिलाएं कि आपके प्रदर्शन पर एक मिलियन डॉलर का इनाम है। और इससे पहले कि आप कहें कि आप कोई काम नहीं कर सकते, ख़ुद से ये सवाल करें: अगर इस काम को पूरा करने के लिए एक मिलियन डॉलर का इनाम होता, तो क्या मैं इसे कर सकता था? जो चीज़ मुमकिन होगी, उसे देखकर आप ख़ुद को भी चौंका सकते हैं।

# 21

# अवास्तविक बनें!

*आपके मन में कभी भी कोई ख्वाहिश अकेले नहीं आती है*
*बल्कि उसे पूरा करने की ताक़त भी आती है।*

**—रिचर्ड बाख**

जब भी आप ऐसा काम कर रहे होते हैं जिसके लिए आप बेहद उपयुक्त हैं, तो सम्भव है कि आपके दिमाग में कुछ बड़े लक्ष्य आते होंगे—शानदार आइडिया जिनके नतीजे आपको और (उम्मीद है) कई दूसरे लोगों को भी फायदा पहुँचायेंगे। हालांकि, अगर आप ज़्यादातर लोगों की तरह हैं, तो इसकी सम्भावना भी उतनी ही है कि आपके अन्दर की आवाज़ तुरन्त इन लक्ष्यों को पागलपन, नामुमकिन और पक्के तौर पर मुंगेरीलाल के हसीन सपने बताकर खारिज कर देगी! आखिरकार, **आप** ऐसे अविश्वसनीय नतीजे हासिल करने की उम्मीद कैसे कर सकते हैं?

आइए इस शब्द पर करीब से नज़र डालें, "अवास्तविक।" क्या 1960 के दशक की शुरुआत में जॉन एफ कैनेडी का ये ऐलान यकीन करने लायक था कि हम उस दशक के अन्त तक किसी आदमी को चाँद पर भेजेंगे? 1990 में, क्या इस पर यकीन किया जा सकता था कि दुनिया भर में लाखों लोग रोज़ ई-मेल सन्देश एक-दूसरे को भेज रहे होंगे? क्या ये विश्वास करना कभी सच के करीब लगता था कि भेड़ का क्लोन बनाया जा सकता है?

जैसा कि आप शायद मानेंगे, ये सभी चीज़ें एक समय में अवास्तविक थीं। इसके बावजूद इन सभी को सच किया गया! क्यों? क्योंकि कुछ लोगों ने "बड़े सपने देखने" की हिम्मत की और अपने सपनों को हकीकत में बदलने के लिए ज़रूरी

कदम उठाए। पल भर के लिए इस बारे में सोचें। क्या कोई ऐसा लक्ष्य है जिसे आपने छोड़ दिया है... या उस पर काम करने में हिचक रहे हैं... क्योंकि आपने फ़ैसला कर लिया था कि वे "अवास्तविक" थे?

मैं आपके साथ अपने कुछ अनुभव साझा करना चाहता हूँ। बीस साल पहले, जब मैं एक वकील के तौर पर अपने करियर में उदास और बहुत दुखी महसूस कर रहा था (और आत्म-विकास की अवधारणाओं की कोई समझ नहीं थी), ये अवास्तविक ही था कि मैं दर्शकों से एटीट्यूड और मोटिवेशन के बारे में बात करने के लिए देश भर में घूमता फिरूँगा। ये अवास्तविक ही था कि हर साल हज़ारों लोग मेरे ऑडियो कार्यक्रमों को सुन रहे होंगे या एक ख़ुशहाल और ज़्यादा कामयाब ज़िन्दगी जीने के बारे में मेरे लेख पढ़ रहे होंगे। आसान शब्दों में, अगर आपने मुझे 20 साल पहले कहा होता कि मैं वो काम करूँगा जो मैं आज कर रहा हूँ, तो मैंने आपको कहा होता कि आपका दिमाग ख़राब हो गया है!

ध्यान रखें कि मैं ये बातें अपनी पीठ थपथपाने के लिए नहीं, बल्कि इस बात पर ज़ोर देने के लिए बता रहा हूँ कि मेरा अपना सफर कितना "अवास्तविक" रहा है। आप भी अपनी ज़िन्दगी में कुछ आश्चर्यजनक, "अवास्तविक" लक्ष्यों को प्राप्त कर सकते हैं, और यहाँ कुछ सुझाव हैं जो आपके सपनों को हकीकत में बदलने में आपकी मदद करेंगे:

1. **आपके पास कोई सपना नहीं होगा जब तक आप इसे पूरा नहीं कर सकते।** इस लेख की शुरुआत में रिचर्ड बाख के उद्धरण को दोबारा पढ़ें। ब्रह्मांड आपको कुछ हासिल करने की इच्छा देकर अपने प्रयासों को बर्बाद नहीं करता है... जब तक कि आपके पास इसे हासिल करने की क्षमता न हो। अब, कोई नहीं कहता कि ये आसान रहेगा! आपके लक्ष्य को पाने में सालों लग सकते हैं और कई बार नाकामी भी झेलनी पड़ सकती है—इससे पहले कि आप जीत हासिल कर सकें।
2. **सकारात्मक दृष्टिकोण असली बुनियाद है।** आप कुछ असाधारण तभी हासिल कर सकते हैं जब आप सकारात्मक दृष्टिकोण रखते हों, ख़ुद पर और अपनी क्षमताओं पर मजबूत भरोसा रखते हों।
3. **दूसरों से उम्मीद ना करें कि वे आपके सपने को महसूस कर सकें या देख सकें।** आप अपने सपने के नतीजे को ज़्यादा साफ़ देख सकते हैं। ये आपका ख़ुद का विज़न है—इसलिए जब आपको लगे कि दूसरे (यहाँ तक कि आपके करीबी भी) उस सपने को "समझ" नहीं सकते हैं, तो निराश न हों। बस इतनी बात मायने रखती है कि *आप* इसे देखते

हैं... और इसे महसूस करते हैं। उन नकारात्मक लोगों से दूर रहना सुनिश्चित करें जो आपको बतायेंगे कि आप बेवकूफ़ी कर रहे हैं और आप नाकाम रहेंगे। आपको इन लोगों की मंजूरी लेने की ज़रूरत नहीं है।

4. **उत्साह निर्णायक होता है।** साहसिक लक्ष्यों को वे लोग ही हासिल कर पाते हैं, जिनके भीतर उन्हें पाने की "आग" होती है। तो क्या आप अपने लक्ष्य को लेकर उत्साहित हैं? जब आप उस विषय पर दूसरों से बात करते हैं, तो क्या वे आपके जुनून को महसूस कर सकते हैं? अगर आप अपने लक्ष्य को पाने के प्रति उदासीन हैं या केवल पैसे के लिए उसे कर रहे हैं, तो आप शायद कामयाब नहीं होंगे। साथ ही, अगर आप किसी ऐसे लक्ष्य को पाने की कोशिश कर रहे हैं जो किसी और ने आपके लिए तय किया है—लेकिन आप दिल से उसमें शामिल नहीं हैं—तो आपको निराशा ही हाथ लगेगी।

5. **प्रतिबद्धता से काम पूरा होता है।** बहुत से लोग शुरुआत में उत्साहित होते हैं। लेकिन, जब उनके रास्ते में मुश्किलें आती हैं तो तुरन्त ही उनकी दिलचस्पी कम हो जाती है। और, किसी भी "अवास्तविक" लक्ष्य के साथ, आप शर्त लगा सकते हैं कि उसे पाने का सफर पूरी तरह से मज़ेदार नहीं होगा। अपने लक्ष्य को पाने के रास्ते में आपको कुछ मुश्किलें उठानी पड़ती हैं। जो लोग प्रतिबद्ध होते हैं, वे तय करते हैं कि इस लम्बी दौड़ में बने रहेंगे, चाहे कितना भी लम्बा वक़्त क्यों ना लगे। आमतौर पर उनके पास अपने सपने को साकार करने के लिए एक समय सीमा होती है, लेकिन उसे बीच रास्ते में छोड़ना कोई विकल्प नहीं होता। यही मानसिकता है जो "असम्भव" को सम्भव कर दिखाने में मदद करती है।

6. **आपको हर दिन की अपनी प्रगति बेहद साधारण लगेगी।** जब आप अधिकांश "अवास्तविक" लक्ष्यों की उपलब्धि को देखते हैं, तो आप पायेंगे कि वे धीरे-धीरे बढ़ने वाली कोशिशों की ताक़त का इस्तेमाल करके हासिल किए गए थे। इसी तरह, अगर हम हर दिन के कामों पर नज़र डालेंगे तो किसी भी एक दिन की उपलब्धियाँ असाधारण नहीं लगेंगी। हालांकि, दिन-ब-दिन इन कोशिशों से इंसान एक ऐसी रफ़्तार पा लेता है जो उसे उसकी मनमाफिक मंज़िल तक

पहुँचाती है। याद रखें, आप एक लम्बी छलांग भरकर पहाड़ पर नहीं चढ़ते।

7. **कामयाबी की गारंटी नहीं होती।** वैसे, क्या ऐसी कोई सम्भावना है कि आप एक चुनौतीपूर्ण लक्ष्य के लिए शुरुआत करें... लेकिन उस तक पहुँच नहीं पाएं? बिलकुल है। लेकिन, जब आप एक महत्वाकांक्षी उद्देश्य तय करते हैं और इसके लिए अपना सब कुछ झोंक देते हैं, तो आप एक विजेता होते हैं और अन्तिम नतीजे की परवाह किए बिना अपना सिर ऊँचा रख सकते हैं।

तो, क्या आपको लगता है कि आप अपनी आमदनी को दोगुना या तिगुना कर सकते हैं या एक ऐसा आइडिया लेकर आ सकते हैं जो आपकी कम्पनी के लिए हज़ारों, या लाखों डॉलर का हो? या क्या ऐसा कुछ है जिसे आप अपने समुदाय के लिए हासिल करना चाहते हैं, लेकिन सोच रहे हैं कि अकेले आप क्या अलग कर सकते हैं? आपका बड़ा सपना जो भी हो, चिन्ता न करें कि वो "अवास्तविक" है। लोग हर दिन "अवास्तविक" लक्ष्य प्राप्त कर रहे हैं। जैसा कि थॉमस एडीसन ने कहा था: "अगर हम सभी वे काम करें जो हम करने में सक्षम हैं, तो हम सचमुच ख़ुद को चकित कर देंगे।"

# 22

# आपके बुलबुले के अन्दर क्या है?

*मैं किसी को भी गन्दे पैरों के साथ*
*अपने मन से नहीं गुजरने दूँगा।*

**—महात्मा गाँधी**

क्या आपने टेलीविजन फ़िल्म "द बॉय इन द प्लास्टिक बबल?" देखी है? 1976 में रिलीज़ हुई और जॉन ट्रैवोल्टा अभिनीत, ये फ़िल्म एक किशोर लड़के की सच्ची कहानी पर आधारित थी, जिसका इम्यून सिस्टम काम नहीं करता था। नतीजतन, उसे उन साधारण जीवाणुओं से भी नुकसान पहुँच सकता था, जिनसे हर दिन हमारा सम्पर्क होता है। चूंकि लड़का जीवाणुओं के सम्पर्क में आने से मर सकता था, इसलिए उसे एक प्लास्टिक के बुलबुले के अन्दर रहना पड़ता था, जो उसकी सुरक्षा के लिए साफ़ वातावरण देता था।

इसका हमारी ज़िन्दगी से एक रिश्ता है। एक तरह से, हम सभी एक "बुलबुले" के अन्दर रहते हैं, एक ऐसा वातावरण जिसे हम अपने जीवन पर पड़ने वाले प्रभावों से बनाते हैं। इन प्रभावों में वे लोग शामिल हैं जिनके साथ हम बातचीत करते हैं, जो चीज़ें हम पढ़ते हैं, वे चीज़ें जो हम टीवी पर देखते हैं, वगैरह। हम अपने बुलबुले में नकारात्मक प्रभाव, सकारात्मक प्रभाव या थोड़े-थोड़े दोनों को आने दे सकते हैं।

आप अपने आसपास जिन प्रभावों को फटकने देते हैं, उनकी पहुँच बहुत कीमती चीज़ तक होती है—यानी आपका दिमाग! आप अपने दिमाग में जो विचार आने देते हैं, वो उस पर असर डालता है कि आप किस बारे में सोचते हैं और कैसा

महसूस करते हैं। इससे आपके दृष्टिकोण, आपके विश्वासों और आपके व्यवहार... और आखिर में आपके नतीजों को आकार मिलता है।

आपने अपने बुलबुले में जो भी चीज़ें आने दी हैं उनका पुनर्मूल्यांकन करना एक अच्छा आइडिया है। अपने बुलबुले को और अधिक सकारात्मक बनाने के लिए यहाँ कुछ सुझाव दिए गए हैं ताकि आप ज़्यादा ख़ुशहाल और रचनात्मक ज़िन्दगी जी सकें:

- **टेलीविज़न पर ख़बरें देखना कम करें।** तथाकथित समाचार रिपोर्टों के साथ अब हम पर नकारात्मकता की बारिश होती रहती है। मैं इसे "मीडिया का पागलपन" कहता हूँ। इनमें आतंकी हमले, जुर्म और अन्य त्रासदियों का बोलबाला है। आप शायद ही हौसला बढ़ाने वाली कहानियाँ सुन पाते हैं। इसके बजाय, समाचार एंकर हिंसा और विनाश पर फ़ोकस करते हैं और आप अक्सर अपने दिमाग में आतंक की पैठ बनाने वाले नज़ारे पाते हैं। लेकिन बात यहीं ख़त्म नहीं होती। अधिकांश समाचार रिपोर्टों व चैनलों के स्क्रीन पर अब नीचे की तरफ ख़बरों की पट्टियाँ चलती रहती हैं जहाँ आप ख़बरें सुनते समय दूसरी मुसीबतों के बारे में पढ़ सकते हैं। यदि आप इन कार्यक्रमों को घंटों तक देखना जारी रखते हैं, तो आप अपने मन में उदासी की सुनामी को जगह दे रहे हैं। आप केवल 10 मिनट तक ख़बरें देखकर आसपास घट रही घटनाओं को जान सकते हैं। इन ज़हर बुझी चीज़ों को अपने बुलबुले में ज़्यादा देर तक न रहने दें, वरना नकारात्मकता आपकी सफलता और सेहत पर भारी पड़ेगी।
- **ऐसे रिश्ते बनाए रखें जो आपको आगे बढ़ाते हों।** मैं यहाँ आपके उन रिश्तों की बात कर रहा हूँ, जहाँ आपके पास विकल्प है कि आप दूसरे व्यक्ति के साथ समय बिताएं या नहीं। इसमें आपके दोस्त और वे लोग भी शामिल हैं जिनके साथ आप काम पर वक़्त बिताते हैं। उदाहरण के लिए, आपको लंच पर नकारात्मक लोगों के साथ उठने-बैठने की आदत हो सकती है। हर किसी के बारे में उनकी शिकायतों को सुनना या ख़ुद "दूसरों की ज़िन्दगी के बारे में गपशप" करना आपकी आदत में शामिल हो सकती है। ये आपका फ़ैसला है और आप अधिक सकारात्मक लोगों के साथ रहना या अकेले लंच करना चुन सकते हैं। जब आप नकारात्मक लोगों को अपने बुलबुले में आने देते हैं तो वे लगातार अपनी नकारात्मक टिप्पणियों को आपके दिमाग में डालेंगे।

इससे आपका नज़रिया और आपके सपने ख़त्म होते जायेंगे। इस बारे में सोचें, जब आप हमेशा बुरी चीज़ों के बारे में बात करने वालों के आसपास होते हैं तो आपको कैसा लगता है? आप थके हुए होते हैं क्योंकि ये लोग आपकी ऊर्जा सोख लेते हैं। दूसरी ओर, सकारात्मक व सहायक लोग नई ऊर्जा भरते हैं और आपके दृष्टिकोण को मज़बूती देते हैं। अपने बुलबुले में शामिल लोगों के बारे में सोचें कि क्या आपको कुछ फेरबदल करने की ज़रूरत है।

- **अपने दिमाग को सकारात्मक चीज़ों के साथ जोड़ें।** अगर मैं कहूँ कि आपका रवैया और आपकी मान्यताएं आपके जीवन की दिशा तय कर रही हैं, तो आप में से कई लोग सहमति में अपना सिर हिलायेंगे। लेकिन मैं आपसे ये पूछना चाहता हूँ: आज आपने अपने रवैये की निगरानी में कितना समय बिताया? आज आपने अपने विश्वासों पर ध्यान केन्द्रित करने में कितना समय बिताया? अपनी अपार क्षमता को देखने में आज आपने कितना समय बिताया? हो सकता है कि आपने इन महत्वपूर्ण विषयों के बारे में सोचने का समय ही नहीं निकाला हो।

आप इसे मानें या नहीं, लेकिन आप हर दिन अपने दिमाग को प्रोग्राम कर रहे हैं। मसला सिर्फ ये है कि आप सकारात्मक प्रोग्रामिंग चुनते हैं या नकारात्मक। सकारात्मक प्रोग्रामिंग आपके दृष्टिकोण में सुधार करती है और आपको रचनात्मक काम करने के लिए प्रोत्साहित करती है। नकारात्मक चीज़ें आपके दृष्टिकोण को कमज़ोर करती हैं और आपको आगे बढ़ने से रोकती हैं। अपने बुलबुले की गुणवत्ता में सुधार करने के लिए, सुनिश्चित करें कि आपके दिमाग में हर दिन सकारात्मक सन्देश आते रहें। हर सुबह 15-30 मिनट कुछ सकारात्मक पढ़ने में बिताएं, चाहे किताब से, मैगज़ीन से या ऑनलाइन। हर दिन सकारात्मक ऑडियो कार्यक्रम सुनने में 15-30 मिनट बिताएं। पहले ही हफ़्ते में आप अपने सोचने और काम करने के तरीके में बदलाव देख रहे होंगे। आपका बुलबुला पहले से कहीं अधिक सकारात्मक और सहायक बनने जा रहा है।

- **अपने मूड को संगीत से सजाएं।** आपका मनपसन्द गीत कौन-सा है? हो सकता है कि ऐसे कुछ गीत हों जो आपको सकारात्मक चीज़ें याद दिलाएं, आपके चेहरे पर मुस्कान लाएं या आपको ऊर्जा से भर दें। अगर मैं अभी आपके लिए आपके पसन्दीदा गाने बजाऊँ तो आप तुरन्त बेहतर महसूस करेंगे। जैसा मैंने देखा है, पॉजिटिव मूड के लिए लोग संगीत का इस्तेमाल अक्सर नहीं करते हैं। चाहे आपकी कार में,

घर पर, या कसरत करते वक़्त, आप ऐसा संगीत बजाएं जो आपको मनचाहा मूड बनाने में मदद करे। अगर आप ऊर्जा चाहते हैं, तो ऐसा संगीत बजाएं जो आपको स्फूर्ति दे। अगर आप तनावपूर्ण दिनचर्या के बाद आराम करना चाहते हैं, तो ऐसा संगीत बजाएं ज़ो आपको सुकून दे या ज़िन्दगी के शान्तिपूर्ण अनुभवों के बारे में सोचने में मदद करे। सुनिश्चित करें कि आपका बुलबुला ऐसे संगीत से भरा हो जो आपकी मदद करता है।

जिस तरह "द बॉय इन द प्लास्टिक बबल" वाले किशोर ने अपने माहौल को नियन्त्रित किया था, आप में भी ये क्षमता है। अपने आसपास आने देने वाले प्रभावों को सावधानीपूर्वक जाँचने की प्रतिबद्धता रखें। आपकी सफलता और आपकी ख़ुशी आपके चुने गए विकल्पों पर निर्भर करती है।

# 23

## सफलता बच्चों का खेल है!

*आप कभी इतने बूढ़े नहीं होते कि फिर से बच्चा न बना जा सके।*

**—मैई वेस्ट**

बच्चों को देखकर ही हम उन गुणों और व्यवहारों के बारे में बहुत कुछ सीख सकते हैं जो जीवन में सफलता और पूर्णता की ओर ले जाते हैं। थोड़े दिन पहले मैंने ख़ुद एक लोकल सैंडविच दुकान में बैठे-बैठे एक कामयाब मिनी—सेमिनार का तजुर्बा लिया।

वहाँ मैं टर्की सैंडविच खा रहा था, जब एक मां अपने दो छोटे बच्चों के साथ दुकान में आई। एक लड़का और एक लड़की, दोनों करीब चार या पांच साल के लग रहे थे। मां के हाथ कपड़ों से भरे हुए थे जो उसने अभी-अभी ड्राई क्लीनर से लिए थे। उसके चेहरे पर मौजूद बेचैनी कह रही थी कि वो जल्द से जल्द उस दुकान से निकल कर घर जाना चाहती थी।

जब मां अपने दिए गए ऑर्डर का कतार में इन्तज़ार कर रही थी, दोनों बच्चे सेल्फ़-सर्व सोडा मशीन और आइस डिस्पेंसर के पास दौड़ते हुए पहुँचे। यह एक अजीब सी मशीन थी, जिसमें आप बस बटन दबाते हैं और ढेर सारी बर्फ़ आपके कप में (और, शायद, फर्श पर!) गिरती है।

छोटा लड़का अपने हाथों को ग्रिल से चिपका रहा था जहाँ अतिरिक्त सोडा और बर्फ़ गिरती है। वो उस चिपचिपे सामान को छूने और अपनी मुट्ठी में भरने की कोशिश कर रहा था। उसकी मां की नज़र उस तरफ पड़ी और उसने चिल्लाकर

अपने बेटे को अपने हाथ वहाँ से निकालने को कहा। उसकी ओर से बेख़बर लड़के ने ग्रिल में से हाथ डालकर उस चिपचिपे सामान के साथ अपना प्रयोग जारी रखा।

फिर लड़की ने मशीन के हर आइटम की ओर इशारा करना शुरू किया और अपनी मां से चीखते हुए पूछती रही, "वो क्या है?" हर स्वाद के बारे में मां से सुनने के लिए वो उत्सुक थी। हालांकि, मां को शिक्षक की भूमिका निभाने में कोई दिलचस्पी नहीं थी। उसने ड्रिंक के पैसे दिए, एक खाली कप लिया और इसे ख़ुद भरने की कोशिश की। उसके बच्चे निश्चित रूप से, कुछ और ही सोच रहे थे।

दोनों बच्चे मशीन ऑपरेट करना चाहते थे। उन्होंने मां से उन्हें ऐसा करने देने की मिन्नतें कीं, जवाब में वे नहीं सुनकर भी ज़िद करते रहे—और मेरा विश्वास कीजिए, उनकी मां ने अन्त में नरम पड़ने से पहले कई बार उन्हें नहीं कहा। दोनों बच्चों ने जोश में कप को पकड़ा और उसे बर्फ़ और सोडा से भरने के लिए बटन दबाया। कप डगमगा रहा था और ठीक जगह पर नहीं था, लेकिन उन्होंने परवाह नहीं की। वे सिर्फ इस काम में ख़ुद को शामिल कर उसका मज़ा लेना चाहते थे।

**अब मैं बताता हूँ कि मैंने इन बच्चों से क्या सीखा:**

1. **बच्चे पूरी तरह से वर्तमान समय में व्यस्त थे।** बड़े होने पर हमारे लिए वर्तमान पर ध्यान केन्द्रित करना और दूसरे सभी विचारों को रोकना कितना मुश्किल है। या तो हम बीते हुए वक़्त के बारे में सोचते हैं या आने वाले वक़्त के बारे में चिन्ता कर रहे हैं, शायद ही कभी वर्तमान का पूरा मज़ा लेने के लिए वक़्त निकाल रहे हैं। इन बच्चों के साथ ऐसा नहीं है। उनके लिए सोडा डिस्पेंसर के अलावा दुनिया में कुछ भी मायने नहीं रखता। वे इस बात पर ध्यान नहीं दे रहे थे कि कल क्या ग़लत हुआ था और वे निश्चित रूप से अपनी कॉलेज की पढ़ाई या उस रात के खाने के बारे में भी चिन्तित नहीं थे। वे उस वक़्त जो कर रहे थे, उसमें पूरी तरह डूबे हुए थे।

2. **बच्चों का एक लक्ष्य था जिसने उन्हें उत्साहित किया।** वे जानते थे कि उन्हें क्या चाहिए, यानी मशीन चलाना और सोडा पीना। उनकी सारी ऊर्जा उस लक्ष्य को हासिल करने में लगी थी। कितने बालिग लोगों ने साफ़-साफ़ लक्ष्य तय किए हैं जो उन्हें उत्साहित करते हों? अफ़सोस की बात है कि कई लोगों के लिए "लक्ष्य" केवल दिन बिताना होता है। हालांकि ऐसा नहीं होना चाहिए। आपको एक ढर्रे में पड़ने और अपना जीवन "ऑटो पायलट" मोड में डालने की ज़रूरत नहीं है। इसके

बजाय, आपके पास एक चुनौतीपूर्ण, रोमांचक लक्ष्य चुनने की क्षमता है जिसके लिए आप कोशिश कर सकते हैं।

3. **बच्चे अविश्वसनीय रूप से दृढ़ थे।** वे मशीन चलाना चाहते थे चाहे मां कुछ भी कहें! जितनी बार उन्होंने "नहीं" सुना, उतनी बार वे तब तक ज़िद करते रहे जब तक कि उनकी मां ने हार नहीं मान ली। उनकी नज़र लक्ष्य पर थी और उनके रास्ते में कोई बाधा नहीं टिक पाई।

इन बच्चों के दृढ़ संकल्प ने मुझे सेल्स से जुड़े लोगों की स्टडी से निकले आँकड़ों की याद दिला दी। ढेरों बार सम्भावित ग्राहक के पांच या छह बार "नहीं" कहने के बाद वो हाँ कहता है, फिर भी कुछ ही सेल्समैन ग्राहक के एक या दो बार "नहीं" कहने के बाद ज़ोर डालते हैं। अब, मैं ये सुझाव नहीं दे रहा हूँ कि आप गुज़ारिश करते रहें और अपने सम्भावित ग्राहक के दफ़्तर को तब तक ना छोड़ें जब तक वो ऑर्डर ना दे। लेकिन हमें दृढ़ बने रहना सीखना चाहिए और "नहीं" को "हाँ" में बदलने के लिए नए रचनात्मक तरीके ढूंढ़ने चाहिए—चाहे हम सेल्स कॉल पर हों, अपने एम्प्लॉयर के साथ बातचीत कर रहे हों या नया प्रोजेक्ट शुरू कर रहे हों।

4. **बच्चे आश्चर्य और उत्साह से भरे हुए थे।** एक बार जब उन्होंने मशीन देखी, तो वे इसके बारे में सब कुछ जानना चाहते थे। किसी फ़्लेवर को चुनकर उससे कप भरने की सोच से वे उत्साहित हो गए थे और जोश से भर उठे थे।

इस दृष्टिकोण की तुलना नई चीज़ों को देखने के बड़ों के तरीके से करें। हम में से ज़्यादातर शायद ही कभी अनजान चीज़ों को लेकर उत्साहित होते हैं। वास्तव में, हम आमतौर पर दूरी बनाए रखते हैं और किसी भी अनजान चीज़ को समझने में कोई दिलचस्पी नहीं दिखाते हैं। इसके अलावा, जब हम ख़ुद को पूरी तरह से अपने "कम्फ़र्ट ज़ोन" में रहने का आदी बना देते हैं, तो हम अपने दिमाग को न केवल उन नए विचारों के लिए बन्द करना शुरू कर देते हैं जो हमारे रास्ते में आते हैं, बल्कि उन चमत्कारों के लिए भी दरवाज़े बन्द कर देते हैं, जो हमारे चारों तरफ होते हैं। मिसाल के लिए, हम में से बहुत से लोग ग्रहों के घूमने, समुद्र की गति या एक कैटरपिलर के तितली में असाधारण परिवर्तन को हल्के में लेते हैं। ये जागने का वक़्त है!

5. **बच्चों को इस बात की परवाह नहीं थी कि दूसरे उनके बारे में क्या सोचते हैं।** यहाँ तक कि मैं भी उनसे बस कुछ ही दूरी पर था और उन्हें घूर रहा था, लेकिन बच्चों ने मेरी ओर ध्यान ही नहीं दिया। वे इस बारे में चिन्तित नहीं थे कि वे कितना अच्छा "प्रदर्शन" कर रहे थे। दरअसल, नाकामी का ख्याल भी उनके दिमाग में नहीं था। कप झुका

हुआ था। बर्फ़ और सोडा हर तरफ फैले हुए थे। फिर भी उन्हें परवाह नहीं थी! वे सिर्फ सीखना, शामिल होना और मज़े करना चाहते थे।

जैसे-जैसे हम बड़े होते जाते हैं, हम किसी काम को करने पर इतना अधिक ध्यान केन्द्रित नहीं करते हैं, जितना इस सम्भावना पर कि दूसरे हम पर हँस सकते हैं या हमारे प्रदर्शन को सख्ती से आँक सकते हैं। इसके नतीजे में हम अक्सर ये तय करते हैं कि कोशिश न करना ही सबसे अच्छा है। अगर आपके साथ ऐसा हुआ है, तो अपने लक्ष्य को साकार करने का समय आ गया है। इसे अपना सर्वश्रेष्ठ दें और इसमें डूब जाएं। (देखिए, सच तो यह है कि किसी को भी आपकी इतनी परवाह नहीं है; ज़्यादातर लोग अपनी ही समस्याओं के बारे में चिन्ता करने में डूबे हैं!)

तो, चलिए बीते हुए सालों में अपने "बचपन खेल" को फिर से याद करने की कोशिश करें। उन तरीकों के बारे में सोचें जिनसे आप इन विचारों को अपने जीवन में शामल कर सकते हैं। उदाहरण के लिए, क्या आपका कोई लक्ष्य है जो आपको उत्साहित करता है? अगर नहीं, तो शायद ये समय एक लक्ष्य तय करने का है जो आपके उत्साह को फिर से जगायेगा। या, क्या आप किसी चीज़ को शुरू करने से पीछे हट रहे हैं क्योंकि आप इस बात से चिन्तित हैं कि दूसरे आपको कैसे आँकेंगे? यहाँ आपके लिए इसमें शामिल होने का मौका है। कुछ ग़लत होने की आशंकाओं के बारे में सोचना बन्द करें। अगर और कुछ नहीं तो बच्चों से किसी चीज़ पर गौर करना और सीखना शुरू करें।

मैं ये नहीं कह रहा हूँ कि आप उन कीमती खासियतों को छोड़ दें जिन्हें आपने एक बालिग के तौर पर विकसित किया है और पूरी तरह से "बचकाना" बर्ताव करने लगें। दोनों नज़रियों का मेलजोल कराना महत्वपूर्ण है। जब हम व्यस्क परिपक्वता और अनुशासन को अपने भीतर के बच्चे की चंचलता, जिज्ञासा और रचनात्मकता के साथ जोड़ते हैं, तो हम शानदार चीज़ें हासिल कर सकते हैं—और ऐसा करते हुए बहुत सारा मज़ा ले सकते हैं।

# 24

# ये किसी एक व्यक्ति की राय से ज़्यादा है

*तथ्यों को अनदेखा करने से उनका वजूद ख़त्म नहीं हो जाता।*

**—एल्डस हक्सले**

एक सहकर्मी आपके पास आता है और बोलता है कि आप थोड़े थके हुए लग रहे हैं। आप टिप्पणी से थोड़े हैरान होते हैं और सोचने लगते हैं, "ये सच है कि मैं अपनी नींद पूरी नहीं कर पाया हूँ, लेकिन मुझे नहीं लगता था कि इस पर कोई गौर करेगा। चलो, ठीक है, ये केवल एक शख़्स की राय है।"

फिर से विचार कीजिए। सच्चाई ये है कि आपके दफ़्तर में शायद कई और लोगों ने भी इस चीज़ पर ध्यान दिया हो। उन्होंने बस कहा नहीं। यही बात आपकी वेशभूषा के दूसरे पहलुओं पर भी लागू होती है, चाहे वो आपका हेयर स्टाइल हो या आपके पहने जाने वाले कपड़े। जब एक व्यक्ति एक राय देता है, तो सम्भावना है कि दूसरे भी वही सोच रखते हों। प्रायः, टिप्पणियाँ प्रशंसा भरी भी होती हैं। जैसे "ये बहुत ही आकर्षक सूट है" या "आपकी शर्ट का रंग आपके रंग को निखार रहा है।" यहाँ फिर से, भले ही टिप्पणी केवल एक व्यक्ति ने की हो, दूसरे लोग भी ऐसा ही सोच रहे होंगे।

ये सिद्धान्त आपके कारोबार पर भी लागू होता है। जब कोई ग्राहक आपके उत्पाद या सेवा के किसी पक्ष के साथ समस्या के बारे में बताता है—जैसे, रिसेप्शनिस्ट या डेस्क क्लर्क अशिष्ट था—इसकी काफ़ी सम्भावना है कि दूसरे ग्राहकों की राय

भी ऐसी ही हो। और, जब आप पांच में से चार लोगों से एक ही शिकायत या प्रशंसा सुनते हैं, तो ये मान लें कि इससे कई गुणा ज्यादा इससे सहमति रखते होंगे।

अन्त में, चलिए देखते हैं कि ये सिद्धान्त दूसरे लोगों के साथ आपके बर्ताव पर कैसे लागू होता है। अगर कोई आपको कहता है कि आप लगातार टोका-टाकी कर रहे हैं, तो शायद ये देखने का समय है कि आप, दरअसल, लोगों की बात पूरी होने के पहले कितनी बार दखल देते हैं। और, आपका रवैया कैसा है? क्या किसी ने आपके आशावादी दृष्टिकोण को लेकर आपकी प्रशंसा की है, या आपने एक या दो बार सुना है कि आप अक्सर शिकायत करते हैं... या आप शायद ही कभी मुस्कुराते हैं?

ऐसा इस कारण होता है: अक्सर, हम अपने बने-बनाए ढर्रे में सहज हो जाते हैं और कुछ व्यक्तिगत या व्यावसायिक आदतों के प्रति अन्धे हो जाते हैं। हम उन चीज़ों को देख नहीं पाते जो दूसरों को साफ़-साफ़ दिखती हैं।

अब, मैं आपको अपने बारे में बहुत ज़्यादा सोचने वाला, ज़्यादातर लोगों की तरह बर्ताव करने वाला बनने या दूसरों को ख़ुश करने के लिए ख़ुद को बदलने की सलाह नहीं दे रहा हूँ। लेकिन सच्चाई को स्वीकार करना होगा। हमारी ज़िन्दगी का सबसे बड़ा हिस्सा लोगों के साथ बातचीत करके बीतता है, चाहे आमने-सामने, फ़ोन पर, किसी चिट्ठी में या इंटरनेट पर। हम जो कुछ भी हासिल करना चाहते हैं—प्रोमोशन से लेकर बाल कटवाने तक—हर चीज़ में हमें अपने आसपास के लोगों को शामिल करना होता है। इसलिए, अगर हम अपने लक्ष्यों की दिशा में आगे बढ़ने की आशा रखते हैं, तो ये जानना महत्वपूर्ण है कि दूसरे हमें कैसे देखते हैं [और जहाँ ज़रूरी हो वहाँ बदलाव करें]।

यहाँ समय-समय पर "सच का पता" करने में आपकी मदद करने के लिए दिशानिर्देश दिए गए हैं ताकि आप अपने व्यवसाय और व्यक्तिगत मामलों में ज़्यादा असरदार हो सकें:

1. **अपने आँख-कान खुले रखें।** जब कोई आप पर टिप्पणी करता है, भले ही वह मज़ाक के रूप में हो (याद रखें: लोग अक्सर हास्य के साथ आलोचना का मुखौटा लगाते हैं), तो इस पर ध्यान दें। अपने आप से पूछें: क्या मैंने पहले भी इस तरह की टिप्पणी सुनी है? टिप्पणियों को पूरी तरह समझने की कोशिश करें।
2. **प्रतिक्रिया मांगें।** ज़्यादातर लोगों के लिए ये आसान नहीं है, क्योंकि हम ख़ुद को बहुत करीब से देखने से बचते हैं। फिर भी करें। ध्यान

रखें कि केवल नकारात्मक प्रतिक्रिया न मांगें। अपनी सकारात्मक विशेषताओं को ताक़त देना भी उतना ही महत्वपूर्ण है।

ये ज़रूरी इनपुट कौन दे सकता है? अगर आप किसी संगठन के लिए काम करते हैं, तो स्वाभाविक तौर पर आपके प्रबन्धकों, सहकर्मियों और ग्राहकों के पास आपको बताने के लिए एक—दो चीज़ें हो सकती हैं। और, अगर आप किसी कारोबार को चलाते हैं, तो कर्मचारियों और ग्राहकों दोनों के साथ बातचीत करते रहना महत्वपूर्ण है। व्यक्तिगत गुणों या पहनावे या वेशभूषा जैसे मुद्दों पर अपने जीवनसाथी, दोस्त या सहकर्मी से उनकी राय जानें।

3. **रक्षात्मक नहीं बनें।** यदि आप अपने मौजूदा बर्ताव को सही ठहराने की कोशिश करेंगे तो फीडबैक मांगना बेकार है। आप किसी बहस को अपने पक्ष में करने या दूसरे व्यक्ति के मन को बदलने की कोशिश नहीं कर रहे हैं। बस जो कहा जा रहा है उसे सुनें।

चूंकि आपने इस लेख को पढ़ा है, मैं शर्त लगा सकता हूँ कि आपके दिमाग में कुछ सवाल ज़रूर आए होंगे... ऐसे सवाल जो आपके व्यवसाय, आपके पहनावे, आपके व्यक्तिगत गुणों या लोगों के साथ बर्ताव के बारे में होंगे। अभी इन चीज़ों को लिखकर एक लिस्ट तैयार कर लें और दूसरों से इन पर टिप्पणियाँ लेना शुरू कर दें।

*इसे दोहराना ज़रूरी है:* केवल दूसरों को ख़ुश करने के लिए बदलाव न करें। अपना अनूठापन बनाए रखें, और अगर आप किसी खास बर्ताव से ख़ुश हैं—और इससे किसी दूसरे को नुकसान नहीं पहुँच रहा है—तो उसे बनाए रखें। हालांकि, इसका मतलब ये नहीं है कि आप सच्चाई से मुंह फेर लें और अपने मौजूदा बर्ताव के असर को नज़रअन्दाज़ करते रहें।

ख़ुद के भीतर झांकने और दूसरों के विचार जानने के लिए साहस चाहिए। फिर भी, आप तब तक तरक्की और सुधार नहीं करेंगे जब तक आप ख़ुद को और अपने कारोबार या करियर को लगातार परखते नहीं रहेंगे। आपके किए गए बदलाव आपकी ज़िन्दगी की ख़ुशियों और कामयाबी पर गहरा असर डाल सकते हैं।

# 25

# नकारात्मक सोच कभी मदद नहीं करती

*जब तक व्यक्ति ये सोचेगा कि वो कामयाब नहीं हो सकता,*
*तब तक कोई ताक़त उसे कामयाबी नहीं दिला सकती।*

**—ओरिसन स्वेट मार्डन**

कभी भी कोई ऐसा मेरे पास नहीं आया है जिसने कहा हो, "मैं हमेशा नकारात्मक रहता हूँ और इससे मुझे बहुत फायदा हो रहा है। मैं सुबह उठने का इन्तजार नहीं कर सकता!" इसके बावजूद, सकारात्मक सोच पर सन्देह करने वाले लोग अभी भी मौजूद हैं। कुछ लोग मुझे बताते हैं कि सकारात्मक सोच काम नहीं करती है या ये "अवास्तविक" है, खासकर आज की उथल-पुथल भरी दुनिया में।

"अपने आसपास देखिए," वे कहते हैं। "आप इतने सकारात्मक कैसे हो सकते हैं?" खैर, मैं आपसे ये पूछना चाहता हूँ: क्या नकारात्मकता को बढ़ाकर दुनिया को नकारात्मकता से बाहर निकाला जा सकता है?

सच तो ये है कि कुछ चीज़ें ऐसी होती हैं जो नकारात्मक सोच आपके लिए करेगी। ये आपको बीमार कर देगी। ये आपको आसपास रहने वालों की नज़रों में नापसन्द बना देगी। और, ये उस चीज़ का दायरा घटा देगी जो आप हासिल कर सकते हैं।

आइए इसे थोड़ा करीब से समझें कि नकारात्मक सोच क्यों हमारे काम नहीं आती। सबसे पहले तो ये जानिए कि हम सभी हावी होने वाली मानसिकता के साथ

काम करते हैं। सीधे शब्दों में कहें तो हम हमेशा अपने हावी होने वाले विचारों की दिशा में आगे बढ़ रहे होते हैं। हम में से ज़्यादातर ने "ख़ुद को सच करने वाली भविष्यवाणी" के बारे में सुना है—कि हमें वही मिलता है जिसकी हम ज़िन्दगी में उम्मीद करते हैं। नकारात्मक परिणामों की उम्मीद रखें और, निश्चित रूप से, आप नकारात्मक परिणाम ही पायेंगे।

मुझे यकीन है कि आपने महसूस किया होगा, नकारात्मक सोच आपकी ऊर्जा सोखने और ज़्यादा तनाव पैदा करने की वजह बनती है। अपने जीवन में आप कितनी दफा तनाव भरे समय में बीमार हुए हैं?

अगर आप अभी भी नकारात्मक होने के असर के बारे में यकीन नहीं कर पा रहे हैं, तो कागज़ लें और नकारात्मक सोच से आपको होने वाले सभी फायदों की लिस्ट बनाएं। मुझे लगता है कि आप कुछ फायदे ले भी आएं तो भी आपकी लिस्ट बहुत छोटी होगी।

मैं यहाँ एक महत्वपूर्ण अन्तर बता दूँ। किसी त्रासदी या किसी प्रियजन की मौत की प्रतिक्रिया में किसी व्यक्ति का दुखी होना स्वाभाविक है। हर व्यक्ति के लिए नुकसान और दुख की अवधि अलग-अलग होती है, और हम ये उम्मीद नहीं करते हैं कि एक शोकग्रस्त व्यक्ति बहुत कम वक़्त में सकारात्मक होगा। हालांकि, उस हालत में भी वो व्यक्ति अपने नकारात्मक विचारों को अनिश्चित काल तक ढोकर कुछ फायदा हासिल नहीं कर पायेगा। (वैसे, यदि आपको कोई आघात लगा है या आपको नकारात्मक सोच को छोड़ने में दिक्कत हो रही है तो इसका मतलब है कि आपको सलाह की ज़रूरत है। ये कमज़ोरी की निशानी नहीं है। ये जीवन में आगे बढ़ने में आपकी मदद करने के लिए उठाया गया एक रचनात्मक कदम है।)

## वो करना जो स्वाभाविक रूप से आता है

मैंने जो कुछ भी देखा है, उसमें बच्चे स्वाभाविक रूप से सकारात्मक होते हैं। वे आमतौर पर मुस्कुरा रहे होते हैं और ज़िन्दगी का मज़ा ले रहे होते हैं। मैं किसी भी नकारात्मक, त्यौरियाँ चढ़ाने वाले बच्चे से नहीं मिला। इसलिए मैं इस तर्क को नहीं मानता कि नकारात्मक सोच स्वाभाविक है। जो लोग नकारात्मक सोचते हैं वे आदतन ऐसा करते हैं। उन्होंने ऐसा सोचने के लिए खुद को ढाल लिया है।

खासकर पश्चिमी समाज में, हमने छोटी-छोटी परेशानियों पर ध्यान केन्द्रित करने की प्रवृत्ति विकसित की है, भले ही ये झुंझलाहट या खीझ हमारी पूरी ज़िन्दगी का एक छोटा सा हिस्सा है। हम अपने जीवन के उस 5 प्रतिशत पर ध्यान केन्द्रित करते हैं जो कि "गलत" हो रहा होता है बजाय उस 95 प्रतिशत के, जो अच्छा चल

रहा होता है। हम रोना रोयेंगे और काम के रास्ते में आने वाली मुसीबतों के बारे में सभी को बतायेंगे। लेकिन हम अपने अस्तित्व के चमत्कार के बारे में कभी बात नहीं करेंगे—हमारे शरीर में अरबों कोशिकाएं जो हमारे मस्तिष्क को चलाती हैं, हमारे दिल से खून को शरीर के हर हिस्से में भिजवाती हैं या हमारी आँखों को देखने के लायक बनाती हैं। हम इस बात की सराहना नहीं करते कि हमारे पास खाने के लिए पर्याप्त भोजन है या हमारे सिर पर छत है, जबकि लाखों लोग ऐसे हैं जिनके पास ये तोहफे नहीं हैं।

इसमें कोई आश्चर्य की बात नहीं है कि काफी लोग नकारात्मक सोच रखते हैं। अख़बार नकारात्मक ख़बरों से भरा पड़ा है। टेलीविज़न और रेडियो पर त्रासदियों और अपराधों पर आधारित रिपोर्ट्स की भरमार होती है। लोगों की एक-दूसरे की मदद करने या कुछ सकारात्मक करने के बारे में आप कितनी बार पढ़ते या सुनते हैं? शायद ही कभी। अगर आप नकारात्मकता भरे इस माहौल का मुकाबला करने के लिए कुछ नहीं करते हैं, तो आप नकारात्मक सोच से भर सकते हैं।

हालांकि, आप कभी भी इस स्थिति पर काबू कर सकते हैं। आप सभी नकारात्मक समाचार देखना और सुनना बन्द कर सकते हैं और इसके बजाय कुछ सकारात्मक पढ़ सकते हैं। "ज़हरीले" लोगों से अपने सम्पर्क को आप सीमित कर सकते हैं और सुनिश्चित कर सकते हैं कि आपका जीवन सकारात्मक बातों या चीज़ों से भरा है। अगर आपने ऐसा किया, तो आपकी "स्वाभाविक" रुचि बदल जायेगी और आप सकारात्मक सोचना शुरू कर देंगे।

## तुरन्त होने वाली दिमागी कसरत

मैं आपको दिखाऊँगा कि जितना आप मानते हैं, उससे कहीं अधिक आपकी सोच पर आपका नियन्त्रण है। इस प्रयोग को आजमाएं। अभी, अपनी पसन्दीदा फ़िल्म के बारे में सोचें। हो सकता है कि आपके दिमाग में उस फ़िल्म के अपने पसन्दीदा दृश्य भी उभरें। अब, आइए अपने पसन्दीदा भोजन के बारे में सोचें। क्या है ये? ताज़ा सलाद... रसभरा मांस या मछली का टुकड़ा... ग्रिल्ड साल्मन? जो भी हो, बस उसके बारे में सोचिए। अब जब आपके मुंह में पानी आ रहा है, तो चलिए आगे बढ़ते हैं। जमीन पर दो फीट बर्फ़ के साथ, बर्फ़ीले तूफ़ान में बाहर निकलने के बारे में सोचें। क्या आप बर्फ़ देख सकते हैं और पैरों की उंगलियों में ठंड महसूस कर सकते हैं?

हर बार, आप जो सोचते हैं उसे काबू करने में समर्थ थे। आप एक पल में अपनी सोच को बदल सकते थे।

ये कहा जाता है कि सकारात्मक सोच हानिकारक है क्योंकि आशावादी लोग उन चीज़ों को नज़रअन्दाज़ कर देते हैं जो ग़लत हो सकती हैं या उन्हें आसानी से धोखा दिया जा सकता है और उनका फायदा उठाया जा सकता है। दूसरे शब्दों में, अगर आप उम्मीद करते हैं कि सूरज हर समय चमकता रहेगा, तो आप बहुत भोले हैं और आपके हाथ निराशा ही लगेगी। लेकिन सकारात्मक सोच का मतलब ये नहीं है कि आप सच्चाई को नज़रअन्दाज़ कर दें या आने वाली मुश्किलों के बारे में सोचना छोड़ दें। इसके उलट, सकारात्मक व्यक्ति सकारात्मक नतीजे की उम्मीद तो करता है लेकिन मुश्किलों पर काबू पाने के लिए तैयार रहता है।

उदाहरण के लिए, अगर कोई सकारात्मक इंसान खुले मैदान में शादी के कार्यक्रम की योजना बना रहा है, तो वो सकारात्मक सोच की शक्ति का उपयोग ये सुनिश्चित करने के लिए नहीं करेगा कि उसकी ज़िन्दगी के सबसे अच्छे व ख़ुशनुमा दिन बारिश न हो। इसके बजाय, एक सकारात्मक व्यक्ति आकस्मिक योजना के साथ तैयार रहता है, वो उन चीज़ों पर ध्यान लगाता है जिन पर वो काबू पा सकता है, जैसे कि बारिश होने की स्थिति में तम्बू का इन्तजाम करना।

---

यहाँ तक, मुझे उम्मीद है कि आप इस बात को मान रहे हैं कि नकारात्मक सोच हमारी मदद नहीं करेगी। तो, सवाल ये है कि और अधिक सकारात्मक बनने के लिए हम अपनी सोच को कैसे बदल सकते हैं? सीधे तौर पर जवाब है कि आप अपने दिमाग में जो कुछ भी आता है उसे हर दिन बदलते रहें। जितना मुमकिन हो सके उतने नकारात्मक विचारों को ख़त्म करके शुरुआत करें। जब आप ज़रूरी सुर्खियाँ जानने के लिए महज कुछ मिनट के समाचार सुन सकते हैं, तो हर दिन एक ही तरह की हत्या और बम विस्फ़ोट वाली ख़बरें सुनने की ज़रूरत नहीं है। उसी समय, नकारात्मक चीज़ों को सकारात्मक प्रेरणादायक चीजों से बदलें। हर रोज सकारात्मक सामग्री पढ़ें। सकारात्मक ऑडियो कार्यक्रम सुनें या ऐसा संगीत सुनें जो आपको हौसला या सुकून दे।

यहाँ एक और तकनीक है: अपनी हर दिन की भाषा पर नज़र रखें। जब आप ख़ुद को शिकायत या नकारात्मक बातें करते पाएं तो तुरन्त ही कुछ सकारात्मक चीज़ों की तरफ अपना ध्यान करें। कुछ ऐसा कहें, "मेरे पास वास्तव में आभारी होने के लिए बहुत कुछ है" और उनमें से कुछ चीज़ों की लिस्ट बनाना शुरू करें। समस्याओं के बारे में चिन्ता करने या अपने काबू से बाहर की चीज़ों के बारे में चिन्ता करने की बजाय चुनौतियों के रचनात्मक समाधान पर ध्यान केन्द्रित करने के लिए खुद को तैयार करें।

अगले 30 दिनों के लिए ख़ुद से एक वादा करें। आप जो नहीं चाहते हैं, उसके बजाय उन चीज़ों के बारे में सोचें जो आप चाहते हैं। इस बारे में सोचें कि आप किसके लिए या किन चीज़ों के लिए आभारी हैं, बजाय इसके कि आपकी ज़िन्दगी में क्या कमी है। अपने दिमाग को सकारात्मकता से भरें। 30 दिनों के बाद, आप ये तय कर सकते हैं कि सकारात्मक चीजों पर फ़ोकस करना है या अपनी नकारात्मक सोच पर वापस जाना है। शायद मैं जानता हूँ कि आप क्या चुनेंगे!

# 26

# अतीत में जियो... और यही तुम्हारा भविष्य बन जायेगा

*बीते हुए कल को*
*कभी आज का इस्तेमाल नहीं करने दें।*

**—रिचर्ड एच. नेल्सन**

मुझे उन लोगों के साथ बात करना अच्छा लगता है जो मेरे कार्यक्रम के बाद मेरे पास आते हैं और मुझे अपनी पृष्ठभूमि और अनुभवों के बारे में थोड़ा-बहुत बताते हैं। हालांकि, कभी-कभी ये लोग अपना परिचय देने के एक मिनट से भी कम समय में, मुझे अपने कुछ नकारात्मक अनुभव के बारे में बता रहे होते हैं जिसने उन्हें ज़िन्दगी में पीछे की ओर धकेल दिया था। ये कुछ इस तरह होता है: "मेरा नाम जॉन है और मेरे पिता एक शराबी थे," या "मेरा नाम मर्लिन है और मैं वास्तव में एक बिखरे परिवार में पली-बढ़ी हूँ।"

इससे पहले कि आप मुझे चिट्ठी भेजकर ज़िन्दगी में दुखों से घिरे लोगों के लिए ज़्यादा हमदर्द होने के लिए कहें, मेरी बात सुन लें। मैं ये नहीं कह रहा हूँ कि बीते समय में लगे आघात या नकारात्मक घटनाओं को बिलकुल भूल जाना चाहिए। दरअसल, मैं इन लोगों को मानसिक स्वास्थ्य से जुड़े पेशेवरों से सलाह लेने या शारीरिक बीमारी होने पर डॉक्टर के पास जाने के लिए प्रोत्साहित करूँगा। हर कोई अप्रिय परिस्थितियों पर चर्चा करने के फन्दे में उलझता है और मैं भी कोई अपवाद नहीं हूँ। फिर भी, मुझे लगता है कि इन मामलों में ख़ुद से पूछना ज़रूरी है: *"मैं कब तक इस नकारात्मक अनुभव को ढोता रहूँगा? मैं अपनी सभी बातचीत में इस विषय*

*को शामिल ही क्यों करूँ? क्या इससे मेरी ज़िन्दगी में बेहतर नतीजे लाने में मदद मिल रही है?"*

मुझे लगता है कि हम सभी इस बात से सहमत होंगे कि ओपरा विनफ्रे एक सकारात्मक रोल मॉडल हैं जिन्होंने अपने जीवन में कुछ असाधारण चीज़ें हासिल की हैं। जैसा कि आप शायद जानते हों, युवावस्था में ओपरा का यौन शोषण और दुर्व्यवहार किया गया था। अपने अतीत के इस पहलू से वो कभी मुंह नहीं मोड़ती हैं और मानती हैं कि ये सब उन पर आज भी असर डालता है। फिर भी वो अपने हर शो की शुरुआत ये कहकर नहीं करती है, "हाई, मैं ओपरा हूँ और मुझसे बचपन में दुर्व्यवहार किया गया था।" अगर उन्होंने ऐसा किया होता तो शायद वो उस जगह कभी नहीं पहुँच पातीं जहाँ वो अभी हैं। मैं शर्त लगा सकता हूँ कि उनका ज़्यादातर ध्यान उन चीज़ों पर है जो वो आज और आने वाले समय में दुनिया में सकारात्मक बदलाव लाने के लिए कर सकती हैं। सीधे शब्दों में कहें तो वो उस जिल्लत पर ध्यान नहीं देती जिसे उन्होंने सालों पहले झेला था। उन्होंने जो चुना है, उससे हम सब सीख सकते हैं।

लेखक और वक्ता एकहार्ट टोल अतीत में हमारे जीने के तरीके के बारे में बात करते हैं और लोगों को हमारी "कहानी" बताते रहते हैं। हम ये कहानी उन सभी को बताते हैं जिनसे हम मिलते हैं। आम तौर पर ये कहानियाँ सकारात्मक, आगे बढ़ाने वाले अनुभवों के बजाय नकारात्मक घटनाओं पर बहुत ज्यादा केन्द्रित होती हैं। हमारी आदत होती है कि हम अपनी कहानी को अपने पैरों में बंधी बेड़ियों की तरह खींचते रहते हैं, और हिंसा से भरे सारे ब्यौरे बताने के लिए बेचैन रहते हैं।

इससे हम कहाँ पहुँच पाते हैं? हाँ, इससे थोड़ी हमदर्दी हासिल हो सकती है। साथ ही, ये हमें दूसरे "कथाकारों" के साथ बहुत ज़्यादा वक़्त लेने वाली नकारात्मक बातचीत में भी शामिल करा सकती है, जो अपनी दुख भरी कहानी को हमारी कहानी से "बेहतर" साबित करने की कोशिश में लगे रहते हैं। ("अगर आपको लगता है कि ये बुरा है तो मैं आपको बताता हूँ...") और शायद हमारी कहानी कुछ ऐसी है जिसका हम एक बहाने के तौर पर इस्तेमाल करते हैं कि हम अपनी पूरी क्षमता से ज़िन्दगी क्यों नहीं जी पा रहे हैं। देखिए, अगर हमारे पास इतनी भयंकर रुकावट है तो कुछ भी बड़ा हासिल करने की कोशिश करने का कोई फायदा नहीं है। हम अपने कम्फ़र्ट ज़ोन के दायरे में रहते रह सकते हैं।

वैसे, ये बात गम्भीर आघात वाली कहानियों तक ही सीमित नहीं होती। मिसाल के लिए, कुछ लोग आपको बतायेंगे कि कैसे उन्हें छह महीने पहले ग़लत तरीके से

नौकरी से निकाल दिया गया था या उनकी एलर्जी ने किस तरह से उन्हें परेशान किया। वे आपको बता सकते हैं कि काम पर उनकी सराहना नहीं की जाती है।

चाहे आप किसी दुखद घटना के बारे में या थोड़ी चिड़चिड़ाहट के बारे में भी सोच रहे हों और बात कर रहे हों, आप अपने खिलाफ काम कर रहे हैं और केवल नकारात्मक हालातों को बढ़ा रहे हैं। "डॉमिनेंट थॉट" का एक नियम है, जो कहता है कि हम हमेशा अपने मौजूदा "डॉमिनेंट थॉट" की दिशा में आगे बढ़ते हैं। इसलिए ये बहुत महत्वपूर्ण है कि आप जो चाहते हैं उस पर अपना ध्यान केन्द्रित करें, न कि उस पर जो आप नहीं चाहते हैं। दूसरे शब्दों में कहा जाए तो *जिस पर आप फ़ोकस करते हैं वही चीज़ बढ़ती है।*

हम जो हासिल करना चाहते हैं उसके उलट सोचकर (या बातचीत करके) हम ज़िन्दगी में अपने उद्देश्यों को हासिल नहीं कर सकते। जब हम दिवालिया होने के बारे में सोचते हैं तो हमें धन नहीं मिलता है। हम कितने बीमार हैं और कितना बुरा महसूस करते हैं, ये सोचकर हम स्वस्थ नहीं होते।

यहाँ तक कि अगर आप किसी घटना के बारे में बदलाव की इच्छा का उल्लेख करते हुए भी बात करते हैं, तो भी आप नकारात्मक घटना को बढ़ावा देते हैं। जैसे, आप ख़ुद से और दूसरों से कह सकते हैं, "मैं दिन-ब-दिन बहुत ज़्यादा आइसक्रीम खा रहा हूँ और मुझे ऐसा करना बन्द करना होगा।" आपका मन "आइसक्रीम" सुनता है और अधिक आइसक्रीम चाहने लगता है! इससे कहीं बेहतर है कि आप स्वस्थ शरीर के बारे में सोचें और ज़्यादा फल व सब्ज़ियाँ खाना शुरू करें।

ये ज़रूरी बात है: जब आप किसी दर्दनाक अनुभव से गुज़र रहे होते हैं, चाहे वो बीमारी हो, किसी प्रियजन की मौत हो या यहाँ तक कि नौकरी का जाना हो, और इसके ज़ख्म हरे हैं तो आप ख़ुद को अक्सर उस बुरी घटना के बारे में बात करते हुए पायेंगे। दरअसल, बहुत से लोग आपसे इसके बारे में पूछेंगे। ऐसे में इसके बारे में बात करना स्वाभाविक ही है। आपका मिशन है—इस घटना को जल्द से जल्द भुलाना। दूसरे शब्दों में, जितनी जल्दी हो सके बीती हुई घटना के बारे में सोचना और बात करना बन्द कर दें। आपको ये कोई नहीं बता सकता कि कितना वक़्त देना सही है। यह आपके अलग हालात पर निर्भर करता है। याद रखें, इसका उद्देश्य बीती घटना को नकारना नहीं है। इसका उद्देश्य आपकी ज़िन्दगी को सकारात्मक दिशा में आगे बढ़ाना है।

आज, और आगे भी, गौर करें जब आप ख़ुद को नकारात्मक परिस्थितियों या अपने अतीत के नकारात्मक अनुभवों के बारे में सोचते और बात करते हुए पाएं... हाँ, अगर आप अपने दर्द और पीड़ा को बढ़ाना चाहते हैं और आने वाले दिनों में इसे

और ज़्यादा करना चाहते हैं तो अलग बात है। अब अतीत को भुलाने का समय है, ताकि आप आने वाले वक़्त में एक नई और ख़ुशहाल कहानी सुना सकें।

# 27

## हर दिन धन्यवाद देने का दिन है!

*कृतज्ञता आपको बढ़ने और फैलने में मदद करती है;*
*कृतज्ञता आपके जीवन में और आपके आस-पास के*
*सभी लोगों के जीवन में ख़ुशी और हँसी लाती है।*

**—एलीन कैडी**

पिछले 24 घंटों में आपके साथ कुछ *शानदार* हुआ है क्या? मेरा मतलब है कुछ ऐसा जो असाधारण हो... कुछ ऐसा जिसके लिए आप इतने शुक्रगुज़ार हैं कि आपका मन गाने का कर रहा है? आगे बढ़िए और अपने दिन की समीक्षा कीजिए।

हो सकता है कि आप इस बारे में सोच रहे हों कि आपको डाक से कोई चेक मिला है; या शायद आप सिर्फ इसलिए ख़ुश हैं क्योंकि आज की डाक में किसी तरह का बिल नहीं था! आप इस सवाल के बारे में जैसे ही सोचते हैं, आप इस नतीजे पर आ सकते हैं कि वास्तव में कुछ भी शानदार नहीं हुआ।

लेकिन, पल भर रुकिए।

क्या आपके पास मौसम की मार से बचने के लिए कल रात ठहरने की जगह थी? सोचिए अगर आपके और आपके परिवार के सिर पर छत न होती तो क्या हो सकता था।

आप जहाँ रहते हैं क्या वहाँ बाथरूम, नल की फिटिंग या गर्म पानी का इन्तजाम है? क्या यह आपकी ज़िन्दगी को थोड़ा और आरामदायक बनाता है?

आँख खुलने के बाद से क्या आपने अपनी नज़रों का इस्तेमाल सूरज और सुन्दर नीले आकाश को देखने के लिए किया? क्या आप बिस्तर से उठने, घूमने और बाहर जाने में सक्षम थे? कुछ लोगों के पास आज वो सुख नहीं रहा होगा।

आपकी सुनने की क्षमता कैसी है? क्या आप पक्षियों के चहकने की आवाज़ या पेड़ों से गुज़रती हवा की सरसराहट सुन सकते हैं? क्या नाश्ते में आप टोस्टर से बाहर की ओर उछलने वाले टोस्ट और ताज़ी कॉफी की खुशबू को सूंघ सकते हैं? कैसा होगा वो एक दिन जब आप सुन या सूंघ नहीं सकते... या आप अपने भोजन का स्वाद नहीं ले सकते हों? हाँ, ऐसे लोग हैं जो इन इन्द्रियों का पूरा इस्तेमाल नहीं कर सकते हैं।

और उन चीज़ों के बारे में भी सोचिए, जो ज़िन्दा रहने के लिए ज़रूरी नहीं हैं, लेकिन जो आपकी रोज़ की ज़िन्दगी को सुधारती या आगे बढ़ाती हैं—इनमें कार, रेडियो, टेलीविज़न या कम्प्यूटर जैसी चीज़ें हैं? क्या आप इन और दूसरी चीज़ों के लिए वास्तव में शुक्रगुज़ार हैं, जिनका इस्तेमाल आप नियमित रूप से करते हैं?

## हर कीमती तोहफे पर ख़ुशी जताएं

मुझे यकीन है कि आपको मेरी बात समझ में आ गई होगी। हर दिन, हमारे पास धन्यवाद देने के दर्जनों वजहें होती हैं। फिर भी, हम आम तौर पर इन चीज़ों को हल्के में लेते हैं और उन्हें कीमती तोहफे के तौर पर देख पाने में नाकाम रहते हैं। बेशक, जब उनमें से कोई एक भले ही अस्थायी रूप से, हमसे ले ली जाती है, हम उस पर ध्यान देते हैं। लेकिन, रोज़मर्रा की ज़िन्दगी में हम शायद ही कभी ख़ुद को मिली इन नेमतों के बारे में सोच पाते हैं।

मैं इसके बारे में इतनी ज़्यादा बातें क्यों कर रहा हूँ? इसे समझना आसान है। जब आप आभार और दूसरी सकारात्मक भावनाओं पर ध्यान केन्द्रित करते हैं, तो आप बेहतर महसूस करते हैं और ज़्यादा आराम से रहते हैं, अधिक रचनात्मक और उपयोगी होते हैं। आपके आस-पास रहने वालों पर, काम पर और घर पर भी आपका सकारात्मक प्रभाव पड़ता है।

*ये कुछ चीज़ें हैं जो आप अपने जीवन में "कृतज्ञता का रवैया" विकसित करने के लिए कर सकते हैं:*

1. **रोज़ ख़ुद को मिली नेमतों के बारे में सोचें।** जिनके लिए आप आभारी हैं, उन चीज़ों पर ध्यान केन्द्रित करने की आदत विकसित करना ही ज़रूरी है। अपने बाथरूम के शीशे पर एक नोट रखें या अपने

बटुए या पर्स में एक कार्ड रखें, जिसमें लिखा हो, "ख़ुद को मिली नेमतों की गिनती करें।" आप कितने ख़ुशकिस्मत हैं, इस पर सोचने के लिए हर दिन थोड़ा वक़्त निकालें। इसमें ज़्यादा वक़्त नहीं लगेगा, और इसके नतीजे आपको हैरान कर देंगे!

2. **अपनी कृतज्ञता को शब्द दें।** काम पर और घर पर बातचीत के दौरान, अपनी ज़िन्दगी में सभी अद्भुत चीज़ों और लोगों की साफ़-साफ़ तारीफ़ करें। अगर आप ऐसे देश में रहते हैं जो आपको अभिव्यक्ति की स्वतन्त्रता और अपने सपनों को पूरा करने का अधिकार देता है, तो दूसरों को बताएं कि आप इसकी कितनी सराहना करते हैं। साथ देने वाले सहकर्मियों और परिवार के सदस्यों के प्रति आभार व्यक्त करें। अपने माता-पिता को बताएं कि जब आप बड़े हो रहे थे, तब उन्होंने आपके लिए जो कुर्बानियाँ दी थीं, उन्हें आप कितना महत्व देते हैं।

3. **मुश्किलों से ध्यान अलग हटा लें।** जब समस्याएं आती हैं और आप उन्हें दूर करने के लिए हरसम्भव कोशिश करते हैं, तो अपना ध्यान ख़ुद को मिली नेमतों पर वापस लाने के लिए अपने दिमाग को तैयार करें। इससे आपके लिए चीज़ों को समझना आसान हो जाता है—जैसे, ये महसूस करना कि आपका स्वास्थ्य और जीवन की बुनियादी ज़रूरतें इस तथ्य से अधिक महत्वपूर्ण हैं कि ऑफिस की फोटो कॉपी मशीन कुछ घंटों के लिए ख़राब हो जायेगी। इसके अलावा, जब आप तनावमुक्त होते हैं और सकारात्मक अनुभव करते हैं, तो आपके पास अपनी मुश्किलों को दूर करने का कहीं बेहतर मौका होता है।

4. **ज़रूरतमन्दों की मदद करें।** मुश्किल हालात से गुज़र रहे दूसरे लोगों के साथ ख़ुद को मिली नेमतों (स्वास्थ्य, ऊर्जा, दृष्टिकोण आदि) को साझा करना उन्हें इस्तेमाल करने के सबसे अच्छे तरीकों में से एक है। क्या आप अपने किसी सहकर्मी, दोस्त, रिश्तेदार या समाज के दूसरे व्यक्ति की मदद कर सकते हैं? किसी ज़रूरतमन्द के साथ केवल वक़्त बिताना, या दिलासा देने के लिए कुछ शब्द बोल देना उस व्यक्ति के लिए अच्छा खासा बदलाव ला सकता है, जबकि इससे आपके भीतर कृतज्ञता की भावना विकसित होती है कि आप कितनी अच्छी स्थिति में हैं।

अहसानमन्द होने और सराहना करने के लिए आपको कुछ भी खर्च नहीं करना पड़ता है, फिर भी ये आपकी ज़िन्दगी की गुणवत्ता पर काफी असर डालता है। तो,

एक भी मिनट बर्बाद मत कीजिए। हर दिन, उन अमूल्य उपहारों के बारे में सोचिए जिनका आप सुख ले रहे हैं। खुलकर अपनी कृतज्ञता दूसरों के साथ साझा करें।

और, अगली बार जब कोई आपसे पूछेगा कि क्या आज आपके साथ कुछ शानदार हुआ है, तो आपके पास कहने के लिए बहुत कुछ होगा!

# 28

## आपके लिए सफलता का क्या मतलब है?

*अन्दरूनी सन्तुष्टि के अलावा किसी भी दूसरी चीज़ पर*
*आधारित सफलता का खोखला होना तय है।*
*—डॉ. मार्था फ्रीडमैन*

आपको अपने इलाके के एक कॉलेज ने स्नातक समारोह में उद्घाटन भाषण देने के लिए बुलाया है। विशेष रूप से, कॉलेज के अध्यक्ष चाहते हैं कि आप ग्रेजुएट होने वाले छात्रों को बताएं कि "सफलता" की परिभाषा और "सफल जीवन" क्या है। इतना आसान भी नहीं है ना ये काम?

बेशक, बहुत से लोग सफलता के बारे में बात करते हैं। ये एक ऐसा शब्द है जिसका हम हर समय इस्तेमाल करते हैं। और, दरअसल, अगर आप लोगों से सफलता को परिभाषित करने के लिए कहते हैं तो आपको शायद ऐसी प्रतिक्रियाएं सुनने को मिलेंगी:

- पैसा कमाना सफलता है।
- ज़मीन-जायदाद हासिल करना सफलता है।
- करियर में उपलब्धियाँ हासिल करना सफलता है।
- प्रेमपूर्ण पारिवारिक सम्बन्ध होना सफलता है।
- बच्चों की अच्छी तरह से परवरिश करना सफलता है।

- आध्यात्मिक विकास प्राप्त करना सफलता है।
- दुनिया में ख़ुद को औरों से अलग साबित करना सफलता है।

बेशक, कई लोग कहेंगे कि सफलता इन सभी चीज़ों का मेल है। आपका क्या सोचना है? क्या आप अभी वो उद्घाटन भाषण देने के लिए तैयार हैं या आपको "सफलता" और "सफल जीवन" की अपनी व्यक्तिगत परिभाषा के बारे में सोच-विचार करने के लिए कुछ समय चाहिए।

जब आप सफलता की अपनी परिभाषा पर विचार करते हैं, तो इन कुछ सवालों के बारे में जरूर सोचें:

1. **क्या ये वास्तव में मेरी परिभाषा है या किसी और की?** हमें लगातार बताया जाता है कि हमारे लिए "सफलता" का क्या अर्थ होना चाहिए। अगर आप टीवी देखते हैं तो आप सभी सेलिब्रिटीज का महिमामंडन होता हुआ देखते हैं। उनकी हर छोटी-बड़ी चीज़ को दिखाया जाता है। अगर आप किसी दूसरे ग्रह से आए हों और टीवी चालू किया हो, आप सोचेंगे कि सफलता को बदनामी, शोहरत और जायदाद से मापा जाता है। आप विज्ञापन में देखते हैं कि आपको कैसा दिखना चाहिए। पेट की मांसपेशियों को "सिक्स-पैक" बनाने का विचार किसके दिमाग में आया? और सबसे बुरी बात है पूरे सिर पर बालों का नहीं होना। आपके बाल कम हुए तो आप सफल नहीं हो सकते, है ना? और आप जो कार चलाते हैं वो आपके बारे में भी बहुत कुछ बताती है। इसमें छिपा हुआ सन्देश ये है कि अगर आप एक तयशुदा ढर्रे में दिखते हैं और आपके पास कुछ जायदाद हैं तो आप कामयाब हैं। बड़े होने पर आपके माता-पिता या रिश्तेदारों ने आपको उस दिशा में ले जाने के लिए प्रभावित किया होगा जिसके बारे में उन्होंने सोचा होगा कि उससे आप "सफल" बन जायेंगे। ये जानने के लिए गम्भीरता से सोचें कि आप वास्तव में सफल जीवन के बारे में क्या महसूस करते हैं। इन ग्रेजुएट्स को ये नहीं जानना है कि दूसरे लोग सफलता के बारे में क्या सोचते हैं, उन्हें ये जानने की ज़रूरत है कि आप क्या सोचते हैं!

2. **क्या बीते सालों में सफलता की मेरी परिभाषा बदली है?** अगर आप एक व्यक्ति के रूप में सीख रहे हैं और आगे बढ़ रहे हैं तो आपके लिए सफलता के मतलब की अवधारणा लगातार बदलती और विकसित होती रहेगी। ज़िन्दगी के शुरुआती दौर में आप सोच सकते हैं कि एक अच्छी नौकरी पाना या अच्छी कमाई करना ही प्रमुख रूप

से सफलता है। जैसे-जैसे समय बीतता है, आपका ध्यान आपके काम की सार्थकता या आपके पारिवारिक रिश्तों पर जा सकता है। इस बात की भी अच्छी खासी सम्भावना है कि समय बीतने के साथ ही आप आध्यात्मिक विकास पर अधिक ध्यान देने लगेंगे। मुझे नहीं लगता कि ऐसा कोई समय आता है जहाँ हमारी सफलता की परिभाषा "पत्थर की लकीर" बन जाती हो। जैसे-जैसे हम परिपक्व होते हैं, ये परिभाषा बदलती रहती है। हो सकता है कि आप सफलता के बारे में समय के साथ बदलते अपने विचारों को ग्रेजुएट छात्रों के साथ बांटना चाहें, ताकि वे जान सकें कि किस चीज़ की उम्मीद करनी चाहिए।

3. **क्या मेरे काम मेरी परिभाषा से मेल खाते हैं?** मेरा अनुभव है कि ज़्यादातर लोग इस तरह से नहीं रहते जो सफलता की उनकी घोषित परिभाषा से मेल खाता हो। आप कह सकते हैं कि सफलता का मतलब है ख़ुशहाल पारिवारिक जीवन। हालांकि, अगर आप हर समय काम कर रहे हैं और अपने परिवार के साथ कम समय बिताते हैं, तो आपका बर्ताव आपकी "सच्ची" प्राथमिकता को दिखाता है। सफलता की आपकी "वास्तविक" परिभाषा क्या है, इसका निर्धारण करना और फिर उस परिभाषा के अनुसार काम करने की प्रतिबद्धता दिखाना, एक चुनौती है। इस मामले में ग्रेजुएट छात्रों को आप क्या सुझाव दे सकते हैं?

मेरा अन्दाज़ा है कि अब आपके मन में नए विचार आने लगे हैं। आपने शायद कई दूसरे मुद्दों के बारे में सोचा है जो मैंने सफलता के इस मसले पर नहीं उठाए हैं। अपने उद्घाटन भाषण में आप क्या कहने जा रहे हैं, इस बारे में नोट्स लिखने के लिए अभी कुछ वक़्त निकालें। कौन जानता है? आपको किसी दिन वो भाषण देने के लिए कहा जा सकता है। और अगर ऐसा नहीं भी होता है तो ये एक ऐसा अभ्यास है जो आपकी आँखें खोल सकता है और आपकी ज़िन्दगी बदल सकता है।

# 29

# जूते की यादगार चमक

*हर मुसीबत अपने साथ बराबर या ज़्यादा*
*फायदे का बीज लेकर आती है।*
**—नेपोलियन हिल**

मैं ख़ुद को अनुशासित और मेहनती इंसान के तौर पर देखना पसन्द करता हूँ। लेकिन, एक चीज़ है जो मैं ख़ुद से नहीं कर सकता। ये बेहद आसान लगता है फिर भी मैं इसे नहीं करूँगा। *मुझे अपने जूते चमकाने से नफ़रत है।* इसलिए, जब मैं चाहता हूँ कि मेरे जूते चमकें तो मैं उन्हें कहीं ले जाकर इसे करवाता हूँ। अगर मैं न्यूयॉर्क शहर में हूँ तो ये काम बहुत आसान है, जहाँ बहुत सारे पॉलिश करने वाले स्टैंड हैं, जहाँ आपके जूते कुछ डॉलर में ही चमकने लगते हैं।

हालांकि, जब मैं लॉन्ग आइलैंड के घर पर होता हूँ, ये काम थोड़ा मुश्किल होता है। यहाँ मैं सालों से एक शॉपिंग मॉल में जाता हूँ जो मेरे घर से लगभग 12 मील दूर है। मॉल में एक स्टोर है जिसमें जूते पॉलिश करवाने के लिए स्टैंड है। जब मैं स्टोर पर जाता हूँ तो मैं ज़रूरत की कुछ चीज़ें खरीदता हूँ और अपने जूते पॉलिश करवा लेता हूँ। आमतौर पर मैं एक बार में कई जोड़ी जूते लाता हूँ।

खैर, मैं कई दिनों के लिए शहर से बाहर जाने वाला था और मुझे कुछ जूते पॉलिश करवाने थे। स्टोर में जूते पॉलिश करने वाला स्टैंड सुबह 10:30 बजे खुल जाता है इसलिए मैं 10:40 पर पहुँच गया। स्टैंड अभी भी बन्द था इसलिए मैं उसी स्टोर में एक शर्ट और कुछ बेल्ट खरीदने चला गया। मैं 11:00 बजे स्टैंड पर वापस

आया, लेकिन वो अभी भी बन्द था। मैंने स्टोर के कर्मचारियों में से एक से पूछा, "क्या जूते पॉलिश करने वाला स्टैंड आज खुला है?"

"हाँ," उसने जवाब दिया। "जो व्यक्ति यहाँ जूते पॉलिश करता है वो थोड़ी देर में ही आ जायेगा।" इसलिए मैंने... लगभग 10 मिनट तक इन्तज़ार किया लेकिन कोई नहीं दिखा। तो मैंने पास में ही खड़े एक दूसरे कर्मचारी से पूछा। उसने मुझसे कहा कि स्टैंड थोड़ी देर में खुल जायेगा इसलिए मैंने दस मिनट और इन्तज़ार किया। फिर कोई नहीं दिखा। मैं काउंटर पर गया और वहाँ खुद को उस डिपार्टमेंट का मैनेजर बताने वाले शख्स से बात की। मैंने उसे सारी बात बताई और साथ ही कहा कि मैं स्टैंड खुलने के लिए 20 मिनट से इन्तज़ार कर रहा था।

उसने मुझसे कहा, "जूता पॉलिश करने वाला आदमी आज नहीं आया है। मुझे खेद है कि दूसरे लोगों ने आपको ग़लत जानकारी दी।" मैनेजर व्यस्त था और दूसरे ग्राहक के पास चला गया। मैं खुद को ठगा सा महसूस कर रहा था। मेरे चेहरे पर जो भाव थे, वो उस समय आते हैं जब आपको लगता है कि आपके साथ ग़लत बर्ताव किया गया है और आपके काम की तारीफ नहीं की गई है।

मेरे दिमाग में आया: "मैंने यहाँ 20 मिनट से ज़्यादा इन्तज़ार किया था और मैं इस तरह का बर्ताव बर्दाश्त नहीं कर सकता। मैं इसकी शिकायत किससे कर सकता हूँ?" मेरा दिमाग काफी आगे की बातें सोचने लगा था। *मैं स्टोर में अपनी शिकायत दर्ज कराऊँगा... फिर आगे की कार्रवाई के लिए चिट्ठी लिखूंगा... और अगर उससे भी काम नहीं हुआ तो मैं सुप्रीम कोर्ट में याचिका दायर कर सकता हूँ!* मेरा ब्लड प्रेशर बढ़ रहा था और मैं सच में नकारात्मक चीजों पर ध्यान लगा रहा था। फिर प्रेरक सामग्रियों को पढ़ने और सुनने के 20 साल के दिमागी अनुभव ने काम करना शुरू किया।

मैंने तुरन्त उस बात को दरकिनार किया और ख़ुद को शान्त किया। मेरे साथ जूते पॉलिश करने वाले स्टैंड पर किया गया बर्ताव क्या वास्तव में इस लायक था कि मैं अपना पूरा दिन और अगले 48 घंटे मेरे असंतोष को दर्ज करने के तरीकों का पता लगाने के लिए खर्च करूँ? बिलकुल नहीं। आखिरकार, सबसे अच्छा नतीजा क्या निकलता? स्टोर कहता, "हमें खेद है" और शायद मुझे 10 डॉलर का गिफ्ट सर्टिफिकेट दे देता। क्या ये चीज़ मेरी ज़िन्दगी के दो दिन बर्बाद करने लायक थी? इसलिए, मैंने ख़ुद को समझाया और किसी को उस बारे में कोई शिकायत किए बिना चुपचाप स्टोर से निकल गया।

जब मैं गाड़ी से घर जा रहा था, मैंने इसे भूलने की कोशिश की। मैं पहले से काफी अच्छा महसूस कर रहा था। लेकिन, जैसे ही मैं अपने घर के पास पार्कवे से

नीचे उतर रहा था, मेरे दिमाग में एक विचार कौंधा: "निकास द्वार के पास जूते की दुकान पर रुकना चाहिए।" इस दुकान से मैं खास मौकों पर जूते खरीदता हूँ। फिर, यहाँ मेरे दिमाग ने कहा, "मैं अब उस जूते की दुकान पर क्यों जाऊँ? वे मेरे जूतों को पॉलिश करने में मेरी मदद कैसे करेंगे?" लेकिन, चूंकि ये मेरे रास्ते से कुछ ही दूर था इसलिए मैंने गाड़ी उस स्टोर के लिए घुमा ली।

मैंने वहाँ एक सेल्समैन को देखा जिसे मैं जानता था और मैंने उसे बताया कि मुझे किसी ऐसे व्यक्ति को खोजने में परेशानी हो रही है जो मेरे चमड़े के जूतों को पॉलिश कर सके। मैंने इस बारे में उससे सलाह मांगी। उसने मुझे बताया कि उस सड़क पर थोड़ी दूर पर ही जूते मरम्मत करने वाले की एक दुकान है, जिसका मालिक मेरी मदद कर सकता है। तो, मैं जूते मरम्मत करने वाले की दुकान पर चला गया। दुकान का दरवाज़ा बन्द था। वहाँ साइनबोर्ड पर लिखा था "पांच मिनट में वापस आएं।" एक और रुकावट। क्या मुझे चले जाना चाहिए या इन्तज़ार करना चाहिए? मैं वास्तव में जाने के बारे में ही सोच रहा था, लेकिन मैंने रुकने का फ़ैसला किया।

करीब दस मिनट बाद उस दुकान का मालिक वापस आया। मैंने उससे कहा कि मुझे तुरन्त कुछ जूते पॉलिश करवाने हैं। उसने मुझे जूते उसके पास छोड़ने और एक घंटे में वापस आने के लिए कहा। उसने कहा कि सभी जूतों को पॉलिश कर दिया जायेगा। मैं एक घंटे में वापस आया और न केवल जूते पॉलिश हो चुके थे, वे चमक भी रहे थे! पॉलिश करने की कीमत उतनी ही थी, जितनी मॉल में स्टोर पर होती थी, लेकिन ये चमक लगभग पांच गुना बेहतर थी।

मतलब की बात: मुझे अपने जूते पॉलिश कराने के लिए एक नई जगह मिल गई.... उसी कीमत पर... कहीं बेहतर क्वालिटी के साथ... और मेरे घर से नजदीक।

जूता पॉलिश की इस घटना में कई महत्वपूर्ण प्रेरक सिद्धान्त दिखते हैं:

**बदला लेने की सोच से तुरन्त बाहर निकलें।** बदला लेने और लगातार शिकायत करने से आपका वक़्त बर्बाद होता है और आपकी ऊर्जा बेकार होती है। जैसे ही आपके दिमाग में अपने असन्तोष को दर्ज करने के लिए उठाए जाने वाले कदमों के बारे में ख्याल आता है, "टाइम आउट" कीजिए और शान्त हो जाइए। अपनी शिकायत को आगे बढ़ाने के लिए आप जो कीमत चुकाने जा रहे हैं, उसे समझें और सोचें कि क्या ये आपके एटीट्यूड को घंटों तक बर्बाद करने और एक या दो दिन की उत्पादकता को कुर्बान करने लायक है। (बेशक, ऐसे कुछ उदाहरण हैं जहाँ वास्तविक शिकायत दर्ज करना और किसी प्रकार के मुआवजे की मांग करना

उचित है। हालांकि, ज़्यादातर मामलों में, किसी छोटे से मसले के पीछे भागना क्योंकि आपको लगता है कि "गलत" हुआ है, कोशिश के लायक भी नहीं होता।)

**अपने मन की आवाज़ पर भरोसा करें।** हमारे अन्दर से आने वाली आवाज़ हमें कभी-कभी कुछ अजीब बातें बता सकती है। भले ही ये तर्क की कसौटी पर खरी नहीं उतरती, मैं इस पर पूरा ध्यान देता हूँ (यह मानकर कि सलाह वैधानिक और नैतिक है)। मेरे घर जाने के रास्ते में आने वाले उस जूते की दुकान पर रुकने का कोई तार्किक कारण नहीं था। लेकिन, मैंने उस "सलाह" पर अमल किया और ये मुझे जूते की मरम्मत की नई दुकान तक ले गई। ज़िन्दगी अपने तरीके से सन्देश देती है और ये हमेशा उस रास्ते से नहीं मिलता जैसी आप उम्मीद करते हैं।

**रुकावटों के बावजूद दृढ़ता बनाए रखें।** भले ही आप सकारात्मक बातों पर ध्यान लगा रहे हों और अपनी अन्दरूनी आवाज़ पर भरोसा कर रहे हों तब भी रास्ते में मुश्किलें आयेंगी। मैं मॉल गया, फिर जूते की दुकान और फिर जूते की मरम्मत वाली दुकान। मेरी अन्तिम "परीक्षा" मरम्मत की दुकान बन्द होने के रूप में सामने आई थी। मेरा अन्तर्मन इस स्थिति में वहाँ से चले जाने के लिए उकसा रहा था और कह रहा था, "इसका कोई मतलब नहीं था।" लेकिन मैं दृढ़ता से डटा रहा और एक बार फिर से 10 मिनट इन्तज़ार किया, और ये सही साबित हुआ! याद रखें कि जब आप सही दिशा में भी जा रहे हों, तब भी आपको निराशाओं और बाधाओं का सामना करना पड़ेगा। यदि आप अच्छे नतीजे पाना चाहते हैं तो हार मत मानें!

**हर आपदा का एक सकारात्मक पक्ष होता है।** जब मैं शॉपिंग मॉल से निकला तो मुझे लगा कि मैंने बहुत समय बर्बाद किया है और अभी भी जूतों पर पॉलिश नहीं हो सकी है। हालांकि, अगर आप दो घंटे बाद मेरा इंटरव्यू लेते तो मैं आपको बताता कि मुझे ख़ुशी है कि शॉपिंग मॉल की घटना हुई क्योंकि इसने मुझे बेहतर गुणवत्ता के साथ अपने घर के करीब एक बेहतर जूते चमकाने वाले को खोजने में मदद की। मॉल में जूता पॉलिश करने वाले स्टैंड पर "खड़ा" होना एक वरदान साबित हुआ। लेकिन मुझे ये वरदान कभी नहीं मिला होता अगर मैंने अपने तात्कालिक नकारात्मक विचारों को नहीं छोड़ा होता और एक सकारात्मक नतीजे को सामने नहीं आने दिया होता।

**छोटी-छोटी बातों के नतीजे बड़े होते हैं।** मॉल में स्टोर के कर्मचारियों और मैनेजर ने इस बात पर ज़रा भी ध्यान नहीं दिया कि मुझे ग़लत जानकारी दी गई और मैंने उनके जूते चमकाने वाले स्टैंड पर 20 मिनट तक इन्तज़ार किया। उनके लिए ये

एक छोटी सी बात थी। गलत! अब जब मुझे घर के करीब (उसी कीमत पर) एक बेहतर जूते पॉलिश करने वाला मिल गया है तो मुझे जूते पॉलिश करवाने के लिए इस स्टोर पर नहीं जाना पड़ेगा। इसका मतलब ये भी है कि मैं उस स्टोर पर बेल्ट, शर्ट और दूसरे सामान नहीं खरीदूँगा। मेरे वक़्त की कद्र नहीं करने की वजह से उनके धन्धे का नुकसान हुआ।

जाहिर है, ये कहानी मेरे जूतों की नहीं है। ये कहानी **आपकी ज़िन्दगी** की है। यहाँ मिली सीख हम सब पर लागू होती है। आप आज या कल कुछ ऐसा अनुभव कर सकते हैं जिसमें ये सिद्धान्त शामिल होंगे। तो, अगली बार, जब आपको विपरीत परिस्थिति नकारात्मक रास्ते पर ले जाने लगे, एक गहरी सांस लें, मेरे चमकते जूतों के बारे में सोचें और अपने दिमाग को उम्मीद की उस किरण के लिए खोलें, जो सामने आने का इन्तज़ार कर रही है।

# 30

## अपना अहंकार छोड़ें

*यदि आपने ख़ुद को हर तरफ से ढक रखा है,*
*तो आपने ज़रूरत से ज़्यादा कपड़े पहने हैं।*
—केट हैल्वरसन

आप किसी को उसकी उपलब्धियों के बारे में शेखी बघारते हुए सुनते हैं और मन में सोचते हैं, "उस आदमी में काफी अहंकार है।" या काम पर कोई तब तक बहस करना बन्द नहीं करता जब तक आप स्वीकार नहीं करते कि वो सही है और आप ग़लत हैं। दोनों ही मामलों में, आप अहंकार से भरे ऐसे व्यवहार से दूर हो जाते हैं और ऐसे लोगों से अलगाव महसूस करते हैं।

जब मैं अहंकार कहता हूँ तो मैं फ्रायड की क्लासिक मनोरोग और मनोवैज्ञानिक परिभाषाओं की बात नहीं कर रहा हूँ। मैं आत्म-महत्व और अलगाव की भावनाओं के बारे में बात कर रहा हूँ—जहाँ हम जानबूझकर या अनजाने में दूसरों पर अपनी श्रेष्ठता थोपने की कोशिश करते हैं।

अहंकार से अधूरेपन की भावना महसूस होती है और इस खालीपन को भरने के लिए बाहरी चीज़ों की ज़रूरत होती है। एकहार्ट टोल ने अपनी बेहतरीन किताब, द *पावर ऑफ नाउ*, में इसे इस तरह से बताया है: "सबसे आम अहंकार की पहचान जायदाद के साथ होती है: आप जो काम करते हैं, आपका सामाजिक रुतबा और मान्यता, जानकारी और शिक्षा, रंग-रूप... और राजनीतिक, राष्ट्रीय, नस्लीय, धार्मिक और दूसरी सामूहिक पहचान भी। इनमें से *आप* कुछ भी नहीं हैं।"

इससे उनका आशय है कि इनमें से कोई भी चीज़ आपकी पहचान नहीं है... कि आप वास्तव में कौन हैं। बल्कि, वे अस्थायी तौर पर आपकी कमाई या जमा की गई जायदाद या शोहरत की पहचान बताते हैं।

आप कैसे बता सकते हैं कि आपका अहंकार कब असर डाल रहा है और कब आपके रिश्तों व आपकी ज़िन्दगी की बेहतरी में दखल दे रहा है? यहाँ कुछ खास संकेत बता रहा हूँ।

**आप ओहदों को लेकर चिन्तित रहते हैं।** अहंकार को हमेशा इस बात की चिन्ता रहती है कि सामाजिक व्यवस्था में आपका स्थान क्या है। क्या आप काम पर अपने ओहदे की परवाह करते हैं और क्या आप और भी ज़्यादा बड़े ओहदे के साथ तरक्की कर सकते हैं? बहुत से लोग तनख्वाह में बढ़त या दूसरे फायदों को छोड़ने के लिए तैयार रहते हैं, अगर उन्हें अपने नाम के साथ ज़्यादा प्रतिष्ठित टाइटल लगाने का मौका मिले। जब आप इसे गहराई से देखते हैं तो ये टाइटल्स किसी काम के नहीं होते हैं और किसी भी संस्थान या संगठन में अलगाव को बढ़ाते हैं। इस सम्बन्ध में, मुझे लगता है कि हम क्वैकर्स (एक धार्मिक संगठन) से बहुत कुछ सीख सकते हैं, जो टाइटल्स का इस्तेमाल नहीं करते हैं क्योंकि ये उनके उस सिद्धान्त के खिलाफ है जिसमें माना जाता है कि सभी लोग बराबर हैं।

**आप लगातार अपनी तुलना दूसरों से करते रहते हैं।** अहंकार आपको दुनिया के बाकी सभी लोगों के साथ "प्रतिस्पर्धा में" देखता है। आपको लगता है कि आप बेहतर महसूस करेंगे यदि आप कुछ श्रेणियों में दूसरों की अपेक्षा ज़्यादा "अच्छा" करते हैं। आप दूसरों से बेहतर दिखना चाहते हैं और उनसे ज़्यादा स्मार्ट बनना चाहते हैं। आप अपने पड़ोसियों और सहकर्मियों से अपनी आय और दूसरी जायदाद की तुलना करते हैं। ये बेकार की कोशिश है जो आपको कभी भी सन्तोष नहीं देगी, चाहे आप कितना भी कमा लें या आप कितने भी शानदार दिखें।

**आप ख़ुद को ये बहस करते हुए पाते हैं कि आप सही हैं और दूसरे गलत हैं।** मुझे यकीन है कि आप इससे सहमत होंगे! आप अपने जीवनसाथी या दोस्त के साथ बात कर रहे हैं और आप इस बात पर अड़े हैं कि आप सही हैं—और दूसरा शख्स ग़लत है। यदि वो इसे नहीं मानता है, तो आप अपने दावे को मजबूत करने के लिए सबूत देने लगते हैं। स्वाभाविक रूप से, दूसरा पक्ष शायद ही कभी "ग़लत" होना स्वीकार करता है, चाहे आपका तर्क कितना भी मजबूत क्यों न हो। (दरअसल, सम्भावना होती है कि कोई भी साफ़ तौर पर सही या ग़लत ना हो।)

अन्त में, दूसरा शख़्स आपकी ज़िद और सही होने पर आपके ज़ोर देने से नाराज़ हो जाता है। आप हार जाते हैं, भले ही आपने बहस "जीती" हो। ये रणनीति रिश्तों को ख़त्म कर देती है, और इससे आपके अहंकार को बढ़ावा मिलने के अलावा कोई फायदा नहीं होता है। आपको दूसरे शख़्स की बात से राज़ी होने की ज़रूरत नहीं है। आप जीत और हार का ऐलान किए बगैर भी अपनी बात रख सकते हैं।

**आप अक्सर दूसरों पर राय बनाते हैं या उनकी आलोचना करते हैं।** मैं सबसे पहले ये बात मानूंगा कि दूसरों पर राय बनाना या उनकी आलोचना करने से ख़ुद को रोकना काफी चुनौती भरा होता है। हमें दूसरों की आलोचना करना और उन पर राय बनाना सिखाया जाता है। वैसे, रचनात्मक आलोचना जैसी चीज़ होती है और हमें दूसरों में सुधार के लिए मदद करने की कोशिश करनी चाहिए। हालांकि, हम अक्सर ये दिखाने के लिए आलोचना करते हैं कि हम ज़्यादा जानते हैं... या हम दूसरों से बेहतर हैं। ये अहंकार से आने वाली विनाशकारी आलोचना है। हम सोचते हैं कि दूसरों को नीचा दिखाकर हम ख़ुद को ऊपर उठा सकते हैं। हमें ऐसा लग सकता है, लेकिन वास्तव में हम जो करते हैं वो हमारे अपने आत्मसम्मान की कमी को छुपाने की कोशिश है।

**आप अपने रंग-रूप को लेकर काफी संजीदा हैं।** साफ़-सुथरा और अच्छी तरह से तैयार होना बहुत अच्छा है। लेकिन, मैं यहाँ इस बारे में बात नहीं कर रहा हूँ। मैं उन लोगों की बात कर रहा हूँ, जो दुबले-पतले होने के बावजूद शरीर की चर्बी को हटाना चाहते हैं। ये वे लोग हैं जो हमेशा के लिए 20 साल की उम्र जैसा दिखने की कोशिश करते हैं और फेसलिफ्ट व अन्य कॉस्मेटिक चीज़ों के पीछे भागते हैं। एक या दो झुर्रियों के साथ रहने में हर्ज ही क्या है? मैं अपने सिर के बाल झड़ने को लेकर काफी संजीदा हुआ करता था। धीरे-धीरे मुझे समझ आया कि ये कोई बड़ी बात नहीं बल्कि जीवन का एक स्वाभाविक हिस्सा है। आपका अहंकार आपको बताता है कि जब तक आप "युवा" नहीं दिखेंगे, लोग आपसे प्यार नहीं करेंगे या आपका सम्मान नहीं करेंगे। क्या बकवास है! जब मैं प्लास्टिक सर्जरी से चेहरे को जवान बनाने वाले और इंजेक्शन से अपने होंठ मोटे करवाने वाले सेलिब्रिटीज़ को देखता हूँ तो मैं अपने होंठ सिकोड़ लेता हूँ। मुझे वे थोड़े से भी आकर्षक नहीं लगते। क्या आपको लगते हैं? वैसे मुझे लगता है कि कसरत करना, वजन उठाना और अपने शरीर को आकार में लाना बहुत अच्छा है—दूसरे लोगों को प्रभावित करने के लिए नहीं बल्कि इसलिए कि ये आपको स्वस्थ रखता है, आपकी ताक़त बढ़ाता है और आप अपने बारे में अच्छा महसूस करते हैं।

**आप पूरी तरह या तो अतीत में रहते हैं या भविष्य में।** अहंकार चाहता है कि आप अतीत को फिर से जिएं (खासकर नकारात्मक चीज़ों को!) और भविष्य की चिन्ता करें। इसलिए, आप महीनों या सालों पहले किए गए काम के लिए ख़ुद को कोसते हैं, भले ही अब आप इसे लेकर कुछ नहीं कर सकते। या आप इस बात से चिन्तित हैं कि भविष्य में चीज़ें कैसे सामने आयेंगी और आप अपना बचाव कैसे कर सकते हैं।

---

अब जब आप वैसे कुछ संकेतों को समझ गए हैं कि अहंकार कैसे "बढ़ता" है, आप अपने ऊपर अहंकार को हावी होने से रोकने के लिए क्या कर सकते हैं? आपने पहला कदम तो ले ही लिया है, जो है इसकी जानकारी होना। अहंकार की पसन्दीदा चालों पर नज़र रखकर (और बीच-बीच में इस सूची की समीक्षा करके) आप इन विनाशकारी गतिविधियों और सोचने के तरीकों को कम करना शुरू कर देते हैं। जब आप ख़ुद को दूसरों के साथ तुलना करते हुए पाते हैं, तो आप ख़ुद से कहेंगे, "मैं दूसरे से ख़ुद की तुलना कर रहा हूँ..." और आप आने वाले समय में तुलना करना कम कर देंगे।

अहंकार को वश में करने का दूसरा तरीका है जितना हो सके वर्तमान में जीना। अहंकार वर्तमान से नफ़रत करता है क्योंकि यहाँ पर आप अलगाव की भावना को पीछे छोड़ देते हैं और दुनिया की हर चीज़ से अपना जुड़ाव महसूस करते हैं। रोज़ाना कम से कम 10-15 मिनट एकान्त में बिताएं। बस अपनी आँखें बन्द करें और सांस पर ध्यान लगाने के अलावा और कुछ न सोचें। आप पायेंगे कि ये करना कोई आसान काम नहीं है! आपके मन में कई सारी बातें आने लगी हैं और ये शान्त नहीं होना चाहता। बस इन विचारों को आने-जाने दें और एक-दो मिनट के बाद आपको शान्ति का अनुभव होगा।

मार्शल आर्ट और योग व ताई-ची जैसी चीज़ें भी आपको मौजूदा वक़्त पर ध्यान लगाना ही सिखाती हैं। इनमें से किसी भी विषय में आपका बिताया गया वक़्त और कोशिश आपको काफी फायदा पहुँचायेंगे।

हालांकि, ये मत सोचिए कि आपको दुनिया से "कतराना" है और अपने अहंकार को छोड़ने के लिए पूरे दिन पद्मासन में बैठे रहना है। आप अभी भी किसी बिज़नेस या खेलकूद में लगे रह सकते हैं। अन्तर ये होगा कि आप ख़ुद को बेहतर साबित करने या किसी को नीचा दिखाने के लिए नहीं सोच रहे हैं। आप अपने सर्वश्रेष्ठ प्रदर्शन पर ध्यान केन्द्रित करेंगे, बगैर इस बात की चिन्ता किए कि दूसरे लोग क्या कर रहे हैं।

आपके मन में अगर सवाल आ रहा है तो मैं आपको बता दूँ कि मैं अपना अहंकार पूरी तरह छोड़ नहीं सका हूँ। लेकिन, मैंने इसे कम कर दिया है। मैं पहले से ज़्यादा ख़ुशी महसूस करता हूँ और अब चीज़ें मुझे उतनी परेशान नहीं करतीं जैसे वे पहले किया करती थीं।

यह एक विरोधाभास है—जब आप अपने अहंकार को छोड़ते हैं तो आप किसी भी सार्थक चीज़ को नहीं छोड़ते। इसके उलट, आप ज़्यादा आज़ाद महसूस करते हैं और अपनी ज़िन्दगी के सभी क्षेत्रों में सुधार करते हैं। आप पाते हैं कि आपका मन पहले से अधिक शान्त है। इसके अलावा आप महसूस करेंगे कि कोई भारी वजन (अहंकार का वजन!) आपके ऊपर से हट गया है। दूसरे लोग आपके साथ अधिक सकारात्मक रूप से बातचीत करेंगे। आप ज़्यादा रचनात्मक तरीके से सोचेंगे और आप तनावपूर्ण स्थितियों का ज़्यादा असरदार ढंग से सामना करेंगे।

आपको ख़ुशी होगी कि आपने अपने अहंकार को वश में करने की कोशिश की!

# 31

# ट्यूब में बहुत कुछ बाकी है

*साधारण प्रतिभा और असाधारण दृढ़ता के साथ*
*सारी चीज़ें हासिल की जा सकती हैं।*
—सर थॉमस बक्सटन

मैं हर सुबह दाढ़ी बनाता हूँ और ट्यूब से निकलने वाली शेविंग क्रीम का इस्तेमाल करता हूँ। कई हफ्तों तक ट्यूब का इस्तेमाल करने के बाद मैंने देखा कि ट्यूब खाली होने लगी है।

मैंने तुरन्त सोचा, "इसमें कुछ बचा नहीं है।" मैं बस इसे कचरे के डिब्बे में फेंकने ही वाला था कि मुझे लगा कि इसमें से एक या दो बार दाढ़ी बनाने के लिए क्रीम निकाली जा सकती है।

मुझे बहुत ताज्जुब हुआ, शेविंग क्रीम दिन-ब-दिन बाहर निकलती रही। मैंने उस ट्यूब से 19 बार और शेव किया, तब जाकर वो खत्म हुई ! और ये सोचिए कि मैं इसे बस फेंकने वाला था।

मुझे यकीन है कि आपने टूथपेस्ट या शैम्पू की ट्यूब के साथ ऐसा ही अनुभव किया होगा। ऐसा लगता है कि ट्यूब बस खाली है, लेकिन आप ट्यूब को मोड़ते, निचोड़ते रहते हैं—और खाली सी लगने वाली ट्यूब का इस्तेमाल आप कुछ और दिनों या हफ़्तों तक कर लेते हैं।

हम सभी के लिए यहाँ एक सबक है। हम किसी लक्ष्य को हासिल करने के लिए काम करते हैं और कभी-कभी लम्बे समय तक हमें निराशाजनक नतीजे मिलते हैं। चीज़ें वैसी नहीं होती हैं जैसी हमें उम्मीद थी। हमें लगता है कि "हमारी ट्यूब"

में कुछ नहीं बचा है और हम उसे छोड़ने के लिए सोचने लगते हैं। सच्चाई ये है कि हमारी ट्यूब में बहुत कुछ बचा होता है, बस हमें ख़ुद पर यकीन रखना और आगे बढ़ते रहना होता है।

दरअसल, हमारी सबसे बड़ी कामयाबी अक्सर तब आती है जब हमें लगता है कि हमारे ट्यूब में कुछ भी नहीं बचा है। जैसा कि आप जानते हैं, जीवन के दो अलग और विपरीत पहलू होते हैं, और जब आप नाकामियों और निराशाओं का अनुभव करते हैं, तो इसे सन्तुलित करने के लिए अक्सर महत्वपूर्ण उपलब्धियाँ आपके पास आ जाती हैं। फिर भी ज़्यादातर लोग "किसी बड़े बदलाव" के आने के पहले ही हार मान लेते हैं।

हैरियट बीचर स्टोव ने इस सिद्धान्त के बारे में कहा है: "जब आप एक तंग जगह पर पहुँच जाते हैं और सब कुछ आपके खिलाफ हो रहा होता है, जब ऐसा लगता है कि अब आप एक मिनट और रुक नहीं सकते, तब कभी भी हार न मानें, क्योंकि यही वो जगह और समय हो सकता है जब बाज़ी पलट जायेगी।"

लगभग 10 साल पहले, जैक कैनफील्ड और मार्क विक्टर हैनसेन ने अलग-अलग प्रकाशकों को अपनी किताब छापने के लिए देना शुरू किया। पहले 30 ने उनकी किताब को खारिज कर दिया। वे तब हार मानकर बैठ सकते थे, ये मानते हुए कि ट्यूब खाली थी। फिर उन्हें 31वीं बार खारिज किया गया... और फिर 32वीं बार भी। क्या ट्यूब खाली थी? उन्होंने ऐसा नहीं सोचा। 34वीं कोशिश में, आखिरकार उन्हें अपनी किताब के लिए एक प्रकाशक मिला। इस किताब का नाम था 'चिकन सूप फॉर द सोल' और इसने किताबों की एक पूरी सीरीज़ को तैयार कर दिया जिनकी अब तक 10 करोड़ से अधिक प्रतियाँ बिक चुकी हैं!

कभी-कभी हमें अपने स्वयं के सन्देह से लड़ना पड़ता है कि क्या हम असफलताओं का सामना कर सकते हैं। वहीं कभी-कभी, हमें दूसरों की बातों को अनदेखा करना होगा जो हमें बताते हैं कि हमारी ट्यूब में कुछ भी नहीं बचा है और हमें अपने सपनों को छोड़ना होगा।

जॉर्ज फोरमैन—व्यवसायी, ब्रॉडकास्टर और पूर्व हैवीवेट बॉक्सिंग चैम्पियन का उदाहरण लें। जब वो 40 की उम्र में पहुँच रहे थे, जॉर्ज ने फ़ैसला किया कि वो रिटायरमेंट से बाहर आयेंगे और हैवीवेट चैम्पियनशिप हासिल करेंगे। ज़्यादातर लोगों ने सोचा कि उनकी ट्यूब में कुछ भी नहीं बचा है; निश्चित रूप से इतना तो नहीं कि वो बढ़ी हुई उम्र में फिर से चैम्पियनशिप जीत सकें। लोगों ने कहा कि वो बहुत बूढ़े हैं, शारीरिक रूप से उतने मजबूत नहीं रहे और इतने लम्बे समय तक मुक्केबाज़ी से दूर रहने के बाद उनका शरीर अकड़ गया है । लेकिन जॉर्ज ने इन नकारात्मक बातों

की ओर कभी ध्यान नहीं दिया और 45 साल की उम्र में 5 नवम्बर, 1994 को जॉर्ज फोरमैन ने माइकल मूरर को हराकर हैवीवेट टाइटल फिर से जीत लिया। अन्त में, इस बात के कोई मायने नहीं थे कि दूसरों ने जॉर्ज पर सन्देह किया क्योंकि उन्होंने ख़ुद पर सन्देह कभी नहीं किया। वो जानते थे कि उनकी ट्यूब में बहुत कुछ बचा है।

आप में से कुछ लोग इस उधेड़बुन में होंगे कि क्या कभी कोई समय होता है जब "हम काम में सफलता न मिलने की वजह से अपने प्रयासों को रोक दें ताकि स्थिति ज़्यादा न बिगड़ जाए" और अपने लक्ष्य का पीछा करना बन्द कर दें। मुझे लगता है कि इसका उत्तर "हाँ" है, लेकिन आमतौर पर तभी जब आपके अन्दर उस लक्ष्य को प्राप्त करने के लिए उत्साह की कमी होती है, या आपको लगता है कि अब आपके भीतर इसे पूरा करने का जज्बा नहीं बचा है। उत्साह और प्रतिबद्धता के बिना, वास्तव में आपकी ट्यूब में बहुत कम बचा होता है।

हालांकि, अगर आप अभी भी किसी ऐसे लक्ष्य तक पहुँचने के लिए उत्साहित हैं, जो कि बहुत दूर है, तो ये वो वक़्त है जब आपको अपनी रणनीति को दोबारा जाँचना होगा और ये देखना होगा कि किसी बदलाव की ज़रूरत तो नहीं है। आखिरकार, ऐसे कदम आगे बढ़ाने का कोई मतलब नहीं है जो बेअसर साबित हुए हैं।

एक बार जब आपको यकीन होता है कि आपके पास एक सही रणनीति है, और आप अपने लक्ष्य को पूरा करने के लिए ऊर्जा और प्रयास खर्च करने के लिए तैयार हैं, तब पीछे नहीं हटना चाहिए। यह सिर्फ़ समय की बात है जब तक कि आपको "नया जोश" नहीं मिलता। यदि आपने खेला है या व्यायाम किया है, तो आपने "नए जोश" का अनुभव किया होगा। जब आप ताक़त लगाते हैं और आपको लगता है कि अब और नहीं लगाया जा सकता, तब अचानक से आप ऊर्जा का एक नया विस्फोट महसूस करते हैं जैसे कि आपको नया जोश आ गया है। आपके अन्दर फिर से ताक़त आ जाती है!

विलियम जेम्स ने कहा है, "ज़्यादातर लोग पहली बार में हार मान लेते हैं और इसलिए वे ये नहीं जान पाते कि उनके अन्दर नया जोश आने वाला था।" आपको अपने साथ ऐसा नहीं होने देना है। हार मान लेना कितना शर्मनाक है जबकि आप दोबारा कोशिश करके अपने सबसे चहेते सपनों को पूरा कर सकते हैं।

इसलिए, जब आपको लगता है कि ट्यूब खाली सी है, तो हौसला बनाए रखें और ये समझें कि अभी पीछे हटने का वक़्त नहीं है। क्योंकि हो सकता है कि कामयाबी आसपास ही हो।

# 32

# लक्ष्य निर्धारित करना
# कामयाबी का कोई एक फॉर्मूला सबके लिए काम नहीं करता

*आपके लिए क्या चीज़ काम करती है,*
*ये जानना महत्वपूर्ण है।*

**—हेनरी मूर**

यदि आपने प्रेरक वक्ताओं को सुना है या ऐसी किसी किताब को पढ़ा है, तो आपको निस्सन्देह लक्ष्य निर्धारित करने के महत्व के बारे में बताया गया होगा। दरअसल, कई लोग आपको बतायेंगे कि लक्ष्य सफलता की कुंजी हैं। देखिए, मैंने लगभग 20 वर्षों तक लक्ष्य निर्धारित करने के बारे में पढ़ा है और मैं यह स्वीकार करता हूँ कि: इस पेचीदा विषय के बारे में मेरी समझ अभी भी विकसित नहीं हुई है।

दिक्कत ये है कि प्रेरक वक्ता और लेखक अक्सर लक्ष्य-निर्धारण को कुछ ज़्यादा ही आसान बता देते हैं। ऐसा करने वाले लोग आपको अपना उद्देश्य हासिल करने के लिए जो चीज़ें करने की सलाह देते हैं, उसे मैं "लक्ष्य निर्धारण का पारम्परिक तरीका" कहता हूँ:

- एक लक्ष्य निर्धारित करें—दूसरे शब्दों में, तय करें कि आप क्या हासिल करना चाहते हैं
- लक्ष्य को लिखकर रखें

- लक्ष्य प्राप्ति के लिए एक समय सीमा निर्धारित करें
- एक योजना बनाएं और उस पर काम करें
- एक सफल परिणाम की कल्पना करें
- सकारात्मक दृष्टिकोण बनाए रखें
- अपनी प्रगति को आँकते रहें और जहाँ ज़रूरी हो, वहाँ बदलाव करें
- अपने लक्ष्य को पाने तक दृढ़ रहें

ये सब सुनने में बहुत अच्छा लगता है, बस एक दिक्कत है—ज़्यादातर लोग इस तरीके का इस्तेमाल कर अपने लक्ष्यों को हासिल नहीं कर पाते हैं! ज़्यादातर लोग अपने लक्ष्य से काफ़ी पीछे रह जाते हैं। मैंने इन तरीकों से कई लक्ष्य हासिल किए हैं तो कुछ लक्ष्यों को पूरा करने में नाकाम भी रहा हूँ। मैं दावे से कह सकता हूँ कि इस लेख को पढ़ने वाले करीब-करीब सभी लोग इस फॉर्मूले की मदद से अपने कई लक्ष्यों को पूरा करने में नाकाम रहे होंगे—इसके बावजूद कि वे सकारात्मक थे और उन्होंने ज़रूरी कोशिशें की थीं।

हम कहाँ पर ग़लत हुए? हम इस फॉर्मूले के इस्तेमाल से कुछ लक्ष्यों को तो पूरा कर पाते हैं, लेकिन बाकियों को पूरा करने में नाकाम क्यों रहते हैं? वैसे मैं ये नहीं कहूँगा कि मेरे पास इन सारे सवालों के जवाब हैं, लेकिन लक्ष्य निर्धारण के विषय पर मैं अपनी समझ आपके साथ साझा कर रहा हूँ।

1. **कई लोग किसी लक्ष्य को निर्धारित किए बिना सफल होते हैं।** इन वर्षों में, मैंने देखा है कि ऊँची उपलब्धियाँ हासिल करने वाले कई लोग हैं जो बिना लक्ष्य निर्धारित किए सफल हुए हैं। अभिनेता हैरिसन फोर्ड ने कहा है कि उनका फिल्म स्टार बनने का लक्ष्य नहीं था। एंटोनियो बैंडेरस कहते हैं कि वो कभी भी लक्ष्य निर्धारित नहीं करते और उन्हें लगता है कि लक्ष्य निर्धारण व्यक्ति को सीमित कर देता है। सिंडी क्रॉफर्ड ने कभी भी "सुपरमॉडल" बनने का लक्ष्य निर्धारित नहीं किया था। पूर्व विदेश मन्त्री मैडलिन अलब्राइट के मुताबिक ना तो कभी उन्होंने विदेश मन्त्री बनने का लक्ष्य निर्धारित किया था—और ना ये सोचा था कि उन्हें संयुक्त राष्ट्र में राजदूत बनाया जायेगा। और, मेरा अन्दाजा है कि विन्सेंट वान गॉग ने कभी भी इस लक्ष्य को लिखकर नहीं रखा होगा: "मैं अगले 90 दिनों में तीन उत्कृष्ट कृतियाँ बनाऊँगा और दस लाख डॉलर कमाऊँगा।"

अन्त में ये कहा जा सकता है कि कुछ लोग लक्ष्य तय करने के पारम्परिक तरीकों का इस्तेमाल किए बिना भी बेहद कामयाब हुए हैं।

2. **आप लक्ष्य निर्धारित करें या नहीं, आपको सफल होने के लिए साफ़ सोच और जुनून की ज़रूरत होती है।** जब मैं उन लोगों के उदाहरण देता हूँ जो बिना लक्ष्य निर्धारण के सफल हुए, तो मैं इस बात पर ज़ोर देना चाहता हूँ कि इन लोगों की सोच साफ़ थी कि वे अपने जीवन में क्या करना चाहते हैं। वे अपने काम के प्रति जुनूनी थे और हैं, वे अपने क्षेत्र में लगातार सीखते रहते हैं और आगे बढ़ते रहते हैं, वे जोखिम लेने के लिए तैयार रहते हैं, और आगे बढ़ने के लिए जो कुछ भी करना पड़े उसके लिए प्रतिबद्ध रहते हैं। जो लोग अस्पष्ट और अनिश्चित रहते हैं वे कभी भी ज़्यादा बड़ी कामयाबी हासिल नहीं कर पाते हैं।

3. **जब कारोबार और बिक्री की बात आती है तो नियम अलग हो जाते हैं।** मैंने पाया है कि कारोबार और बिक्री में कामयाब होने के लिए आपको लक्ष्य निर्धारित करना (कई पारम्परिक तरीकों का इस्तेमाल करके) ज़रूरी होता है क्योंकि सेल्स में आपको जल्दी से नतीजे हासिल करने की ज़रूरत होती है।

   या तो आप नतीजे लाकर दिखाते हैं, या "खेल से बाहर" हो जाते हैं। कारोबार में ये नज़रिया नहीं चल सकता, "हम कड़ी मेहनत करेंगे और हम कभी भी कामयाब हों इससे कोई फ़र्क नहीं पड़ता।" इस नज़रिए के साथ, बिज़नेस अपने कर्मचारियों की सैलरी देने लायक कमाई भी नहीं कर पायेगा और ना ही अपने निवेशकों का भरोसा जीत पायेगा। कुछ कम्पनियाँ हैं जो अपने लक्ष्यों को निर्धारित किए बिना फलती-फूलती हैं, लेकिन ऐसी कम्पनिंा अपवाद भर हैं।

   ज़्यादातर कम्पनियाँ सेल्स से जुड़े पदों के लिए आवेदकों के व्यक्तित्व का परीक्षण करती हैं और पहले से अन्दाजा लगाने की कोशिश करती हैं कि आवेदकों में सेल्स डिपार्टमेंट में कामयाब होने की काबिलियत है या नहीं। ये एक सकारात्मक दृष्टिकोण है और ऐसे लोगों की पहचान करने में मदद करता है जो इन "नियमों" के तहत काम करने के लिए उपयुक्त हैं।

4. **कुछ लोग लक्ष्य निर्धारण के पारम्परिक फॉर्मूलों के अनुकूल नहीं होते हैं।** लक्ष्य निर्धारण के पारम्परिक तरीकों की वकालत करने वाले

कई लोग दावा करते हैं कि ये तरीका हर किसी के लिए काम कर सकता है। मैं अब ऐसा नहीं मानता। अगर हैरिसन फोर्ड किसी इंश्योरेंस सेल्समैन के तौर पर काम करते तो शायद बुरी तरह से नाकाम रहते। कुछ लोग अपने लक्ष्यों को तय करने और एक निश्चित समय सीमा के भीतर उन्हें हासिल करने में सहज नहीं होते हैं। वे इस तरीके से अपनी पूरी क्षमता नहीं दिखा पाते हैं।

5. **लक्ष्य में नाकामी आमतौर पर प्रतिबद्धता की कमी को दर्शाती है।** हमारे पास निर्धारित किए गए अधिकांश लक्ष्यों को प्राप्त करने की क्षमता होती है। हालांकि, हममें अक्सर एक ज़रूरी चीज़ की कमी होती है: प्रतिबद्धता। हमें लगता है कि हम किसी लक्ष्य को प्राप्त करने के लिए प्रतिबद्ध हैं, लेकिन वास्तव में, हम उद्‌देश्य को पूरा करने के लिए जो कुछ भी करना चाहिए, करते नहीं हैं। हम निराश हो जाते हैं और अन्ततः लक्ष्य को छोड़ देते हैं। इसलिए, यदि आप किसी लक्ष्य को पाने के लिए आगे नहीं बढ़ पा रहे हैं, तो इस बात की गुंजाइश ज़्यादा है कि आप सही मायने में प्रतिबद्ध नहीं हैं।

6. **लक्ष्य में नाकामी एक उद्‌देश्य को पूरा करती है।** लक्ष्य हासिल करने में नाकामियों को निराशा या बुरी चीज़ के तौर पर देखना आसान है। हालांकि, मैं इसे अलग तरीके से देखता हूँ। दरअसल, "असफल" लक्ष्य एक उद्‌देश्य को पूरा करते हैं—हमें बेहतर रास्ते पर फिर से ले जाने का। अक्सर, हम इस आधार पर लक्ष्य निर्धारित करते हैं कि दूसरे हमें क्या करने के लिए कहते हैं—या सफल होने के लिए या पैसा बनाने का कोई अच्छा तरीका क्या हो सकता है। जब हम इन लक्ष्यों को प्राप्त नहीं कर पाते हैं, तो हम उन्हें छोड़ देते हैं और फिर एक अलग रास्ता बनाने की कोशिश करते हैं, जो अक्सर हमारी काबिलियत और हमारी अपनी अलग शख्सियत के हिसाब से होता है।

7. **लक्ष्यों को प्राप्त करने में एक "X" फ़ैक्टर भी होता है।** हाँ, आपको लक्ष्य प्राप्त करने के लिए सकारात्मक दृष्टिकोण, उत्साह और प्रतिबद्धता की ज़रूरत होती है। लेकिन पर्दे के पीछे से ना दिखाई देने वाली एक चीज़ भी काम करती है—मैं इसे "X" फ़ैक्टर कहता हूँ। जैसा कि हम खेल स्पर्धाओं में देखते हैं, चैम्पियनशिप मैच का फ़ैसला गेंद की एक उछाल, एक इंच के छोटे से हिस्से या किसी रेफरी की भूल से हो जाता है। ये बात सच है कि हर तरह से तैयार प्रतियोगी ख़ुद

को जीतने की स्थिति में लाता है, लेकिन इस बात को भी समझें कि कभी-कभी किस्मत हमें कुछ लक्ष्यों को प्राप्त करने में मदद करने को आगे आती है।

40 सालों से भी पहले, मैक्सवेल माल्ट्ज़ ने लक्ष्य निर्धारण पर एक बेहतरीन किताब लिखी थी जिसका नाम *साइको-साइबरनेटिक्स* था। डॉ. माल्ट्ज़ का मानना था कि हमारे पास लक्ष्य ज़रूर होना चाहिए। हालांकि, उनका सोचना था कि चेतन मन के साथ यह जानने की कोशिश करना कि लक्ष्य कैसे प्राप्त किया जाए, उल्टे नतीजे दे सकता है। उन्होंने सुझाव दिया कि आप आखिरी नतीजे पर ध्यान केन्द्रित करें और अपनी मार्गदर्शन प्रणाली को ये तय करने दें कि लक्ष्य हासिल करने के "साधन" क्या हो सकते हैं।

मैं यही बताना चाहता हूँ कि लक्ष्य निर्धारण का सिद्धान्त "हर किसी पर लागू नहीं हो सकता"। अगर मैंने यहाँ कुछ लोगों को उलझन में डाल दिया है तो कोई बात नहीं। अगर आप मुझसे पूरी तरह असहमत हैं तो भी कोई दिक्कत नहीं है। मैं चाहता हूँ कि आप केवल उन तरीकों का पालन ना करते रहें जो आपके लिए नतीजे नहीं लाते, बल्कि लक्ष्य निर्धारण के बारे में ज़्यादा सोचना शुरू करें। कुछ लोगों के लिए लक्ष्य निर्धारण के पारम्परिक तरीके काम करते हैं, और मैं उन लोगों को प्रोत्साहित करूँगा कि वे इन तरीकों को जारी रखें। लेकिन ये तरीके हर किसी के लिए काम नहीं करते हैं, और आँकड़े भी इस बात को अच्छी तरह साबित करते हैं।

एक रास्ता होगा जो आपके लिए काम करेगा। लक्ष्य निर्धारण के लिए विभिन्न दृष्टिकोणों को चुनौती देकर और उन्हें अपने हिसाब से ढालकर आप एक ऐसा सिस्टम हासिल कर पायेंगे जो आपके लिए सकारात्मक नतीजे लेकर आयेगा !

# 33

# अधिक अनुशासन, अधिक सफलता

*हर अनुशासित प्रयास अपने साथ कई पुरस्कार लेकर आता है।*

**—जिम रॉन**

जब आप "अनुशासन" शब्द को सुनते हैं, आपके मन में माता-पिता या अध्यापक की डांट आ सकती है। या शायद आप उन सख़्त तरीकों के बारे में सोचते हैं जो सेना में अपनाए जाते हैं। सच है कि अनुशासन सुनने में मज़ेदार शब्द नहीं लगता, और ज़्यादातर लोगों के लिए इसका मतलब कुछ हद तक "नकारात्मक" होता है।

लेकिन जो लोग कामयाब होते हैं, सीखते और तरक्की करते हैं, वे अनुशासन को बिलकुल अलग ढंग से देखते हैं। वे मानते हैं कि अनुशासन वास्तव में एक सहयोगी है... ऐसा वाहन है जो उन नतीजों को हासिल करने देता है जिन्हें हम हासिल करना चाहते हैं।

चलिए इस शब्द के अर्थ पर थोड़ा करीब से नज़र डालते हैं। शब्दकोष में अनुशासन की परिभाषा है "मन, शरीर, या मानवीय व्यवहारों का प्रशिक्षण; आत्म-संयम।"

अनुशासन वास्तव में कुछ फायदेमन्द आदतों या नियमों को बनाना और उन्हें लागू करना है, साथ ही वैसे काम पर अंकुश लगाना भी अनुशासन है जो अनुचित हैं या हमें नुकसान पहुँचा सकते हैं। हम चाहें इसे मानें या नहीं, हम सभी अपनी आदतों के हिसाब से ही जीते हैं। हर दिन, हम कुछ खास नतीजों को हासिल करने के लिए अपने मन और शरीर को सिखाते रहते हैं। शायद आपको मिलने वाले नतीजे पसन्द

ना आएं, लेकिन आपने उन नतीजों को हासिल करने के लिए एक ट्रेनिंग प्रोग्राम बना लिया है। हम दिन-प्रतिदिन जिन आदतों का पालन करते हैं, वही हमें हासिल होने वाली कामयाबी, दूसरों के साथ हमारे सम्बन्ध के तरीके, हमारी सेहत की हालत, और दूसरी कई स्थितियों को तय करती हैं।

यहाँ कुछ तरीके हैं जिनकी मदद से हमारी ज़िन्दगी में अनुशासन अपनी भूमिका निभाता है और कैसे हम इस शक्तिशाली सिद्धान्त का इस्तेमाल अपने फायदे के लिए करते हैं:

**अनुशासन सकारात्मक नतीजे दिलाता है।** जो लोग पैसे बचाना चाहते हैं वे पैसे बचा सकते हैं। जो लोग वजन घटाना चाहते हैं वे वजन घटा सकते हैं (अगर कोई मेडिकल दिक्कत ना हो)। जो लोग ऐरोबिक क्षमता या मांसपेशियों की ताक़त बढ़ाना चाहते हैं वे ऐसा कर सकते हैं अगर वे कुछ चीज़ें नियमित रूप से करें। यही अनुशासन की खूबसूरती है। अगर आप कोशिश करते हैं, आपको वही सकारात्मक नतीजे मिलेंगे जिनकी आपको तलाश है। हो सकता है कि इसमें आपको दूसरे लोगों के मुकाबले कम या ज़्यादा वक़्त लगे, लेकिन आप कोशिश जारी रखेंगे, आपको अच्छे नतीजे मिलेंगे।

**अनुशासन धैर्य और दृढ़ता सिखाता है।** अगर आप बेडौल हैं और टहलने की शुरुआत करते हैं तो पहले दिन आप आधा मील चलने में कामयाब हो सकते हैं। दूसरे दिन आप आधे मील से थोड़ा ज़्यादा चल पाते हैं। तीसरे दिन, आप आधा मील और दो ब्लॉक चलते हैं। हर दिन की इस तरक्की से आप उत्साहित होते हैं, लेकिन आपको पता है कि पांच मील तक चलने के लिए थोड़ा वक़्त लगेगा। आप सीखते हैं कि ज़्यादातर लक्ष्यों को पूरा होने में वक़्त लगता है, और रातों-रात कोई कामयाबी नहीं मिलती। बहुत सारे लोग आजकल "फटाफट नतीजों" की उम्मीद करते हैं। अनुशासित गतिविधि हमें धैर्य रखना और ये महसूस करना सिखाती है कि "छोटे लेकिन लगातार प्रयास" हमें जीत दिलाते हैं।

**अनुशासन "तेज़ी से फैलता है" और प्रेरणा देता है।** जब आप किसी विशेष अनुशासन का पालन करने के लिए प्रतिबद्ध हो जायेंगे, उससे मिलने वाले नतीजे आपको रोमांचित कर देंगे। अगर आप डाइट पर हैं और शुरुआती दो हफ़्तों में दस पाउंड वजन कम कर लेते हैं तब आप इसे जारी रखने के लिए प्रोत्साहित हो जाते हैं। अगर आप हर महीने अपनी तनख्वाह का 10 प्रतिशत किसी बचत खाते में रखते जाते हैं, तब आप उस खाते को बढ़ता हुआ देखकर सन्तुष्टि महसूस करते हैं। लेकिन इसके अलावा एक और बोनस आपको मिलता है। जब आप किसी एक चीज़ में शानदार तरक्की कर लेते हैं, आप अनुशासन की ताक़त के प्रशंसक बन जाते

हैं। आप चाहते हैं कि अपनी ज़िन्दगी की दूसरी चीज़ों में भी सकारात्मक बदलाव लाए जाएं। आप अपनी बोलने की क्षमता को सुधारने के लिए टोस्टमास्टर्स (पब्लिक स्पीकिंग क्लब) से जुड़ने या अपने तकनीकी कौशल को बढ़ाने के लिए वैसी क्लास में जाने का फ़ैसला ले सकते हैं

**अनुशासन आत्मसम्मान को बढ़ाता है।** मैंने ऐसा ना जाने कितनी बार होते देखा है। आप कसरत करना शुरू करते हैं और आपके भीतर अधिक ऊर्जा रहती है और आप वजन घटा लेते हैं। आप ख़ुद को लेकर बेहतर महसूस करते है। आपकी चाल में आत्मविश्वास बढ़ जाता है। अधिक आत्मसम्मान के साथ आप बेहतर दिखने लगते हैं। आपके भीतर अधिक ऊर्जा रहती है। आपसे आत्मविश्वास झलकता है और आप अपनी ज़िन्दगी में कई सकारात्मक चीज़ों को आकर्षित करने लगते हैं।

जब आप इस लेख को पढ़ रहे हैं, मेरा अनुमान है कि आपके मन में कुछ चल रहा है—ऐसी चीज़ जिसके लिए आपको थोड़े अनुशासन की ज़रूरत है! शायद नए सम्भावित ग्राहकों से लगातार सम्पर्क में रहने के लिए आपको एक सिस्टम का पालन करने की ज़रूरत है। शायद आपको बजट बनाने और जज़्बात के दबाव में खरीदारी की आदत छोड़ने की ज़रूरत है। या शायद आपको कसरत शुरू करने और ख़ुद का डील-डौल सुधारने की ज़रूरत है।

मैं आपसे वादा नहीं कर रहा कि ये सब किसी खेल-कूद की तरह मज़ेदार होगा। अनुशासन से नतीजे तो मिलते हैं लेकिन ये हमेशा मज़ेदार नहीं होता। जब मैं अविश्वसनीय शारीरिक सेहत के बारे में नब्बे वर्षीय जैक लालेन का इंटरव्यू सुनता हूँ, मैं हमेशा प्रभावित होता हूँ। जब पूछा गया कि क्या उन्हें हर रोज़ कसरत करना पसन्द है, उन्होंने मुस्कुराकर जवाब दिया, "मुझे इससे नफ़रत है।" लेकिन जैक हर दिन अपने नियमों को मानते थे क्योंकि रोज़ाना की कसरत से मिलने वाले नतीजों से उन्हें प्यार था।

जूली एंड्रूज़ ने अनुशासन का महत्व इस तरह से बताया है: "कुछ लोग अनुशासन को एक काम के तौर पर देखते हैं। मेरे लिए, ये एक तरह की व्यवस्था है जो मुझे उड़ने की इजाज़त देती है।" अब वक़्त है कि आप भी उड़ने के लिए आज़ाद हों और अपनी महानता को महसूस करें।

तय करें कि सबसे महत्वपूर्ण अनुशासन क्या है जो आपके जीवन को समृद्ध करेगा। आपको पता है ना, वही चीज़ जिसके लिए आप कहते हैं कि आप उसे "किसी दिन" करेंगे। उस चीज़ की शुरुआत अभी तुरन्त करने से बेहतर वक़्त कोई नहीं है!

# 34

# चिन्ता को पकड़कर ना रखें

*चिन्ता उसी तरह बेकार है जैसे बर्फ़ के गोले पर लगा हैंडल।*

**—मित्ज़ी चैंडलेर**

बौद्धिक स्तर पर, आप जानते हैं कि चिन्ता फायदे से ज़्यादा नुकसान करती है। जब आप चिन्ता करते हैं, आपकी मांसपेशियाँ सख़्त हो जाती हैं। आपका शरीर दर्द करने लगता है। आपकी ऊर्जा कम होती जाती है। चार्ल्स एच. मेयो कहते हैं कि "चिन्ता खून के बहाव, दिल, ग्रन्थियों और पूरे तन्त्रिका तन्त्र पर असर डालती है।" इससे भी बदतर ये है कि आपकी चिन्ता उन स्थितियों को बदलने के लिए कुछ नहीं करती है जिनकी आप चिन्ता करते हैं!

लेकिन यहाँ एक अच्छी ख़बर है: आप चिन्ता पर पकड़ ढीली करना सीख सकते हैं। यहाँ कुछ तकनीक बताई जा रही हैं जिनकी मदद से आप चिन्ता करने में बिताने जा रहे वक़्त को कम कर सकते हैं:

1. **चिन्ता से लड़ें नहीं।** ये एक ऐसी लड़ाई होती है जिसमें अन्त में चिन्ता ही जीतती है। एक पुरानी कहावत है, "जिस चीज़ से आप लड़ते हैं, वो ज़िन्दा रहती है।" क्या आपने कभी ख़ुद से कहा है, "मुझे चिन्ता नहीं करनी चाहिए" या "मैंने चिन्ता करनी बन्द कर दी है?" तो क्या इससे आपका मन शान्त हुआ? नहीं। आपने चिन्ता से लड़ने की कोशिश की, और ये बनी रही। ख़ुद को चिन्ता नहीं करने के लिए कहना वैसा ही है जैसा ख़ुद को कहना कि ज़ेब्रा के बारे में मत सोचो। (तुरन्त आपके दिमाग में किसका ख्याल आया?)

2. **मान लें कि चिन्ता का चुनाव आपने किया है।** जब आप चिन्ता को एक विकल्प के तौर पर देखते हैं, आप चिन्ता पर लगने वाले वक़्त को कम करने के लिए एक अहम कदम उठाते हैं। आपके मन का एक हिस्सा सोचने लगता है, "अगर इस मामले में मेरे पास कोई और विकल्प होता तो मैं चिन्ता क्यों करता रहता?" आप चिन्ता को विकल्प के तौर पर देखने में नाकाम हो सकते हैं क्योंकि आपने कई साल पहले चिन्ता करने की आदत विकसित कर ली थी। आपने अपने मन को सिखाया है कि खास मामलों में चिन्ता करनी है। ख़ुशकिस्मती से, आप एक नई आदत विकसित कर सकते हैं। आप अपने मन को अधिक रचनात्मक ढंग से व्यवहार करना सिखा सकते हैं जैसे मौजूदा चीज़ पर या किसी सकारात्मक चीज़ पर ध्यान लगाना।

3. **अपना मन साफ़ करें।** कुछ ऐसे विषय हैं जो मन की शान्ति बढ़ाते हैं और चिन्ता और तनाव को कम करते हैं। जैसे: ध्यान, योग, ताई ची और अलग-अलग मार्शल आर्ट्स। आप प्रार्थना के माध्यम से भी अपना मन साफ़ कर सकते हैं और अपनी चिन्ताओं को परम शक्ति के सामने मुक्त कर सकते हैं। मैं निजी रूप से योग के शान्ति देने वाले प्रभाव की पुष्टि कर सकता हूँ, जिसकी क्लासेज़ मैं पिछले सात साल से ले रहा हूँ। योग मुद्राएं और विश्राम अभ्यास आपको वर्तमान समय में रखते हैं और शरीर में तनाव वाले कुछ स्थानों को खोलते हैं। ध्यान भी आपको चिन्ता लाने वाले विचारों को मुक्त करने और वर्तमान समय पर फोकस करने में मदद करता है। (चिन्तित रहने के दौरान आप इस चीज़ पर फोकस करते हैं कि भविष्य में क्या हो सकता है।) ज़्यादातर लोग इन विषयों से फायदा नहीं उठाते क्योंकि इनमें मेहनत लगती है और इन्हें सीखने में वक़्त लगता है। मुझे लगता है कि ये सब इस पर निर्भर करता है कि किस हद तक आप चिन्ता को छोड़ना और मन की शान्ति का आनन्द लेना चाहते हैं।

शारीरिक व्यायाम के माध्यम से भी आप अपना मन साफ़ कर सकते हैं। मुझे यकीन है कि आपने सेहतमन्द होने की इस भावना को कई बार महसूस किया होगा। आपका एक मुश्किल दिन गुजरा था और आप बहुत सारी चीज़ों को लेकर चिन्तित थे। आप किसी जिम में गए या तेज़ रफ़्तार से टहलने गए। इस कसरत के बाद आपको मन की शान्ति महसूस हुई होगी।

4. **कुछ रचनात्मक काम करें।** अक्सर हम इस चीज़ की चिन्ता करते हैं कि हम किसी काम को कैसे पूरा करेंगे। उदाहरण के लिए, हमें एक भाषण देना है और हम चिन्तित हैं कि श्रोताओं की प्रतिक्रिया क्या होगी। चिन्ता करने के बजाय, बेहतर सोच ये है कि भाषण की तैयारी को वक़्त दिया जाए। जितना ज़्यादा आप अभ्यास और तैयारी करेंगे, उतना ज़्यादा आपका आत्मविश्वास बढ़ेगा... और उतने कम आप चिन्तित होंगे।

5. **सांस लें।** जब आप चिन्तित होते हैं, आपकी सांस बहुत हल्की हो जाती है और आपका शरीर तनावग्रस्त और असहज हो जाता है। जब भी आप चिन्तित महसूस करें, थोड़ी देर तक धीमी, गहरी सांस लेते रहें और आप तुरन्त पहले से शान्त महसूस करेंगे।

6. **मीडिया पर ध्यान देना कम करें।** हम मीडिया के निशाने पर होते हैं! नकारात्मक ख़बरों की बाढ़ किसी को भी चिन्तित कर देने के लिए काफ़ी होती है। हालात ऐसे हो गए हैं कि आप किसी भी ख़बरिया चैनल पर जाएं और दिन भर हत्याओं, आतंकवाद और तबाही की बातें सुन लें। वहाँ आपको लोगों के ऐसे पैनल मिलेंगे जो हर सम्भावित तबाही पर चर्चा कर रहे होंगे। निराशा और तबाही के ऐसे 99.9 प्रतिशत हालात कभी नहीं बनेंगे, लेकिन फिर भी वे लोग इस ज़हर के साथ हम पर बमबारी करते रहेंगे। क्या आपको वाकई में ऐसी चीज़ें सुनने की ज़रूरत है? इससे आपकी क्या मदद हो रही है? आपको ऐसी कोई ख़बर ढूंढ़ने में मुश्किल होगी जिससे आपके मन की शान्ति बढ़े या जिसका कोई सकारात्मक पहलू हो। आपको जिन ख़बरों की ज़रूरत है वे आपको चन्द मिनटों में मिल सकती हैं। फिर टीवी बन्द कर दें! (वैसे अख़बार और रेडियो भी ज़्यादा बेहतर नहीं हैं।)

7. **ख़ुद को थोड़ी ढिलाई दें।** हम अक्सर चिन्ता करते हैं कि चीज़ें बिलकुल वैसी नहीं हुईं जैसी हम चाहते थे। हम पर्फेक्शन की उम्मीद करते हैं और फिर उस आदर्श स्थिति तक पहुँचने के लिए जूझते रहते हैं। अगर आप इस नज़रिए के साथ बने रहेंगे, आप हमेशा चिन्ता करते रहेंगे क्योंकि आप एक ऐसा मानक बना रहे हैं जिसे आप लगातार कायम नहीं रख सकते। अगर आप अपना सर्वश्रेष्ठ दे रहे हैं, तो इतना ही काफ़ी है। कोई भी हर बार अपने प्रोडक्ट्स नहीं बेच पाता... कोई भी हर मौके पर चौका नहीं मार पाता... और कोई भी हर बार बिना

किसी कमी के प्रेजेंटेशन नहीं बनाता है। बेहतर काम से सन्तुष्ट रहें और पर्फेक्ट होने की चिन्ता छोड़ दें।

8. **उन लोगों के साथ रहें जो चिन्ता नहीं करते।** ऐसे लोग वाकई में होते हैं, और उन्हें ढूंढ़ना पैसा वसूल काम है। जब आप शान्त लोगों के साथ होते है, आप भी ज़्यादा सुकून महसूस करते हैं। यही नहीं, आप उनसे पूछ सकते हैं कि वे चिन्ता से कैसे बचे रहते हैं। फिर आप तय कर सकते हैं कि उनकी कौन सी रणनीति आपके लिए सही है।

मार्क ट्वेन ने एक बार कहा था, "मैंने अपनी ज़्यादातर ज़िन्दगी उन चीज़ों की चिन्ता करते हुए बिताई जो कभी नहीं हुईं।" इस बारे में तो कोई शक नहीं है कि चिन्ता आपको बीमार बनाती है और कोई फायदेमन्द नतीजा नहीं देती। फिर भी, मैं नहीं सोचता कि चिन्ता करने की आदत को आप रातों-रात बदल सकते हैं। बल्कि, ये ना दिखाई देने वाला ऐसा बदलाव है जिस पर आप ध्यान लगाते हैं। आप चिन्ता करना धीरे-धीरे घटाते हैं। आप अपने मन को मौजूदा पल या किसी सकारात्मक चीज़ पर अधिक समय बिताने के लिए अनुशासित कर सकते हैं। ये कोशिश पैसा वसूल है और आपका शरीर, मन और आत्मा इसके लिए आपको धन्यवाद देगी।

# 35

# आपको "ना" कहने की इजाज़त है!

*मैं आपको कामयाबी का फॉर्मूला नहीं दे सकता,*
*लेकिन मैं आपको नाकामी का फॉर्मूला दे सकता हूँ—जो है:*
*हर किसी को ख़ुश करने की कोशिश करो।*

**—हरबर्ट बेयार्ड स्वोप**

आप जितना काम सँभाल सकते हैं, उससे ज़्यादा काम आपको मिल गया है। उस वक़्त की तो बात ही नहीं हो रही जो आप अपने कारोबारी संघ के एक अफ़सर के तौर पर देते हैं... और कोच के रूप में अपने बच्चे की फुटबॉल टीम को देते हैं। आपका फ़ोन बजता है और आपकी बात कारोबारी संघ की दूसरी अफ़सर सैली से होती है। सैली आपको बताती हैं कि आप संघ के लिए शानदार काम कर रहे हैं और फिर आपसे पूछती हैं कि क्या आप तीन महीने के भीतर एक बड़े आयोजन वाली समिति की अध्यक्षता करना चाहते हैं।

आप जानते हैं कि इस प्रोजेक्ट में वीकेंड्स को मिलाकर भी ना जाने कितने घंटों का काम करना होगा। आपको घबराहट महसूस होने लगती है। आपका दिल कह रहा है कि "ना" कहो। आपकी आत्मा कह रही है कि "ना" कहो। लेकिन ना जाने कैसे, आपके मुंह से निकलने वाले शब्द होते हैं, "हाँ, मैं तैयार हूँ।"

यहाँ क्या हुआ? "ना" को "हाँ" में किसने बदला? शायद आप दूसरों को निराश नहीं करना चाहते थे। या, शायद, आप चाहते थे कि सभी आपको पसन्द करें। जो भी वजह हो, आपने उस काम के लिए हाँ बोल दिया जिसे आप क़रना नहीं

चाहते थे। अपनी ज़्यादातर ज़िन्दगी मैंने इसी तरह बिताई। "हाँ" कहते हुए, जबकि मैं वास्तव में "ना" कहना चाहता था।

मैं दावे के साथ कह सकता हूँ कि आपने भी ऐसा कई बार किया होगा। ऐसा आपके काम के दौरान हो सकता है जब कोई आपसे किसी अतिरिक्त जिम्मेदारी के लिए कहता है, या वीकेंड पर मदद के लिए कहता है। और अपने खाली वक़्त में, हमें परिवार, समुदाय और दूसरी चीज़ों के लिए भी फ़ैसले लेने होते हैं।

मैं जानता हूँ कि आपमें से कुछ लोग क्या सोच रहे हैं। अगर मैं इनमें से कुछ चीज़ों के लिए "ना" कह दूँ, तो मैं बुरा दिखूंगा या मेरी तरक्की की सम्भावनाएं कम हो जायेंगी। उदाहरण के लिए, अगर मैं अपने सुपरवाइज़र की बात को ठुकराता हूँ, मुझे ऐसे कर्मचारी के तौर पर देखा जायेगा जो अपनी टीम के लिए वफादार नहीं है। अगर मैं अपने चचेरे भाई-बहन की शादी में जाने के लिए "ना" कहता हूँ (जिससे मेरी पिछले 15 साल से मुलाकात नहीं हुई है), बाकी परिवार मेरे बारे में बातें बनायेगा।

हाँ, "ना" कहने के कुछ नतीजे होते हैं। हो सकता है कि आपको तरक्की नहीं मिले। आपके रिश्तेदार आपकी पीठ पीछे आपके बारे में बुरा-भला कह सकते हैं। लेकिन यहाँ हमें ख़ुद को किसी गलतफ़हमी में नहीं रखना चाहिए। "हाँ" कहने के भी कुछ नतीजे होते हैं जबकि आप दिल से "हाँ" नहीं कहना चाहते हैं। आप चिड़चिड़ाते हैं और नाराज़ होते हैं। आपको लगता है कि आपका अपनी ही ज़िन्दगी पर नियन्त्रण नहीं है। आप ऐसी ज़िन्दगी नहीं जी पा रहे हैं जो आपके मूल्यों और प्राथमिकताओं से मेल खाती है।

मैं आपको आलसी बनने के लिए प्रेरित नहीं कर रहा हूँ और ना ही अपनी नौकरी और निजी ज़िन्दगी में अतिरिक्त प्रयास करने से मना कर रहा हूँ। हम सभी ऐसे काम करते हैं जिन्हें हम शायद पसन्द ना करते हों, लेकिन किसी अहम प्रोजेक्ट पर लंच के दौरान काम करते रहना या पूरे दिन काम करने के बाद किसी व्यक्ति के अन्तिम संस्कार से पहले रात के कार्यक्रम में हिस्सा लेना। इसके अलावा, इसमें स्वार्थी होने और केवल अपने स्वार्थों के बारे में सोचने जैसा भी कुछ नहीं है। लेकिन मैं यहाँ कहना चाहता हूँ कि आप भी अहमियत रखते हैं! और आप अपनी कामयाबी का रास्ता रोकते हैं जब आप उन चीज़ों को करके नाराज़ होते हैं जिन्हें आप करना भी नहीं चाहते थे। अनचाही गतिविधियाँ ना केवल वक़्त खर्च कराती हैं; वे आपकी ऊर्जा भी खींच लेती हैं।

तो, "हाँ" के बजाय "ना" कहने में आप अपनी मदद कैसे कर सकते हैं? अपनी सीमाएं तय करना बेहद मददगार होता है, क्योंकि इससे आपके लिए अपना

जवाब ढूंढ़ना आसान हो जाता है, जब कोई आपसे कुछ करने के लिए कहता है। इससे भी बेहतर होगा कि आप लोगों को इन सीमाओं के बारे में पहले से बता दें ताकि जब आप "ना" कहें तो उन्हें झटका ना लगे। उदाहरण के लिए, अगर आप तय कर लेते हैं कि आप वीकेंड्स पर काम नहीं करेंगे (कुछ खास और आपातकालीन परिस्थितियों को छोड़कर), और जब कोई आपसे शनिवार को काम के लिए कहता है, आप मना कर सकते हैं और उन्हें बता सकते हैं कि आप वीकेंड्स अपने परिवार के साथ बिताते हैं। मेरे लिए, शनिवार और रविवार को मेरे कसरत का समय अटूट है। अगर मैं कोई वीकेंड प्रेजेंटेशन या सफर नहीं कर रहा, तो अपने कसरत के सत्रों को रद्द करना या आगे बढ़ाना मेरे लिए आसान नहीं होता। अगर कोई मुझसे उस दौरान किसी काम के लिए कहता है, मैं विनम्रता से "ना" कहूँगा क्योंकि मैं अपनी सेहत और तन्दुरुस्ती की इतनी कद्र करता हूँ कि किसी और चीज़ को उसके रास्ते में नहीं आने देता।

मुझे भी सोमवार से शुक्रवार की रातों में कई सर्विस क्लबों और कारोबारी संघों की तरफ से सम्बोधन के ढेरों अनुरोध आते हैं। मुझे ऐसा पूछे जाने पर अच्छा लगता है, लेकिन ज़्यादातर मामलों में, मैं विनम्रता से मना कर दूँगा। मैंने कुछ सीमाएं बनाईं और तय किया है कि मैं हर साल एक निश्चित संख्या में प्रेजेंटेशन करूँगा, बस। वरना, मैं शाम में अपने घर पर शान्ति से समय नहीं बिता पाऊँगा। अगर कोई सोचता है कि मैं गलत कर रहा हूँ तो भी कोई बात नहीं। मैं अपने फ़ैसले को लेकर अच्छा महसूस करता हूँ क्योंकि मेरी ज़िन्दगी में क्या महत्वपूर्ण है, उसे लेकर मैं सच्चा हूँ। नतीजतन, मैंने पाया है कि मेरे प्रेजेंटेशन ज़्यादा भरोसेमन्द और असरदार होते हैं।

आप सोच सकते हैं कि आपके बिना काम नहीं चल सकता... कि आपको "हाँ" कहना पड़ेगा क्योंकि अगर आप हर बार बचाव के लिए नहीं आए तो दुनिया ख़त्म हो जायेगी। क्या बकवास है! अन्त में होता क्या है, आप ख़ुद को निराश करते हैं और आहत महसूस करते हैं।

मुद्दे की बात ये है: आपको "ना" कहने की इजाज़त है। छोटे से इस शब्द में आपको आज़ाद करने और जीवन की गुणवत्ता में उल्लेखनीय सुधार करने की ताक़त है।

# 36

# दूसरों की कद्र करें और कामयाब बनें

*मानव स्वभाव में सबसे गहरा सिद्धान्त है*
*प्रशंसा की लालसा।*

**—विलियम जेम्स**

**क्या** आप अपनी कोशिशों के लिए तारीफ़ किया जाना पसन्द करते हैं? मैं करता हूँ। जब कोई मुझे फ़ोन करके या लिखकर बताता है कि कैसे उसे मेरे लेखों या प्रेज़ेंटेशन से फायदा हुआ है तो मुझे बहुत अच्छा महसूस होता है। मैं उस शख्स को याद भी रखता हूँ और मेरी इच्छा होती है कि मैं उसकी जिस तरीके से भी मुमकिन हो, मदद कर सकूं।

जैसा कि विलियम जेम्स कहते हैं, अगर इंसान को प्रशंसा की "लालसा" होती है तब ये उम्मीद की जा सकती है कि लोग हमेशा दूसरों की तारीफ़ भी करते होंगे। लेकिन मैंने देखा कि ऐसा नहीं है। कुछ ही लोग किसी दूसरे शख्स की कोशिशों की सराहना करने के लिए फ़ोन करने या खत भेजने का वक़्त निकालते हैं। जब लोगों को खराब सर्विस मिलती है या उनके साथ किसी तरह का गलत बर्ताव होता है, तब वे तुरन्त शिकायत दर्ज कराते हैं। लेकिन जब इन्हीं लोगों को शानदार सर्विस मिलती है या उनके साथ खास व्यवहार होता है, वे शायद ही कभी तारीफ़ करते हैं।

जब आप किसी शख्स की कद्र नहीं करते हैं जो आपके लिए मददगार रहा है, आप तारीफ़ करने से मिलने वाली सन्तुष्टि से ख़ुद को दूर रखते हैं, साथ ही उस शख्स को उस ख़ुशी से दूर कर देते हैं जो तारीफ़ और सराहना हासिल करने से आती है।

अगर कोई आपके लिए किसी क्लाइंट को भेजता है, उपयोगी लिखित सामग्री भेजता है, या किसी और तरीके से आपके कारोबार या निजी ज़िन्दगी में मदद करता है, उसे ईमेल या हाथ से लिखकर धन्यवाद का खत भेजें। कुछ मामलों में फ़ोन कॉल सही रहता है। खत या कॉल प्राप्त करने वाला भविष्य में भी आपकी मदद करने का ज़्यादा इच्छुक होगा। क्यों? क्योंकि आप "मानव से स्वभाव के सबसे गहरे सिद्धान्त"—तारीफ़ की ज़रूरत को पूरा कर रहे हैं। अगर कम्पनी का कोई कर्मचारी या प्रतिनिधि शानदार सर्विस देता है, आप उससे मिली सर्विस का जिक्र करते हुए उसके सुपीरियर को भी चिट्ठी भेज सकते हैं।

हालांकि आपको भविष्य में फायदे हासिल करने के मकसद से तारीफ़ या सराहना नहीं करनी चाहिए, लेकिन इस बात की गारंटी है कि ऐसा करने से आपका फायदा होगा। इस बारे में सोचिए। अगर आपका कोई ग्राहक आपकी शानदार सर्विस के लिए आपको धन्यवाद का खत लिखता है, तो क्या आप भविष्य में उस ग्राहक की मदद के लिए अतिरिक्त प्रयास नहीं करेंगे?

चलिए एक उदाहरण लेते हैं। सोमवार को एबीसी कम्पनी की मिसेज जोन्स ने ग्राहक #1 और ग्राहक #2 को बेहतरीन और एक जैसी सेवाएं दीं। मिसेज जोन्स की कोशिशों को देखने के बावजूद ग्राहक #1 ना तो कुछ कहता है और ना करता है। शुक्रवार को मिसेज जोन्स को ग्राहक #2 की तरफ से हाथ से लिखी चिट्ठी मिलती है, जिसमें वो मिसेज जोन्स का शुक्रिया कहता है और उनकी क्षमता, विनम्रता और आदेश के कुशल प्रबन्धन की तारीफ़ करता है। अगली बार जब ग्राहक #1 और #2 किसी ऑर्डर के लिए मिसेज जोन्स को फ़ोन करेंगे, तो क्या आपको नहीं लगता कि ग्राहक #2 को थोड़ी बेहतर सेवा मिलेगी?

## इसे आदत बना लें

दूसरों के प्रयासों की तारीफ़ या कद्र करते वक़्त ये सुनिश्चित करें कि आपकी टिप्पणियाँ दिल से निकली हैं। जब आप चापलूसी के जरिए लोगों से काम निकलवाना चाहते हैं तब उन्हें ये बात समझ में आ जाती है।

मेरा सुझाव है कि आप दूसरों की कद्र करने और आपकी ज़िन्दगी में उनके योगदान के लिए उनकी तारीफ़ करने की रोज़ाना की आदत बना लें। मिसाल के लिए, अगर किसी सहकर्मी ने आपकी मदद की है या किसी तरीके से आपके काम को आसान या मज़ेदार बना दिया है, उस शख़्स का उसकी मदद के लिए शुक्रिया पक्के तौर पर अदा करें।

एक और उदाहरण लेते हैं। अगर आपको किसी वेटर से खास तौर पर अच्छी सर्विस मिलती है, खाने के अन्त में उसे बताएं कि उसने कितने अच्छे ढंग से अपना काम किया और खाने के आपके अनुभव को मज़ेदार बनाया। उसका चेहरा चमक उठेगा और आपको भी अन्दर से अच्छा महसूस होगा। आप इस बात पर भी गौर कर सकते हैं कि अगली बार मौका मिलने पर वो आपके साथ कैसा बर्ताव करता है।

अगर आप इस आदत को डालने का संकल्प लेंगे, आप भीड़ से अलग दिखेंगे और ज़्यादा कामयाब होंगे। कामयाब होने के लिए आपको दूसरे लोगों के सहयोग की ज़रूरत होती है। तो क्या ये बात मायने नहीं रखती कि लोग आपकी मदद के लिए ज़्यादा इच्छुक होंगे अगर आप उनकी कद्र और तारीफ़ करें? इसके अलावा, भले ही आपको कोई बड़ा फायदा मिले या नहीं, दूसरों के प्रयासों की तारीफ़ और कद्र करके आप बेहतर महसूस करेंगे।

मेरा अनुमान है कि अभी आप ऐसे कई लोगों के बारे में सोच सकते हैं जिन्होंने आपके लिए कुछ किया है या आपके कारोबार या निजी मामलों में खास ढंग से मदद की है। फ़ोन उठाएं या उन्हें तुरन्त एक खत लिखें और उन्हें बताएं कि आप उनकी सराहना करते हैं। इसे आदत बना लें और आप पायेंगे कि आपको ज़िन्दगी में और भी चीज़ें मिलेंगी जिनकी आपको चाहत है।

# 37

# एटीट्यूड में चमत्कारी बदलाव

*किसी भी चीज़ के लिए पक्का जुनून ही कामयाबी को सुनिश्चित करेगा, क्योंकि साध्य की इच्छा ही साधनों का रास्ता दिखायेगी।*

**—विलियम हैज़लिट**

"मैं अपने रवैये को ज़्यादा सकारात्मक कैसे बना सकता हूँ और उसे कायम कैसे रख सकता हूँ?" यही सवाल मुझसे लगातार पूछा जाता है। मेरा सामान्य सा जवाब रहता है: बार-बार दोहराव के जरिए अपने मन को अनुशासित करने से आपको सकारात्मक दृष्टिकोण मिलता है। आप हर दिन सकारात्मक चीज़ें पढ़ते हैं। आप हौसला बढ़ाने वाले ऑडियो कार्यक्रम सुनते हैं। आप उन लोगों के साथ घूमते हैं जो सकारात्मक हैं। आप सकारात्मक भाषा का इस्तेमाल करते हैं।

लेकिन एक और तकनीक है जिसका इस्तेमाल कर आप अपने रवैये में ज़बरदस्त सुधार कर सकते हैं—मैं इसे "एटीट्यूड एक्सलेटर" यानी रवैया सुधारने की रफ़्तार बढ़ाने वाला कहता हूँ। ये जादुई फॉर्मूला क्या है?

## अपने जुनून के पीछे लगे रहना

जुनून से मेरा मतलब ऐसे काम से है जिसे जब आप करते हैं या उसके बारे में बात भी करते हैं तब आप रोमांचित हो जाते हैं। आप जीवन्त हो जाते हैं। आपका उत्साह छलकने लगता है। कुछ लोग इतने ख़ुशनसीब होते हैं कि उन्हें अपने करियर में ही अपने जुनून को हर दिन पूरा करने का मौका मिलता है। ये लोग काम करने के लिए जाना पसन्द करते हैं। इसका सामना करना होगा। अगर आप उस काम से

नफ़रत करते हैं जिसे आप पूरे दिन करते हैं, तब सकारात्मक रवैया हो पाना मुश्किल है।

इस लेख में, मैं उन क्षेत्रों पर फोकस करना चाहता हूँ जहाँ आपकी सक्रिय भूमिका होती है। मिसाल के लिए, आप खेल-कूद को एक दर्शक की तरह देखने में जुनूनी हो सकते हैं, लेकिन मैं उस जुनून की बात नहीं कर रहा। मैं आपको उन मौकों को पहचानने को कह रहा हूँ जहाँ आप भागीदार हो सकते हैं। ज़रूरी नहीं कि ये ऐसा काम हो जहाँ आपको पसीना बहाना पड़ता है। आप डाक टिकट या सिक्के या कॉमिक्स जमा कर सकते हैं। आप कला इतिहास के छात्र हो सकते हैं और संग्रहालय घूम सकते हैं। आप कोई किताब लिख सकते हैं। केवल आप जानते हैं कि क्या करने से आप उत्साहित हो सकते हैं।

मैं जानता हूँ कि आपमें से कुछ लोग क्या सोच रहे हैं। आप ख़ुद से कह रहे हैं, "मैं जानता हूँ कि मेरा जुनून क्या है, लेकिन अब इसके पीछे जाना मेरे लिए बेमतलब होगा। मेरे ऊपर लोन चुकाने की जिम्मेदारी है। मुझे अपने परिवार को सपोर्ट करना है। मेरे लिए ये सम्भव नहीं है कि मैं अपनी नौकरी छोड़ दूँ और वो करने लगूं जो मुझे अच्छा लगता है।"

भरोसा रखिए, मैं ये बिलकुल नहीं कह रहा हूँ कि आप गैर-जिम्मेदार बनिए। अपने जुनून के पीछे जाने के लिए आपको नौकरी छोड़ने की ज़रूरत नहीं है। ढेरों लोग इसे एक बहाने की तरह इस्तेमाल करते हैं। सच ये है कि शुरुआत में आप अपने जुनून को एक शौक की तरह ले सकते हैं। यही मैंने किया था। मैं उत्साहवर्धक सामग्रियों को इतना पसन्द करता था कि मैं सोचने लगा था कि मैं इस जानकारी को दूसरों के साथ कैसे बांट सकता हूँ। मैं बस इतना जानता था कि मैं इस सामग्री को लेकर जुनूनी था और इससे जुड़ा कुछ करना चाहता था।

उस वक़्त मैं वकालत की प्रैक्टिस कर ही रहा था। मैं ऐसा शख्स भी था, जिसने कभी जोखिम नहीं उठाया, जिसने हमेशा ही सुरक्षित खेल दिखाने में यकीन किया। मुझे पता नहीं था कि मैं इसे अपनी ज़िन्दगी में कैसे उतारूँगा। फिर मुझे घर पर डाक में व्यस्क शिक्षा का एक कैटलॉग मिला, जिसमें स्थानीय हाई स्कूल में रात में सिखाए ज़ाने वाले कोर्सेज़ के बारे में बताया गया था। कैटलॉग के पीछे एक पन्ने पर लिखा था, "क्या आप किसी कोर्स को पढ़ाने में दिलचस्पी रखते हैं? अगर हाँ, तो हमें अपनी विशेषज्ञता के बारे में बताएं और एक प्रारूप भेजें।" मैंने प्रारूप भेज दिया, और मुझे आश्चर्य हुआ, जब मुझे फ़ोन करके बताया गया कि प्रारूप स्वीकार हो गया है और मेरी कक्षाएं कुछ महीनों में शुरू हो जायेंगी।

चूकि कोर्स रात में था, मुझे वकील के तौर पर अपना नियमित काम दिन में करने के बाद पढ़ाने में दिक्कत नहीं थी। ये मेरे सबसे अच्छे फ़ैसलों में एक था और इसने मेरे लिए एक बिलकुल नई दुनिया खोल दी थी। मैं आपको ये कहानी अपनी पीठ थपथपाने के लिए नहीं सुना रहा हूँ। मुद्दा यहाँ ये है: आप अपनी नियमित नौकरी जारी रख सकते हैं और तब भी अपने जुनून के पीछे लग सकते हैं। मैंने अपने कानूनी करियर को धीरे-धीरे पीछे छोड़ते हुए वास्तव में अपने जुनून को पांच साल तक एक शौक की तरह माना।

मैं एक और उदाहरण देता हूँ। डेविड बाल्डाची एक वकील थे जिनकी बीवी और दो बच्चे थे। उनके अन्दर लेखक बनने का जुनून था। हर रात 10 बजे से 2 बजे सुबह के बीच उन्होंने अपने लेखन पर काम किया। उन्हें ऐसा करने में मज़ा आता था—ये रोज़ाना का काम नहीं था। उन्होंने लगातार 10 साल तक ऐसा किया और कुछ लघु कथाएं और पटकथाएं पूरी की। इस अवधि में उनकी बिक्री थी: शून्य। फिर, 1996 में, उन्हें उनकी थ्रिलर *एबसॉल्यूट पावर* के साहित्यिक और सिनेमा अधिकारों के लिए लाखों डॉलर मिले। मूवी में क्लिंट ईस्टवुड ने काम किया। बालडाची ने इसके बाद कई और बेस्ट-सेलिंग उपन्यास लिखे। अपने जुनून के पीछे लगे रहने और सकारात्मक दृष्टिकोण बनाए रखने ने उनकी कोशिशों को बड़ी कामयाबी में बदल दिया।

मेरा अनुमान है कि आपमें से ज़्यादातर का कोई ना कोई जुनून है जिसके पीछे आप अभी नहीं जाते हैं। शायद आप लेखक बनना चाहते हैं। शायद आप गाना चाहेंगे, किसी बैंड में परफॉर्मेंस देना चाहेंगे, या स्टैंड-अप कॉमेडी करना चाहेंगे। शायद आपके हाथों में कोई बेजोड़ हुनर हो या आप कुछ अनोखे व्यंजन बनाने वाले शानदार कुक हों। आप बस इतना जानते हैं कि जब आप इस काम के बारे में सोचते हैं, बोलते हैं या वास्तव में इसे करते हैं तब आप उत्साहित और जीवन्त होते हैं। ऐसा लगता है कि वक़्त पंख लगाकर उड़ गया। आप उस लम्हे में पूरी तरह डूब जाते हैं।

मुझे लगता है कि इस धरती पर हर व्यक्ति कुछ खास प्रतिभाएं व्यक्त करने आता है। आपके पास जो प्रतिभाएं हैं, उन्हें आप जिस तरह से सामने लाते हैं वो कोई और नहीं कर सकता। जब आप अपनी प्रतिभा को सामने लाते हैं, तब आप सकारात्मक, सन्तुष्ट और ख़ुश महसूस करते हैं और जब आप उस प्रतिभा को नज़रअन्दाज़ करते रहते हैं तो आपको लगता है कि जैसे "कुछ कमी है"। प्रकृति आपके भीतर वैसी इच्छा ही नहीं जगायेगी जिस चीज़ को करने की काबिलियत आपके भीतर ना हो। आपके अन्दर किसी जुनून के पीछे जाने की चाहत है क्योंकि इसी चीज़ को विकसित करने के लिए आप बने हैं—और अक्सर, जब आप इस

प्रतिभा को विकसित और व्यक्त करते हैं, आप दूसरों की ज़िन्दगी में भी सकारात्मक योगदान कर रहे होते हैं।

अपने जुनून के पीछे जाने से मेरा करियर बदल गया। लेकिन हर किसी के साथ ऐसा नहीं होता। आप अपने मौजूदा काम को करते हुए भी अपने जुनून के पीछे जाकर बहुत ज़्यादा ख़ुशी हासिल कर सकते हैं। सच तो ये है, आप पायेंगे कि आपका उत्साह आपके फुल-टाइम नौकरी में भी झलकने लगा है।

इसलिए मैं कहता रहता हूँ कि आपको अपनी नौकरी छोड़ने की ज़रूरत नहीं है। ये बहाना आप छोड़ दें। जिस चीज़ से आपको प्रेम है, उसे करने का *कोई* रास्ता तलाशें। टीवी देखने या अख़बार में नकारात्मक लेखों को पढ़ने में लगने वाला वक़्त आप अपने जुनून को पूरा करने में लगा दें।

वैसे, केवल इसलिए कि आपमें किसी चीज़ को करने का जुनून है, ज़रूरी नहीं कि आप उसे तुरन्त अच्छी तरह कर लें। ज़्यादातर मामलों में, आपको प्रतिभा को विकसित करना होता है, और अपने डर का सामना करने के लिए तैयार रहना होता है।

मुझे दूसरों को प्रेरक विचारों को बताने का जुनून था, लेकिन शुरुआत में मुझे सबके सामने बोलने का कोई अनुभव नहीं था। मुझे कुछ साल लगाकर उस प्रतिभा को विकसित करना पड़ा। मुझे अपने लेखन कौशल में भी सुधार लाना पड़ा। ये बात आपके लिए भी सच है। लेकिन हाँ, ये बहाना ना बनाएं कि आप अपने खास जुनून को पूरा करने के लिए उतने अच्छे नहीं हैं। अगर आपको गाना अच्छा लगता है, लेकिन आपका मानना है कि आप अच्छे गायक नहीं हैं, तो गाने की शिक्षा लें। शुरुआत में बुरा गाएं, लेकिन गाएं ज़रूर!

जब आप अपने जुनून के पीछे जाते हैं, आप अपनी ज़िन्दगी को लेकर कहीं ज़्यादा सकारात्मक और रोमांचित होते हैं। इसका अच्छा असर दूसरे काम-काज पर भी दिखेगा। और आप चौंक जायेंगे कि कैसे आपके लिए नए मौके आने लगते हैं। मैं ये नहीं कह रहा कि आपका जुनून आपके लिए बड़े पैसे बनाने की गारंटी है। हो सकता है कि ऐसा हो, लेकिन नहीं भी हो सकता है। वैसे भी, पैसे पर सबसे ज़्यादा फोकस ना करें। जब आप अपने जुनून को पूरा करेंगे, आप ज़्यादा ख़ुश और सन्तुष्ट होंगे। और, मेरी बात गांठ बाँध लें, इस फ़ैसले पर आप कभी नहीं पछतायेंगे, और ये आपके एटीट्यूड में चमत्कारी बदलाव ले आयेगा।

# 38

# अपना मन साफ़ करें

*जब कोई बुद्धिमान व्यक्ति नाराज़ होता है,*
*वो बुद्धिमान नहीं रह जाता।*

**—टैलमड**

सोचिए कि पिछली बार आपने अपने गैरेज या बेसमेंट में सामान के ढेर को साफ़ कब किया था... या अपनी आलमारी से वो कपड़े आपने कब बाहर निकाले थे जिन्हें आपने सालों से नहीं पहना था। आपने इन कामों को करने के बाद कैसा महसूस किया था? मैं दावा कर सकता हूँ कि आपको ऐसा लगा होगा जैसे आपने कोई उपलब्धि हासिल कर ली हो। आपने काम ख़त्म करने के बाद ख़ुद को और बचे हुए दिन को ज़्यादा सकारात्मक महसूस किया होगा। जैसे कोई प्लंजर आपके सिंक की गन्दगी हटा देता है, वैसे ही बेकार पड़ी चीज़ों की सफ़ाई आपके मन को खोल देती है।

जब हमारे आसपास का परिवेश बिखरा होता है, हम अपने तन और मन दोनों को भरा हुआ और असहज महसूस करते हैं। हमारी ऊर्जा का रास्ता बन्द हो जाता है। हमारी रचनात्मकता ख़त्म हो जाती है।

**पहला कदम**

**तैयार हो जाएं और बेकार की चीज़ें हटाना शुरू करें।**

अगर आप ज़्यादातर लोगों की तरह हैं, तब आपके घर या अपार्टमेंट में, और आपके काम की जगह पर कुछ बेकार चीज़ें बिखरी हुई होंगी। शुरुआत आपके रहने

की जगह से करते हैं। उन चीज़ों को छोड़ दें जिनका इस्तेमाल आप नहीं कर रहे हैं। सोचें कि क्या परिवार को कोई सदस्य, दोस्त या चैरिटी इन सामानों का इस्तेमाल कर सकते हैं। बेकार चीज़ों को कम करने का अपना तरीका मैं आपको बताता हूँ: अगर मैं किसी सामान को ला रहा हूँ, तो पहले से मौजूद एक सामान को हटाना ही होगा। काम की जगह पर, आप अपने डेस्क को साफ़ करें। वहाँ केवल वही सामान रखें जो आपके रोज़ के कामकाज के लिए बिलकुल ज़रूरी हैं। इसे फाइल करें और बाकी को हटा दें। अगर आपको इस काम को करने में परेशानी है, तब एक प्रोफेशनल ऑर्गेनाइज़र को बुलाएं जो बेकार की चीज़ें हटाने में आपकी मदद करेगा और कागज़ातों और दूसरे सामानों को सँभालने के लिए एक सिस्टम बना देगा। आपको सफ़ाई पसन्द सनकी बनने की ज़रूरत नहीं है। इस काम का मकसद केवल उस कचरे को कम करना है जो आपके मन का रास्ता बन्द कर रहा है! नोट: अपने मौजूदा कचरे को साफ़-सुथरे ढेर में बदल देने का कोई मतलब नहीं है। हमारा मकसद कचरे को *घटाना* है।

### दूसरा कदम

**उन्हें माफ़ करें जिन्होंने आपके मुताबिक आपके साथ ग़लत किया है।**

हमारे सिस्टम को बन्द करने वाली इकलौती चीज़ केवल बेकार के सामान नहीं हैं। हम भावनात्मक और आध्यात्मिक रूप से बन्द हो जाते हैं जब हम अपने मन में शिकायतों, नाराज़गी और दूसरी नकारात्मक भावनाओं को पाले रखते हैं। क्या आपके मन में किसी के लिए भी कोई नाराज़गी है? अगर ऐसा है तो आपकी भावनात्मक और आध्यात्मिक प्रणाली का रास्ता रुका हुआ है। आप अपनी ऊर्जा उस नाराज़गी को दे रहे हैं, जिससे ज़्यादा सकारात्मक चीज़ों को मिलने वाली आपकी ऊर्जा की "चोरी" हो रही है।

शायद आप कहेंगे, "लेकिन आप नहीं जानते कि इस शख्स ने मेरे साथ क्या किया था!" ये सच है कि मैं नहीं जानता। मैं ये जानता हूँ कि आपकी नाराज़गी या शिकायत **आपको** कोई फायदा नहीं पहुँचा रही। किसी ऐसी चीज़ के साथ चिपके क्यों रहना जो आपको गुस्सा और दुख पहुँचाता है?

अगर आपको लगता है कि आपके लिए अपनी नाराज़गी छोड़ना बहुत मुश्किल है, तो गौर कीजिए कि नवम्बर 2004 में विक्टोरिया रुवोलो के साथ क्या हुआ था। वो न्यूयॉर्क में लॉन्ग आइलैंड पर अपनी कार चला रही थीं। एक दूसरी कार में बैठे 17 साल के एक किशोर ने 20 पौंड के फ्रोज़न टर्की को कार की पिछली खिड़की से रास्ते पर आ रहे ट्रैफिक की तरफ उछाल दिया। टर्की ने विक्टोरिया की कार के

विंडशील्ड को तोड़ दिया, इतनी ताक़त से जिससे उनकी स्टीयरिंग व्हील मुड़ गई और उनके चेहरे की हर हड्डी चकनाचूर हो गई। सर्जनों को मेटल प्लेट्स और स्क्रूज़ की मदद से विक्टोरिया के चेहरे को फिर से बनाना पड़ा।

अगस्त 2005 में, किशोर ने सेकंड डिग्री हमले के लिए अपना गुनाह कबूल किया। उस दिन विक्टोरिया रुवोलो कोर्टरूम में थीं। उन्होंने डिस्ट्रिक्ट अटॉर्नी से उस नौजवान के लिए कम सज़ा की सिफारिश की थी। नतीजतन, उसे केवल 6 महीने की जेल की सज़ा मिली। जब वो नौजवान कोर्टरूम से बाहर निकला, विक्टोरिया ने उसे गले से लगाया और दिलासा दी जबकि वो रो रहा था। विक्टोरिया ने उसके मूर्खताभरे काम के लिए उसे माफ़ कर दिया था जिसने करीब-करीब उनकी ज़िन्दगी ले ली थी और भयानक चोटें पहुँचाई थीं।

नौजवान को माफ़ करके विक्टोरिया रुवोलो ने अपना मन साफ़ कर लिया। उन्होंने समझ लिया था कि कड़वाहट उन्हें केवल नुकसान पहुँचायेगी और उन्होंने अपनी ज़िन्दगी में आगे बढ़ने की कोशिश की। उनकी माफ़ी ने उस नौजवान की ज़िन्दगी के भी रास्ते खोलने में मदद की।

ये समझना मुमकिन है कि विक्टोरिया ने उस किशोर को कैसे माफ़ कर दिया क्योंकि उसने *जानबूझकर* उन्हें गम्भीर नुकसान पहुँचाना नहीं चाहा था। उसकी हरकत लापरवाही से भरी थी, लेकिन उसका इरादा किसी को चोट पहुँचाने का नहीं था। लेकिन उस मामले में क्या होगा, जब नुकसान जानबूझकर पहुँचाया गया हो? जुलाई 1986 में न्यूयॉर्क सिटी पुलिस डिटेक्टिव स्टीवन मैकडॉनल्ड को ऐसे हालात का सामना करना पड़ा था। सेंट्रल पार्क में गश्त के दौरान उस वक़्त 29 साल के इस डिटेक्टिव ने कुछ किशोरों को पूछताछ के लिए रोका। जब वो उनसे बात कर रहे थे, 15 साल के एक किशोर ने बन्दूक निकाली और स्टीवन मैकडॉनल्ड के सिर और गर्दन पर गोलियाँ चला दीं। अस्पताल में, मैकडॉनल्ड को पता चला कि अब ज़िन्दगी भर के लिए गर्दन से नीचे का उनका शरीर लकवाग्रस्त रहेगा। उन्हें सांस लेने के लिए भी मशीन की ज़रूरत होगी।

घटना के वक़्त मैकडॉनल्ड की शादी हुए केवल आठ महीने बीते थे और उनकी पत्नी तीन महीने की गर्भवती थीं। वो 18 महीने अस्पताल में रहे। अस्पताल से छुट्टी मिलने के बाद, मैकडॉनल्ड ने उन पर गोलियाँ चलाने वाले नौजवान को माफ़ कर दिया। मैकडॉनल्ड ने कहा कि उन्हें ख़ुद को गुस्से और कड़वाहट से दूर रखने के लिए ऐसा करने की ज़रूरत है। आसान शब्दों में, उन्हें अपना मन साफ़ करने और लोगों के दिलों को बदलने के मिशन पर आगे बढ़ने की ज़रूरत थी।

स्टीवन मैकडॉनल्ड स्कूलों में माफ़ी और विवादों के अहिंसक समाधान के बारे में बोलते हैं। आपके साथ जो भी हुआ हो, शायद वो उसके आसपास भी ना हो, जितनी गम्भीर घटना स्टीवन मैकडॉनल्ड के साथ हुई। अगर वो उस व्यक्ति को माफ़ कर सके जिसने उन्हें गोली मारी और ज़िन्दगी भर के लिए लकवाग्रस्त कर दिया, तो क्या आप उन्हें माफ़ कर सकते हैं जिन्होंने आपको किसी तरह का भावनात्मक या शारीरिक दर्द दिया है?

याद रखें, आप ये काम अपना मन साफ़ करने के लिए कर रहे हैं, इसलिए इससे फर्क नहीं पड़ता कि दूसरा शख़्स आपकी माफ़ी को मानता है या नहीं या वो इस बारे में जानता भी है या नहीं। हो सकता है कि दूसरे शख़्स की मौत हो चुकी हो। उसे माफ़ करें और ख़ुद को आज़ाद। परिवार के सदस्यों, दोस्तों और सहकर्मियों के बारे में सोचें। किन बातों पर आप नाराज़गी को पाल रहे हैं? इनमें बड़ी और छोटी हर तरह की नाराज़गी शामिल हैं। कड़वाहट को छोड़कर ज़िन्दगी में आगे बढ़ें। ये हमेशा आसान नहीं होता और ऐसा कोई फॉर्मूला भी नहीं है जो हर किसी पर लागू हो। अपनी नकारात्मक भावनाओं को दूर करने का बड़ा फ़ैसला लें।

जब आप बेकार की चीज़ों को कम करते हैं और उन्हें माफ़ करते हैं जिनसे आप नाराज़ हैं, तब आपको कई फायदे मिलेंगे। आप अपने आसपास के परिवेश में ज़्यादा आराम महसूस करेंगे। आपकी सेहत सुधरेगी। आपका तनाव कम होगा। आपको नए मौके दिखने लगेंगे। आपकी पूरी ज़िन्दगी इस तरह से खुल जायेगी जैसी आपने कभी कल्पना भी नहीं की थी।

# 39

# आपकी सुरक्षा की कुंजी

*आपका भविष्य कई चीज़ों पर निर्भर करता है,*
*लेकिन सबसे ज़्यादा आप पर।*
—फ्रैंक टायगर

**का**र्यस्थल पर सुरक्षा की कमी को लेकर इन दिनों काफ़ी चर्चा होती है, खासकर कॉरपोरेट अमेरिका में। कम्पनी में स्टाफ घटाने, नए सिरे से कम्पनी बनाने, विलय और अधिग्रहण जैसी घटनाओं ने कई कर्मचारियों के मन में सवाल खड़े कर दिए हैं कि क्या आज की उनकी नौकरी कल सुरक्षित रहेगी। कुछ जगहों पर इस अनिश्चितता ने कुछ कर्मचारियों के मनोबल पर असर डाला है और काम में अपना सबकुछ झोंकने की उनकी इच्छा नहीं रही। वे सोचते हैं, "अगर मैं जल्दी ही जा सकता हूँ या मेरी नौकरी पूरी तरह से बदल सकती है तो इस कम्पनी को 100 फीसदी क्यों दूँ?"

लेकिन, जहाँ ये सच है कि किसी कम्पनी के लिए 30 सालों तक काम करने, गोल्ड वॉच हासिल करने और एक सुरक्षित रिटायरमेंट पैकेज के दिन काफ़ी पहले जा चुके हैं, ऐसे में जो शख्स अपना सर्वश्रेष्ठ नहीं देने का सबसे ज़्यादा नुकसान झेलता है, वो हैं आप!

क्यों? सबसे पहली बात, श्रेष्ठता एक आदत है जिसे किसी नल की तरह चालू या बन्द नहीं किया जा सकता। हम आदत से बनते हैं और या तो हमारे पास काम को पूरी क्षमता से करने की प्रतिबद्धता होती है... या फिर हम आदत बना लेते हैं कि हम अपनी सबसे अच्छी कोशिश ना करें। हम जो भी नज़रिया रखें, इसे बदलना आसान

नहीं होगा। ये समझने की भूल ना करें कि आप अपनी प्रतिभा और उत्साह को आज रोक सकते हैं, फिर कल अपना सब कुछ झोंक सकते हैं।

इसे समझने के लिए अपनी एक आदत पर विचार करें—आप अपने बेडरूम को कितना साफ़ रखते हैं। अगर आप उन लोगों में से हैं जो अपनी कमीज और पतलून उतारकर किसी कुर्सी (या फर्श) पर फेंक देते हैं, तो आपके लिए इस आदत को बदलना और अपने सारे कपड़े मोड़कर करीने से उन्हें किसी आलमारी या दराज में रखना कितना मुश्किल होगा? मैं दावा कर सकता हूँ कि आपके लिए नए पैटर्न को अपनाना करीब-करीब नामुमकिन होगा। एक-दो दिन में, शायद आप अपने मोजों को उतारकर कुर्सी पर फेंकने लगेंगे, जैसा आप पहले किया करते थे! यही बात काम को लेकर आपके नज़रिए पर भी लागू होती है। आप या तो बेहतरीन काम करने के लिए प्रतिबद्ध होते हैं, या फिर आप कामचलाऊ तरीके से चलते रहने का पैटर्न बना लेते हैं।

इसलिए, अगर आप किसी **नौकरी** में सुरक्षा की तलाश में हैं तो आप गलत जगह पर हैं। किसी नौकरी में कोई सुरक्षा नहीं है। सुरक्षा **आपके भीतर** है। अपनी सुरक्षा को विकसित करने की कुंजी है अपने काम में श्रेष्ठ बनना, और लगातार अपने कौशल को सुधारते रहना। इसके साथ आप सकारात्मक दृष्टिकोण और दूसरों के साथ अच्छे से काम करने की क्षमता जोड़ दीजिए....और, *लीजिए,* आपकी नौकरी सुरक्षित हो गई!

जब आप 100 फीसदी कोशिश करते हैं, लोग गौर करते हैं। हो सकता है कि आपको तुरन्त इनाम ना मिले, लेकिन आप अपनी साख बना रहे हैं जो आपके मौजूदा संगठन में आपके काम आयेगी, और किसी दूसरी जगह भी काम आयेगी जहाँ आप भविष्य में काम करेंगे।

मुद्दे की बात ये है: *अपने मौजूदा काम पर सर्वश्रेष्ठ से कम देने से नुकसान केवल आपका होगा।*

इसलिए, अगर आप असली सुरक्षा हासिल करना चाहते हैं, तो ख़ुद से ये सवाल पूछें:

- *क्या मैं पूरे जोश से अपने काम पर हर दिन अपना सर्वश्रेष्ठ देता हूँ?*
- *क्या मैं दूसरों के साथ सहयोग और उनकी कोशिशों का समर्थन करता हूँ?*
- *क्या मैं सकारात्मक दृष्टिकोण बनाए रखता हूँ?*
- *जो काम मैं करता हूँ, उसमें बेहतर बनने के लिए क्या मैं सीख रहा हूँ? और*

- *क्या मैं वो कौशल विकसित कर रहा हूँ जो आने वाले दिनों में मेरे क्षेत्र में अहमियत रखेंगे?*

इन सवालों के जवाब दें और नियमित रूप से अपना मूल्यांकन करते रहें। जब आप पूरे भरोसे के साथ "हाँ" में जवाब दे देंगे, आपको नौकरी की वैसी सुरक्षा मिलेगी जिसे आपसे कोई नहीं छीन सकेगा।

# 40

# आइए विनम्रता को अधिक सामान्य बनाएं

*अगर कोई व्यक्ति अजनबियों के प्रति उदार और विनम्र है,*
*ये दिखाता है कि वो विश्व-नागरिक है, और उसका हृदय*
*कोई द्वीप नहीं है जो ज़मीन के टुकड़ों से कटा हुआ है,*
*बल्कि एक महाद्वीप है जो उन्हें जोड़ता है।*

**—फ्रांसिस बेकन**

विनम्रता। मैं इस कीमती संसाधन को हर साल घटता हुआ देखता हूँ। अभी भी ये विलुप्तप्राय प्रजातियों की सूची में नहीं है, लेकिन मैं चिन्तित हूँ। मुझे डर है कि "सामान्य शिष्टाचार" इन दिनों बहुत सामान्य नहीं रह गया है। जैसे-जैसे हम एक अधिक जटिल और तेज़ी से आगे बढ़ने वाले समाज बन रहे हैं, विनम्रता और दूसरों के लिए सोचने की आदत का चलन कम होता दिखता है। और कभी-कभी हम सभी दोषी होते हैं। लेकिन, चलिए इसे स्वीकार कीजिए। क्या आप अभी भी उन लोगों के साथ कारोबार करना पसन्द नहीं करते जो नेक और विचारशील हैं? अधिक विनम्र बनने और ज़्यादा असरदार कारोबारी रिश्ते बनाने के लिए यहाँ कुछ खास सुझाव दिए जा रहे हैं:

1. **कॉल करें जब आपको देरी हो रही हो।** हम सभी व्यस्त हैं। पहले से ज़्यादा व्यस्त शेड्यूल। अप्रत्याशित ट्रैफिक और देरी। लेकिन ये सारी चीज़ें भी दूसरों को ये नहीं बताने का बहाना नहीं बन सकतीं कि

आप किसी मीटिंग के लिए देरी से पहुँचेंगे। और आप जितना पहले बता सकें, उतना बेहतर। इससे, दूसरा व्यक्ति अपने शेड्यूल में बदलाव कर सकता है और आपके साथ मीटिंग के पहले के वक़्त का इस्तेमाल किसी और ज़रूरी काम के लिए कर सकता है। वक़्त एक कीमती चीज़ है। इसलिए, दूसरे लोगों के वक़्त की इज्जत करें और उनके मन में आपके लिए ज़्यादा इज्जत होगी। आखिरकार, आपको कैसा लगता है जब कोई आपसे 3 बजे मिलने के लिए कहता है और 3.45 पर आता है?

2. **जब आप किसी से प्रस्ताव या सामग्री मंगाते हैं, तो उसे जवाब देना पक्का करें।** हम सभी को हर दिन ढेरों "जंक मेल" मिलते हैं। मैं ये नहीं कह रहा हूँ कि आपको इन सभी अवांछित अनुरोधों का जवाब देना चाहिए। लेकिन उन मामलों का क्या जहाँ आपने दूसरी कम्पनियों या व्यक्तियों से मांग की थी कि वे आपको प्रस्ताव या ब्रोशर भेजें? मेरे विचार से, सामान्य शिष्टाचार है कि आप उन्हें बताएं कि आपको वांछित सामग्री मिल गई है और साथ ही दूसरे पक्ष को ये भी बताएं कि उनका प्रस्ताव स्वीकार नहीं किया गया है। (हाँ, हो सकता है कि किसी को खारिज करना आपको बुरा लग रहा हो। लेकिन इससे भी बुरा होगा उन्हें लटकाकर रखना। उन्हें "शुक्रिया" या यहाँ तक कि केवल "ना" कहना भी चुप्पी साधने से बेहतर है क्योंकि इससे दूसरे पक्ष को ज़्यादा बड़े कामों पर आगे बढ़ने में मदद मिलती है।)

यहाँ भी आप सोचें कि आपको कैसा लगेगा, जब आपके किसी प्रोडक्ट से जुड़ी जानकारी आपको भेजने को कहा जाए और फिर सम्भावित ग्राहक आपको कभी जवाब ही ना दे? आप महसूस करते हैं ना कि दूसरा पक्ष कम से कम आपको एक जवाब तो दे, चाहे खत से, फ़ोन कॉल से या ईमेल से?

यही चीज़ तब भी लागू होती है जब आप लोगों से अपने संगठन में किसी पद के लिए आवेदन मंगाते हैं। जिन लोगों को नहीं चुना जाता है, वे आपकी तरफ से एक जवाब के हकदार हैं। आप आवेदनकर्ताओं से उम्मीद करते हैं कि वे आपकी कम्पनी के बारे में रिसर्च करें और फिर ध्यान से तैयारी करके अर्जी दें। कुछ मामलों में, उन्होंने इंटरव्यू में हिस्सा लिया होता है। उन्हें भी वही शिष्टाचार दिखाएं और बताएं कि कोई फ़ैसला ले लिया गया है।

3. **जब आप किसी को खारिज कर रहे हैं या उसकी आलोचना कर रहे हैं तब इसे "ज़्यादा कठोर ना बनाएं"।** क्या हम ज़्यादा कठोर, आक्रामक समाज बनते जा रहे हैं? मेरा यही मानना है, और ये अच्छी चीज़ नहीं है। मैं मानता हूँ कि सच बोलना चाहिए, लेकिन जब आलोचना भरा बयान देना हो तो उसे नरम लहजे में कहने के पक्ष में भी ढेरों दलीलें हैं। मिसाल के लिए, अगर आपका कोई सहकर्मी एक नई ड्रेस खरीदता है और आपसे पूछता है कि ये कैसा लग रहा है (और आपका मानना है कि ड्रेस बेहद बुरी है) तो आप क्या कहते हैं? क्या आप कहेंगे, "मैंने कई सालों में इससे बुरी ड्रेस नहीं देखी?" विनम्रता से भरे जवाब में दूसरे व्यक्ति की भावनाओं का ख्याल रखा जाता है। शायद कुछ ऐसा, "हाँ, ये बहुत अलग है" या "अनूठा" है।

मैं आपको लोगों को "बहकाने" या उलझाने के लिए नहीं कह रहा हूँ। हालांकि, ज़्यादातर लोग आलोचना या अस्वीकृति के मामले में बेहद नाजुक होते हैं, और इतनी सीधी या सच्ची बात कहने का कोई मकसद नहीं है कि आप दूसरे व्यक्ति को "अन्दर से तोड़ दें"।

एक और उदाहरण देखते हैं। मान लें कि एक कॉलेज को किसी ऐसे शख्स से आवेदन मिलता है जो स्कूल में दाखिले के मानकों को साफ़ तौर पर पूरा नहीं करता है। आपके ख्याल से इन दोनों चिट्ठियों में से किसे आवेदन अस्वीकार करने के बाद भेजा जाना चाहिए?

**क.** "हमें आपको बताते हुए खेद है कि इस वक़्त हम आपको किसी पद की पेशकश नहीं कर सकते। हमें कई लोगों से आवेदन मिलते हैं और हम हर किसी को जगह नहीं दे सकते। हम आपके भविष्य की कोशिशों के लिए कामयाबी की कामना करते हैं।"

**ख.** "हमें मिले बाकी आवेदनों की तुलना में आपका आवेदन पूरी तरह मज़ाक था। आप आवेदन करते वक़्त क्या सोच रहे थे? जवाब है नहीं।"

अब, शायद दूसरी चिट्ठी आवेदक के बारे में कॉलेज की भावनाओं को ज़्यादा बेहतर तरीके से व्यक्त करती है। लेकिन, मेरे विचार से, ऐसा जवाब देना बेरहमी है। जहाँ तक पहली चिट्ठी का सवाल है, मुझे उसे पाकर भी ख़ुशी नहीं होगी (और मुझे ऐसी कई चिट्ठियाँ मिल चुकी हैं!), लेकिन उस अस्वीकृति में एक तरह की विनम्रता है।

विनम्रता किसी के प्रति अच्छा होने से कहीं ज़्यादा होती है। विनम्रता अच्छी आदत है। और, साथ ही, विनम्रता दुनिया को थोड़ा और सुखद बना देती है। इसलिए, हर इंसान को वो सम्मान दीजिए जिसका वो हकदार है। याद रखें कि जो आप देते हैं वही आप तक लौटकर आता है। आइए हम सब मिलकर विनम्रता को थोड़ा और सामान्य बनाने के लिए काम करें।!

# 41

# बदलाव को स्वीकार करें और अपनी महानता का अहसास करें

*समुद्र तट को बहुत लम्बे वक़्त तक नहीं देखने का*
*मन बनाए बगैर कोई नई ज़मीन नहीं ढूंढ़ पाता।*

**—आन्द्रे गिडे**

बदलाव। कई लोगों के लिए इस शब्द का जिक्र भर ही उनकी हथेलियों में पसीना ले आता है और दिल की धड़कन तेज़ कर देता है।

हम ज़िन्दगी के शुरुआती दौर में सीखते हैं कि बदलाव से बचना चाहिए और हमें हमारे *कम्फर्ट ज़ोन* के दायरे में रहना चाहिए—जिससे हम सुरक्षित और आराम महसूस करें। "कुछ नया करने की कोशिश" को अक्सर घबराहट या यहाँ तक कि डर के साथ देखा जाता है। नतीजतन, हम अक्सर जाने-पहचाने लेकिन नाख़ुश करने वाले रूटीन से चिपके रहते हैं, अनजानी जगहों में जाने की बजाय "परिचित नर्क" का विकल्प चुनते हैं।

तो, हम आखिर डरते किस चीज़ से हैं? शायद ये कि हम अलग दिशा लेने पर नाकाम हो जायेंगे या कि दूसरे लोग हम पर हँसेंगे या हमारे काम को स्वीकार नहीं करेंगे। ये डर वैसे तो बड़े हैं, लेकिन इन्हें पक्के तौर पर दूर किया जा सकता है।

मुझे बड़े बदलावों से निपटने का सीधा तजुर्बा है। सच तो ये है कि आप इन शब्दों को नहीं पढ़ रहे होते अगर मैंने (10 साल बाद) वकालत छोड़ने और प्रेरक वक्ता और लेखक बनने का फ़ैसला नहीं लिया होता।

ये मेरे लिए एक बड़ी छलांग थी, मेरे लिए ये करना और भी मुश्किल था क्योंकि मैं अपनी पूरी ज़िन्दगी बदलाव (यहाँ तक कि मामूली बदलाव भी) से बचता रहा था। इसमें जोखिम थे, और बदलाव का वक़्त आसान नहीं था। लेकिन, बदलाव को अपनाकर मैंने अपने लिए एक नई दुनिया खोली थी—ऐसा करियर जिसे मैं बहुत चाहता हूँ और अपनी ज़िन्दगी में कहीं ज़्यादा ख़ुशी और सन्तोष।

तो, क्या मैं ये कह रहा हूँ कि आपको भी अपनी ज़िन्दगी में इसी पैमाने के बदलाव को अपनाना होगा? ज़रूरी नहीं। केवल *आपके* पास *आपके* जवाब हैं। ये ज़रूरी नहीं है कि आप बड़े बदलाव तुरन्त करें। ज़रूरी ये है कि आप नए रास्तों पर चलने को तैयार रहें, क्योंकि उसके बिना आपको अपनी पूरी क्षमता को पहचानने का मौका कभी नहीं मिलेगा।

मेरा मानना है कि आपमें से ज़्यादातर पहले से जानते हैं कि कौन से बदलाव आपकी कामयाबी और सन्तुष्टि में योगदान करेंगे। बात बस इतनी है कि आप इन बदलावों को करने से हिचकिचाते हैं। ये स्वाभाविक है। लेकिन अगर आप अपनी ज़िन्दगी में बदलाव का स्वागत करेंगे, मेरा पक्का यकीन है कि आप नीचे बताए गए सकारात्मक नतीजे महसूस करेंगे:

**आ***त्मविश्वास*
*ख़ुद का सम्मान*
*नई स्थितियों से सामंजस्य*
*नयापन*
*विकास*
*सम्मान*

वैसे ये सकारात्मक तत्व एक-दूसरे से जुड़े हुए हैं, यहाँ हम इन सबको अलग-अलग करके देखते हैं।

**आत्मविश्वास।** जब आप ख़ुद को कुछ खास क्षेत्रों तक समेट लेते हैं, आप ख़ुद से कह रहे होते हैं, "मैं इससे ज़्यादा चीज़ें नहीं सँभाल सकता।" स्वाभाविक तौर पर आपके आत्मविश्वास का स्तर नीचे रहता है। दूसरी तरफ, जब आप सक्रिय रूप से बदलाव की चाहत रखते हैं, आपको पता चलता है कि आप अपनी सोच से कहीं ज़्यादा करने के काबिल हैं। ऐसा नहीं है कि आप रातों-रात जबरदस्त ऊर्जावान बन जायेंगे। लेकिन... जब आप कई नए क्षेत्रों में कामयाब होने लगेंगे, आप ख़ुद से कहने लगते हैं, "अगर मैं इन नई चुनौतियों को संभाल सकता हूँ, तो पक्का मैं ........ भी कर सकता हूँ।"

आप हाशिये पर दर्शक की तरह बैठकर आत्मविश्वास हासिल नहीं कर सकते। आगे बढ़कर हिस्सा लें, ज़िन्दगी की चुनौतियों को स्वीकार करें—और आपका आत्मविश्वास नई ऊँचाई छुयेगा।

**ख़ुद का सम्मान।** बदलाव आपको इस खोज में लगाता है कि आप कौन हैं और उन विशेष प्रतिभाओं को व्यक्त करने की अनुमति देता है जो केवल आप इस धरती पर लेकर आए हैं। आपकी असली ताक़त ख़ुद के लिए सच्चे होने और ज़िन्दगी में आपके सामने आने वाली अनूठी चुनौतियों के लिए "हाँ" कहने में छिपी है। बदकिस्मती से, ज़्यादातर लोग ख़ुद को समेटने वाली उस झूठी आवाज़ को सुनते हैं जो चेताती है, "रुको। बदलाव में जोखिम है और तुम नाकाम हो सकते हो।" ये सन्देश आपकी "असलियत" नहीं है।

आपके भीतर एक और आवाज़ है जो आपको आपकी सम्भावनाओं के बारे में बताती है और आपको आगे बढ़ने के लिए प्रेरित करती है। जब आप उस आवाज़ को सुनते हैं, आप अपनी अहमियत पहचानने लगते हैं। आपको उन बदलावों को लगातार अपनाने का हौसला मिलता है जो आपके लिए ख़ुशी और सन्तुष्टि लायेंगे। इन चुनौतियों का विरोध करके आप अपने भीतर की गहरी और प्रभावशाली शक्तियों को नकारते हैं जो बाहर आना चाहती हैं। जैसा कि मनोवैज्ञानिक अब्राहम मास्लो ने कहा है: "अगर आप जानबूझकर अपनी क्षमता से कम होने की योजना बनाते हैं—तो मैं आपको चेतावनी दे रहा हूँ कि आप बेहद नाख़ुश रहेंगे।"

ख़ुद के प्रति सच्चे रहें और उस आवाज़ को सुनें जो आपके दिल की इच्छाओं को पूरा करने के लिए आपका हौसला बढ़ाती है।

**नई स्थितियों से सामंजस्य।** आप इसे चाहें या नहीं, किसी ना किसी वक़्त बदलाव आपके पास आयेगा ज़रूर। अचानक, ज़िन्दगी आपके ऊपर बदलाव थोप देगी और आपको चौंका देगी। अगर आप अभी तक बदलाव से छिपे रहे हैं, आप इसे रचनात्मक तरीके से सँभालने के लिए तैयार नहीं होंगे। हालांकि, जिस शख़्स ने बदलाव अपनाने की आदत बना ली है, ज़िन्दगी की ज़रूरी उथल-पुथल से निपटने के लिए उसकी तैयारी बेहतर है। वो शख़्स पहले भी तूफान से बाहर निकल चुका है और जानता है कि उसके पास ऐसा फिर से करने के लिए आन्तरिक संसाधन हैं।

बदलावों का सामना करके आप सीखते हैं कि ज़िन्दगी में लचीलापन कैसे लाएं और सामंजस्य कैसे करें। बदलाव से कामयाबी के साथ गुजरते हुए, आप ये देखना भी शुरू करते हैं कि हर बदलाव आपके लिए सकारात्मक है, और नेपोलियन

हिल के इस सिद्धान्त को समझने का मौका भी मिलता है कि *हर मुसीबत में उसके बराबर या उससे बड़ा फायदा छिपा होता है।*

**नयापन।** ज़िन्दगी में बहुत सारा मज़ा और रोमांच नई चीज़ों के अनुभव से आता है। जब आप थकाऊ और पुराने तरीकों से चिपके रहते हैं, ज़िन्दगी बेहद उबाऊ और नीरस हो सकती है। चलिए मान लें कि लगातार चार दिनों तक आपको लंच में खाने के लिए एक ही चीज़ मिले। पांचवें दिन, आप खाने के लिए बैठे... और फिर से वही खाना। इस बात की सम्भावनाएं हैं कि आप बहुत उत्साहित नहीं होंगे। शायद ये वक़्त है कि आप ज़िन्दगी को झकझोरें, और उस जोश को वापस लाएं जो कभी आपके पास था।

आप जीवन्त अनुभव करेंगे जब आप नए क्षेत्रों में उतरेंगे और नई चुनौतियों का सामना करेंगे। रूटीन चीज़ें उबाऊ हो जाती हैं; बदलाव आपमें नई जान फूंकता है।

**विकास।** जब तक आप बदलाव को नहीं अपनायेंगे, आप निजी या पेशेवर, किसी रूप में आगे नहीं बढ़ेंगे। अगर आप अपने खोल में सिमटे रहेंगे आप सीखने और आगे बढ़ने की उम्मीद कैसे कर सकते हैं? आप लगातार ख़ुद को चुनौतियाँ देकर और अपने कम्फर्ट ज़ोन का दायरा बढ़ाकर अपनी क्षमता विकसित करते हैं। केवल ये सोचना आपको कहीं नहीं ले जायेगा कि आप क्या हासिल कर सकते हैं। जब तक आप ख़ुद को जाँचेंगे नहीं आप अपनी काबिलियत की हद नहीं जान पायेंगे। आपको डर लगता है? मुझे भी लगता था। लेकिन मैंने सीखा कि बदलाव से पीछे हटना हार दिलाने वाली रणनीति है जिसका अच्छा अन्त कभी नहीं हो सकता। इसलिए, कदम उठाएं। आप सीखने, आगे बढ़ने और अपनी विशेष प्रतिभाओं को विकसित करने के लिए बने हैं। हाँ, रास्ते में आपको कुछ चोटें लगेंगी, लेकिन आपके क्षितिज का विस्तार करने के अपने फ़ैसले पर पछतावा नहीं होगा। अन्त में, आपको पता लगेगा कि बदलाव और विकास मज़ेदार, रोमांचक और फायदेमन्द हैं। हकीकत में तो आप अगली चुनौती का इन्तज़ार करना शुरू कर देंगे!

**सम्मान।** ऊँचा आत्मसम्मान एक कामयाब और सन्तुष्ट जीवन के लिए ज़रूरी है—और बदलाव का सामना करने से आप ख़ुद की कीमत को कहीं बेहतर समझ पाते हैं। इसके विपरीत, जब आप बदलाव से बचते हैं, आप अपना आत्मसम्मान घटाते हैं और अपनी कामयाबी को दूर करते हैं। आपका हौसला टूटता है और आप बेबस महसूस करते हैं। बदलाव को अपनाने से आप ख़ुद के बारे में अच्छा महसूस करते हैं क्योंकि आप डर के आगे बढ़ रहे होते हैं। इससे फर्क नहीं पड़ता कि आपको

तुरन्त क्या नतीजा मिलता है; अहम बात ये है कि आप मुकाबले में सक्रिय रहते हैं। आपका आत्मसम्मान हर नए काम के साथ बढ़ता रहता है।

जब इतने सारे शानदार फायदे आपका इन्तज़ार कर रहे होते हैं, तो हर कोई बदलाव को अपनाता क्यों नहीं है? इसका जवाब एक शब्द में है: डर। ज़्यादातर लोग किसी भी अनजान चीज़ से बहुत ज़्यादा डरते हैं। साथ ही, बदलाव की प्रक्रिया अक्सर काफी उथल-पुथल और निराशा और हार से भरी होती है। लेकिन आपको इसी कीमत को तो चुकाने को तैयार रहना होता है। ज़िन्दगी उन्हीं को इनाम देती है जो असहज होने को तैयार रहते हैं और जो असाधारण भरोसे और कभी ना थकाने वाली ज़िद के साथ आगे बढ़ते रहते हैं।

अब, आपको बिलकुल शुरुआत में कोई बड़ा जोखिम उठाने की ज़रूरत नहीं है। छोटे-छोटे कदमों से शुरुआत करें और बदलाव की अपनी आदत को धीरे-धीरे बढ़ने दें। लेकिन इसकी आदत डालें। आपको पता है, मैं कई असन्तुष्ट लोगों से मिला हूँ जिन्होंने हर कीमत पर बदलाव से बचना चाहा और अब वो इस पर पछताते हैं, लेकिन मैं कभी भी ऐसे एक आदमी से नहीं मिला जिसने विकास और बदलाव का रास्ता चुना हो और बाद में इस पर पछताया हो।

अब फ़ैसला आपको करना है।

# 42

# आप अपनी सोच से कहीं अधिक नियन्त्रण कर सकते हैं

*मन ही सीमा है। जब तक मन इस बात की कल्पना कर सकता है कि आप किसी काम को कर सकते हैं, आप उसे कर सकते हैं—जब तक आप वाकई में 100 प्रतिशत यकीन करते हों।*

**—आर्नल्ड श्वार्जनेगर**

मैं नियमित चेक-अप के लिए डॉक्टर के ऑफ़िस सुबह 7:30 पर पहुँचा और मुझे वेटिंग एरिया में एक सीट पर बैठने को कहा गया। करीब पांच मिनट बाद, डॉक्टर की असिस्टेंट, जो बीसेक साल की युवती थी, ने मेरा नाम पुकारा और मुझे अपने साथ एक्ज़ामिनेशन रूम में चलने को कहा।

जैसे ही मैंने कमरे में प्रवेश किया, डॉक्टर ने मुस्कुराकर कहा, "गुड मॉर्निंग, आज कैसे हैं आप?" मैंने जवाब दिया, "बहुत बढ़िया" और फिर डॉक्टर ने अपनी असिस्टेंट से पूछा, "और तुम?" उसने जवाब दिया, "*अभी तक तो अच्छी हूँ, लेकिन अभी तो काफी जल्दी है।*" आप भी समझ गए होंगे कि उसका क्या मतलब था। उसका दिन खराब करने वाली कोई चीज़ अभी तक हुई नहीं थी। लेकिन वो मानकर चल रही थी कि कुछ ऐसा नकारात्मक होगा जिससे उसका मूड बदल जायेगा।

मैं यहाँ उस युवती की आलोचना नहीं कर रहा। जब मैं उसकी उम्र का था, मेरा एटीट्यूड तो उससे भी ख़राब था। साथ ही, मैं भी वैसा ही सोचता था जैसा उसने

सोचा—कि मेरा एटीट्यूड उस दिन होने वाली घटनाओं से या मेरे सामने आने वाले लोगों की वजह से तय होना था।

ख़ुशकिस्मती से, करीब 20 साल पहले, मैं महसूस करने लगा था कि मैं ग़लत सोचता था। घटनाएं होने के बाद प्रतिक्रिया देने के बजाय मैंने प्रो-एक्टिव होने का फ़ैसला किया। मैंने हर दिन सकारात्मक चीज़ें पढ़कर और सुनकर अपने एटीट्यूड को काबू में किया। धीरे-धीरे लेकिन पक्के तौर पर, मैंने नकारात्मक या हताश होने की प्रतिक्रिया छोड़ दी, जब चीज़ें मेरी पसन्द से नहीं हुईं। इसके बजाय, मैं बाहरी हालातों की परवाह किए बगैर एक अलग फ़ैसला करने में काबिल बना। ऐसा नहीं है कि मैं सारी निराशाओं से दूर था, लेकिन मेरे अन्दर उनसे ज़्यादा रचनात्मक ढंग से निपटने की काबिलियत आ गई थी।

मुझे जिस चीज़ से मदद मिली, वो ये थी: मैंने गौर किया कि कई लोगों का दिन शानदार होता है हालांकि मैं जानता था कि उन्हें चुनौतियाँ झेलनी पड़ रही हैं। मिसाल के लिए, व्हीलचेयर में बैठे कई लोग मुस्कुराते थे और ख़ुश रहते थे जबकि अच्छी सेहत और सही तरीके से चल सकने वाले लोग दुखी रहते थे। फिर ऐसे लोग थे जो बहुत कम पैसों में भी ख़ुश रहते थे, उनकी किस्मत बस इतनी अच्छी थी कि उनके सिर पर छत थी और खाने के लिए पर्याप्त भोजन था, लेकिन दूसरे कई लोग ठीक-ठाक पैसे और एक खूबसूरत घर होने के बावजूद नाख़ुश थे क्योंकि वो उससे बड़ा घर नहीं खरीद सकते थे।

अगर आप ध्यान से सोचेंगे, तो बेहिचक इस नतीजे पर पहुँचेंगे कि लोगों के अन्दर एक शानदार दिन, एक बुरा दिन या इन दोनों के बीच का कोई दिन चुनने की काबिलियत होती है। ख़ुशी वाकई में एक विकल्प है। इसे काबू में करने की ताक़त हर शख़्स के पास है, फिर भी दुनिया में बहुत कम तादाद में लोग इस ताक़त का इस्तेमाल अपने फायदे के लिए करते हैं।

## दर्द का सामना करने की सीख...

कामयाब फ़ैशन मॉडल पेत्रा नेमकोवा *स्पोर्ट्स इलस्ट्रेटेड* मैगज़ीन के कवर पर आ चुकी हैं। वो अपनी किताब *लव ऑलवेज़, पेत्रा* (वॉर्नर बुक्स, 2005) के प्रचार के लिए टेलीविज़न पर थीं। 26 दिसम्बर, 2004 को पेत्रा अपने ब्वॉयफ्रेंड के साथ थाइलैंड में छुट्टियाँ बिताने गई थीं। वे दोनों एक बंगले में थे जब तबाही मचाने वाली सुनामी आई। सुनामी ने उन्हें भयंकर लहरों में फेंक दिया; उनका ब्वॉयफ्रेंड लहरों में बह गया और मौत का शिकार हो गया। जान बचाए जाने के पहले पेत्रा टूटे हुए पेड़ू के साथ 8 घंटों तक ताड़ के एक पेड़ से चिपकी रहीं।

थाइलैंड में अस्पताल में पेत्रा को असहनीय दर्द का अनुभव हुआ। जब उन्होंने डॉक्टर को बताया कि वो कितना दर्द झेल रही हैं, डॉक्टर ने उन्हें समझाया कि वो अपने मन में दर्द को 1 से 10 के स्तर पर "10" की "रेटिंग" दे रही हैं। डॉक्टर ने उन्हें सुझाव दिया कि वो आसानी से तय कर सकती हैं कि गम्भीरता के मामले में दर्द 10 में से 4 के स्तर पर है। उसने उन्हें ये भी बताया कि वो ज़्यादा सकारात्मक तस्वीरों पर ध्यान लगा सकती हैं और दर्द का अहसास कम कर सकती हैं। पेत्रा ने डॉक्टर की सलाह मानी। उन्होंने अब दर्द को "10" की रेटिंग देना बन्द कर दिया और ज़्यादा सकारात्मक चीज़ों पर ध्यान लगाने लगीं। उन्होंने बताया कि ऐसा रुख अपनाने के बाद दर्द काफी कम हो गया था। संक्षेप में, पेत्रा ने सीखा कि दर्द के ऊपर उनका नियन्त्रण बहुत अधिक है। किसी गोली या इंजेक्शन से राहत नहीं मिली, बल्कि इस बात से मिली कि उन्होंने अपने दिमाग का इस्तेमाल कैसे किया।

सुनने में ये आपमें से कुछ को पागलपन लग सकता है। क्या आप वाकई में ख़ुद महसूस करने वाले दर्द को कम कर सकते हैं? तो, इस बारे में सोचिए: कैसे कुछ एथलीट टूटी हड्डियों और दूसरी गम्भीर चोटों के साथ खेल लेते हैं, जबकि हममें से कई तो पैर की उंगलियों के छिलने तक पर हिल नहीं सकते? इन एथलीटों ने ख़ुद को सिखाया होता है कि दर्द के साथ खेलना है, या कि दर्द को पूरी तरह से नज़रअन्दाज़ करना है। वे ख़ुद को एक अलग सन्देश देते हैं। जबकि हममें से ज़्यादातर कहेंगे, "मुझे चोट लगी है और मैं नहीं खेल सकता", एथलीट अक्सर कहता है, "मुझे मैदान में जाकर अपनी टीम को जिताने में मदद करनी है।"

इन प्रतिक्रियाओं में अन्तर को केवल जेनेटिक्स से नहीं समझाया जा सकता। इसे समझने के लिए ज़रूरी है कि हम उन तरीकों को देखें जैसे हम ख़ुद को अपने दिमाग का इस्तेमाल करना सिखाते हैं, और ये सिखाते हैं कि हमें अपना ध्यान कहाँ रखना है।

## कमान सँभालना

जब आप अपने दिमाग की ताक़त को जान जाते हैं, आप अपनी ज़िन्दगी की गुणवत्ता सुधारने का पहला कदम उठा लेते हैं। फिर आपको उन आदतों को विकसित करना होता है जो एक सकारात्मक नज़रिया और सकारात्मक भावनाओं को मजबूती देती हैं। यहाँ कुछ तरीके हैं जिन्होंने लाखों लोगों को फायदा पहुँचाया है और ये आपके लिए भी काम आयेंगी:

1. **अपने मन को सकारात्मक चीज़ों से भरें।** ज़्यादातर लोग अपने मन को नकारात्मक चीज़ों से भरते हैं (जैसे गपशप से भरे टीवी शो

देखना, निराशावादी दोस्तों के साथ रहना, वगैरह) और फिर सोचते हैं कि वे हमेशा डरे क्यों रहते हैं और असहाय क्यों महसूस करते हैं। हर दिन सकारात्मक साहित्य पढ़ें, कोशिश करें कि हर सुबह जगने पर पढ़ें। हर हफ़्ते कई बार, या फिर कसरत करते वक़्त सकारात्मक ऑडियो कार्यक्रम सुनें। सुनिश्चित करें कि आप उन लोगों के साथ वक़्त बितायेंगे जो सकारात्मक हैं और हौसला बढ़ाते हैं। आपको अपने रूटीन में बड़े बदलाव करने पड़ सकते हैं, लेकिन इसी से आप अपने मन को सकारात्मक दिशा में अनुशासित कर पायेंगे।

2. **अपने मन में हमेशा कृतज्ञता का भाव रखें।** आप सकारात्मक दृष्टिकोण और भावनाएं तभी बनाए रख सकते हैं जब आप हर दिन अपनी ज़िन्दगी की नेमतों पर ध्यान लगाएं। हर कोई कृतज्ञता की बात करता है, लेकिन ऐसा कोई शख्स ढूंढ़ना बहुत मुश्किल है जो आभार जताता है और हर दिन इसे प्राथमिकता देता है। जिस पल आप किसी चुनौती का सामना करें, उसी पल आपके मन में कृतज्ञता आनी चाहिए और आपको महसूस करना चाहिए कि आप कितनी अच्छी हालत में हैं। इससे कोई फर्क नहीं पड़ता कि आप किस चीज़ का सामना कर रहे हैं। मैं दावा कर सकता हूँ कि ऐसे कई लोग होंगे जो ख़ुशी-ख़ुशी आपकी मौजूदा हालत में होना चाहेंगे।

3. **मन को शान्त करें।** आज के समाज में हर कोई हड़बड़ी और भागने में लगा है। जब आप इस पागलपन में फंस जाते हैं, आप तनावग्रस्त हो जाते हैं। आपका दिमाग नापसन्द नज़ारों और तस्वीरों के साथ दौड़ने की आदत डाल लेता है। इसका उपाय है अपने मन को मौजूदा लम्हे पर लौटाकर लाना, जिस जगह ज़्यादातर लोग शायद ही कभी जाते हों। आप अपने मन को ध्यान, योग, ताई-ची और मार्शल आर्ट्स जैसे विषयों की मदद से शान्त कर सकते हैं। जब आपका मन शान्त होता है, आप सकारात्मक और सहज महसूस करते हैं। आप अपनी आत्मा से फिर से जुड़ रहे होते हैं। ये सोचने की भूल ना करें कि ये विषय व्यावहारिक नहीं हैं। ये आपको काम-धन्धे और रिश्तों दोनों में मदद करेंगे। ब्लेज़ पास्कल की ये टिप्पणी काफी हद तक सच है कि "इंसानों की सभी मुश्किलें केवल इस वजह से पैदा होती हैं कि वे एक शान्त कमरे में अकेले नहीं बैठ पाते हैं।"

ये केवल आप तय कर सकते हैं कि इन रणनीतियों का कौन सा मेल आपके काम आयेगा—और हर अभ्यास को आप कितना वक़्त दे पायेंगे। ये व्यक्तिगत प्राथमिकता का मामला है। वही करें जो आपके काम आए।

ये समझने की कोशिश करें कि मैं ये नहीं कह रहा हूँ कि आप अपने सफर के दौरान मिलने वाले लोगों या स्थितियों से प्रभावित नहीं होंगे। हाँ, ज़िन्दगी थोड़ी ज़्यादा आसान हो सकती है जब लोग साथ देते हैं और जब आपके पास बैंक में पैसे होते हैं। लेकिन ज़िन्दगी हमेशा इतनी ख़ुशनुमा नहीं होती है। आप अपने जीवन की सारी परिस्थितियों पर नियन्त्रण नहीं कर सकते, लेकिन आप अपने रास्ते में आने वाली चुनौतियों पर अपनी *प्रतिक्रिया* को नियन्त्रित कर सकते हैं। आखिरकार, आपका दृष्टिकोण *आप* ही तय करते हैं।

जब आप अपने मन को सकारात्मक बनने के लिए अनुशासित कर लेते हैं, आप पाते हैं कि आप पहले से ज़्यादा ख़ुश, सेहतमन्द और बाहरी चीज़ों से निपटने के लिए अच्छी तरह तैयार हैं।

# 43

# आगे बढ़ने के पहले एक कदम पीछे हटना ठीक है

*उबड़-खाबड़ सड़क महानता की ऊँचाइयों तक ले जाती है।*

**—सेनेका**

जब बात कामयाबी और प्रेरणा की आती है, तो हमेशा अपने लक्ष्यों की तरफ बढ़ने की ढेरों बातें होती हैं। फिर भी, जैसा हममें से ज़्यादातर ने सीखा है, आगे का रास्ता हमेशा "तेज़ रफ़्तार से बढ़ने वाला" नहीं होता है... बल्कि एक ऐसा सफर होता है जहाँ हम अक्सर अपनी रफ़्तार फिर से हासिल करने के पहले कुछ कदम पीछे हटते हैं।

जब मैं उन लोगों के बारे में सोचता हूँ जिन्होंने आगे बढ़ने के पहले कुछ कदम पीछे किए, तो तुरन्त दिमाग में प्रो-बास्केटबॉल के पूर्व खिलाड़ी बॉब लव का नाम आता है। 1960 और 1970 के दशकों में, बॉब शिकागो बुल्स के लिए खेलते थे और लीग के टॉप स्कोरर्स में एक थे, हर गेम में औसतन 20 प्वॉइंट्स से ज़्यादा। वो सुपरस्टार थे। हालांकि, उन दिनों खिलाड़ियों को आज के खेल सितारों की तरह मोटी तनख्वाह नहीं मिलती थी। इसलिए, जब वो बास्केटबॉल से रिटायर हो गए, उन्हें नौकरी की तलाश करनी पड़ी। लेकिन उन्हें काफी दिक्क़तें आईं।

बॉब लव बिना हकलाए बात नहीं कर सकते थे। सालों तक छोटी-मोटी नौकरियाँ करने के बाद, उन्हें नॉर्डस्ट्रॉम के डिपार्टमेंट स्टोर में गन्दे बर्तन धोने के काम पर रख लिया गया, जहाँ उन्हें हर घंटे के 4.45 डॉलर मिलते थे। क्या आप

सोच भी सकते हैं कि आज का कोई बास्केटबॉल सुपरस्टार डिशवॉशर की नौकरी कर रहा हो?

बॉब ने बिना एक दिन की छुट्टी लिए लगातार छह महीने तक असाधारण प्रतिबद्धता के साथ अपना काम किया। उनकी असाधारण मेहनत ने नॉर्डस्ट्रॉम के मालिक का ध्यान खींचा, जिन्होंने बॉब की स्पीच थेरेपी का खर्च उठाया। इसके तुरन्त बाद, बॉब डायरेक्टर ऑफ कम्युनिटी रिलेशंस का पद सँभालने के लिए शिकागो बुल्स लौट आए। आज, बॉब लव दुनिया के दिग्गज प्रेरक वक्ताओं में एक हैं—लोगों को उनकी नाकामी से उबरने और सपनों का पीछा करने की प्रेरणा देते हैं!

ऐसे किसी और शख्स की कल्पना करना मुश्किल है जिसने बॉब लव से ज़्यादा कदम पीछे किए हों। फिर भी, इस तरह कदम पीछे खींचकर, बॉब ने ख़ुद को अभूतपूर्व सफलता की तरफ छलांग लगाने के लिए तैयार किया।

ऐसा मत सोचिए कि ये सिद्धान्त केवल एथलीटों या बड़ी हस्तियों पर लागू होता है। कुछ साल पहले, मैं अपने अच्छे दोस्त डेव से बात कर रहा था, जो मिडवेस्ट में रहते और काम करते हैं। डेव एक बेजोड़ सेल्समैन हैं और शिकागो में 10 सालों तक बेहद कामयाब हेल्थ क्लब मैनेजर रहे हैं। करीब साल भर पहले, डेव ने तय किया कि वो अपनी ज़िन्दगी में कुछ बदलाव लायेंगे। वो एक छोटे शहर इलिनोइस चले गए ताकि "नई शुरुआत" कर सकें और अपनी ज़िन्दगी में फिर से सन्तुलन ला सकें।

वहाँ जाने के थोड़े ही दिनों बाद, डेव डन्किन डोनट्स की दुकान में एक कप कॉफी लेने के लिए कतार में खड़े थे। इस समय उनके पास कोई नौकरी नहीं थी। कतार में इन्तज़ार कर रही एक और महिला के साथ बातचीत करते हुए डेव ने जिक्र किया कि वो इस जगह हाल ही में आए हैं। महिला ने डेव को बताया कि पास ही में उसका एक रेस्तरां/ नाइट क्लब है, और उसने उन्हें दरवाज़े पर टिकट लेने और आईडी कार्ड जाँचने की नौकरी का प्रस्ताव दिया। याद रखें, डेव मोटी तनख्वाह पाने वाले बेहद कामयाब सेल्स मैनेजर रह चुके थे। वो इस नौकरी को आसानी से "अपने से निचले स्तर" का मान सकते थे।

लेकिन डेव जानते थे कि मौका अक्सर अजीब रूप में ही आता है। इसलिए उन्होंने "हाँ" कर दिया और प्रस्ताव मान लिया। नौकरी के पहले महीने में ही, डेव रेस्तरां में किसी ग्राहक से बात कर रहे थे और इस दौरान उन्होंने सेल्स में अपने पुराने अनुभव का जिक्र किया। ग्राहक एक बड़ी, जानी-मानी ऑफ़िस फ़र्निचर कम्पनी के लिए काम करता था और उसने सुझाव दिया कि डेव को कम्पनी में किसी सेल्स पोजिशन के लिए अर्जी देनी चाहिए।

डेव ने अर्ज़ी दी और उन्हें तुरन्त रख लिया गया। डेव कुछ कदम पीछे हटने के लिए तैयार थे और इसका बड़ा फायदा उन्हें हुआ।

मैं आपको एक आखिरी कहानी बताना चाहता हूँ—मेरी अपनी कहानी। जब मैंने वकालत छोड़कर प्रेरक वक्ता और लेखक बनने का फ़ैसला किया था, मुझे नई दिशा में आगे बढ़ने के लिए कई कदम पीछे हटना पड़ा था। जो कीमत मैंने चुकाई उसमें पैसा, प्रतिष्ठा और वकालत के अपने करियर की सुरक्षा भी शामिल थी। फिर भी, ये मेरी ज़िन्दगी के सबसे अच्छे फ़ैसलों में एक रहा है।!

हम इन कहानियों से कुछ कीमती सबक ले सकते हैं:

1. **मौके हर कहीं होते हैं और अक्सर "साधारण" चीज़ों में मिलते हैं।** बॉब लव को मौका मिला जब उन्होंने डिशवॉशर की नौकरी की। डेव को मौका डन्किन डोनट्स पर कतार में लगकर मिला। अक्सर, हम सोचते हैं कि कोई मौका बड़े धूमधाम और इसके ऐलान के लिए किसी मार्चिंग बैंड के साथ आयेगा। जबकि होता बिलकुल इसका उलट है। आपके लिए मौके अक्सर छिपे रहेंगे और बिलकुल साधारण दिखेंगे। लेकिन उससे ख़ुद को मूर्ख ना बनने दें!

2. **विनम्र बनें और जो मिला है, उसे सर्वश्रेष्ठ दें।** जब भी आप ज़िन्दगी में किसी बदलाव का फ़ैसला करते हैं—या इसके लिए मजबूर होते हैं, इसके रास्ते में अपने अहंकार को ना आने दें। हम कोई नौकरी छोड़ते हैं और सोचते हैं कि हम वही नौकरी करेंगे जिसमें हमें उतनी ही (या ज़्यादा) प्रतिष्ठा और पैसा मिलेगा। लेकिन हर बार यही सबसे अच्छी चाल नहीं होती। कभी-कभी सबसे अच्छी चाल होती है थोड़ा पीछे हटना... या ऊँचाई से कुछ नीचे आना। ऐसी कोई नौकरी नहीं है जो आपके स्तर से "नीचे" है। कोई भी किसी भी नौकरी में चमक सकता है। बॉब लव ने अपने मालिक को डिशवॉशर की नौकरी में प्रभावित किया। डेव ने दरवाज़े पर आईडी कार्ड चेक करते हुए अपने को भीड़ से अलग दिखाया। मैंने ख़ुद एक प्रेरक वक्ता के रूप में अपना शानदार करियर एक "नई शुरुआत" के बाद ही बनाया।

    [टिप्पणी: मैं ये नहीं कह रहा हूँ कि अगर आपके पास नौकरी नहीं है, तब आपको मिल रही पहली नौकरी ही कर लेनी चाहिए। लेकिन, बैठकर अपनी पिछली नौकरी के "पर्फेक्ट" विकल्प का इन्तज़ार करना भी बेवकूफ़ी है।]

3.  **अपने जुनून के पीछे जाएं और अपने मूल्यों का सम्मान करें।**
    कायमाब होने की आपकी सम्भावनाएं कहीं बेहतर हो जायेंगी अगर
    "पीछे" बढ़ाया गया आपका कदम आपके किसी जुनून से जुड़ा हो—
    और जो आपके मूल्यों से मेल खाता हो। मैंने वकालत का अपना
    असन्तोष भरा करियर एक ऐसे नए रास्ते पर चलने के लिए छोड़ दिया,
    जिसके बारे में मैं "जुनूनी" था। इसने मुझे आगे बढ़ाया। डेव अपनी
    ज़िन्दगी को फिर से सन्तुलित करना चाहते थे और छोटी जगह में अपने
    भरोसे के साथ वो एक नई शुरुआत करने के लिए आगे बढ़े। ज़िन्दगी
    उन लोगों को इनाम देती है जो ख़ुद के लिए और अपनी दिली इच्छाओं
    के लिए सच्चे होते हैं।

इसलिए, अगली बार जब आपके पास एक या दो कदम "पीछे जाने" की
सम्भावना हो तो निराश ना हों। यहाँ बताई गई बातों पर विचार करें। आपका पीछे
किया गया कदम एक शानदार कामयाबी के पहले का केवल अस्थायी कदम हो
सकता है!

# 44

# मुसीबतों को आपको ऊँचाई पर पहुँचाने दें

*जो चीज़ें तकलीफ़ देती हैं, वही सिखाती हैं।*

**—बेंजामिन फ्रैंकलिन**

जब चीज़ें आपके मनमुताबिक हो रही हों तो सकारात्मक दृष्टिकोण रखना आसान होता है। लेकिन तब क्या होता है जब आप किसी समस्या या मुश्किल का सामना करते हैं? क्या आपका सकारात्मक दृष्टिकोण तुरन्त दूर चला जाता है? जब मुसीबत आती है, ज़्यादातर लोगों का हौसला ख़त्म हो जाता है और वे नकारात्मक चीज़ों पर ध्यान देने लगते हैं। इससे उनके मन में और ज़्यादा नकारात्मक विचार, नकारात्मक भावनाएं और, हाँ, ज़्यादा नकारात्मक नतीजे आते हैं।

लेकिन एक बेहतर तरीका भी है। देखिए, ऐसी कोई वजह नहीं है कि आप अपनी दिक़्क़तों को अपने सकारात्मक दृष्टिकोण पर हावी होने दें। आपके पास अपनी दिक़्क़तों को मौकों, सीखने के अनुभवों और आगे बढ़ने की चुनौतियों की तरह देखने का विकल्प है।

मैं शुरुआत में ही मान लेता हूँ कि आपमें से कुछ लोग होंगे जिन्होंने ज़िन्दगी में ऐसा दर्द और हादसा झेला होगा कि आप शायद उस घटना से कुछ भी सकारात्मक होने की सोच भी नहीं सकते। मेरा इरादा ऐसा बिलकुल नहीं है कि आपको कुछ और मानने के लिए मजबूर करूँ। लेकिन मैं इतना कह रहा हूँ कि आप उस मामले को लेकर अपना दिमाग खुला रखें।

आपकी ज़िन्दगी की हर नकारात्मक घटना आपको थोड़ी और ऊँचाई पर पहुँचाने की कोशिश करती है—आपको थोड़ा और बेहतर करने के लिए बढ़ावा देती है।

ये चीज़ आपकी ट्रेन छूटने जैसी साधारण भी हो सकती है—और फिर आप किसी ऐसे से मिलते हैं जो आपका नया ग्राहक बन जाता है।

कई लोगों ने नेपोलियन हिल का सिद्धान्त सुना होगा कि "हर मुसीबत में उसके बराबर या उससे बड़ा फायदा छिपा होता है।" अब वक़्त है कि इस सिद्धान्त को "बौद्धिक" समझ से आगे ले जाकर अपनी ज़िन्दगी में लागू किया जाए। इस काम में ये गाइडलाइंस आपकी मदद कर सकती हैं:

1.  **अपने दिमाग के तारों को बदलें।** ये एक दर्दरहित प्रक्रिया है और इसमें प्लायर्स या तार काटने वाली मशीन की ज़रूरत नहीं होती! हो सकता है कि इस वक़्त, आपके दिमाग के "तार" किसी समस्या को "नकारात्मक, मनहूस और बुरी" चीज़ों से जोड़ते हों। वक़्त है कि उस सर्किट को काट दिया जाए। कल्पना कीजिए कि तार काटा जा रहा है। अब आप समस्या को एक नए सर्किट से जोड़ रहे हैं जिसमें "बेहतर मौका, तरक्की, सीखने का अनुभव" जैसी चीज़ें हैं। एक बार जब आप ये नया कनेक्शन जोड़ लेंगे, आप अपने करियर और व्यक्तिगत जीवन में बदलाव देखकर दंग रह जायेंगे। जब कोई "नकारात्मक" दिखने वाली घटना होगी, आप तुरन्त सोचना शुरू कर देंगे, "इसमें अच्छा क्या है?" और आपको इसके फायदे दिखने लगेंगे!

2.  **भावनाओं को नकारे नहीं।** मैं ये नहीं कह रहा हूँ कि आप अपनी भावनाओं को नज़रअन्दाज़ कर दें और इससे इनकार करें कि आप निराश हैं। यहाँ किसी के अन्तिम संस्कार पर हँसने या आपके सबसे बड़े ग्राहक के कम्पनी के साथ रिश्ते ख़त्म करने पर गीत गाने की बात नहीं की जा रही है। अगर आप रोना या चीखना चाहते हैं, तो बिलकुल करें। यहाँ बात ये हो रही है कि आप कितने लम्बे वक़्त तक नकारात्मक भावना के साथ रहना चाहते हैं। आखिरकार, लम्बे वक़्त तक रहने वाली नकारात्मक सोच कभी भी आपका फायदा नहीं करती।

3.  **दूसरों से पूछिए कि कैसे उनकी ज़िन्दगी की नकारात्मक परिस्थितियाँ सकारात्मक बन गईं।** आपको कुछ अद्भुत और प्रेरणादायक कहानियाँ सुनने के लिए तैयार रहना चाहिए! कई मौकों पर, मेरे सेमिनारों में ऐसे लोग आए हैं जिनका कहना है कि नौकरी से

उन्हें निकाला जाना उनकी ज़िन्दगी की सबसे अच्छी चीज़ साबित हुई, क्योंकि इससे उन्हें एक ज़्यादा कामयाब करियर—या अपना बिज़नेस शुरू करने की प्रेरणा मिली। मुझे ऐसे लोग भी मिले हैं जिन्होंने मुझे बताया है कि कैसे तोड़कर रख देने वाली बीमारियों ने उन्हें जीवन-शैली में बड़े बदलाव करने और अपनी प्राथमिकताओं को नए सिरे से तैयार करने के लिए प्रेरित किया।

4.  **अपनी "नकारात्मक" घटनाओं की सूची बनाएं।** अब आपकी बारी है। नीचे दी गई खाली जगह में, उन तीन "नकारात्मक" दिखने वाली घटनाओं को लिखें जो आपकी ज़िन्दगी में हुई हैं। हर घटना को लिखने के बाद, उन अच्छी चीज़ों की भी पहचान करें जो उस घटना का नतीजा थीं। इसके लिए आप थोड़ा वक़्त लें, भले ही आपको कोई सकारात्मक चीज़ तुरन्त याद ना आए। क्या नकारात्मक घटना आगे जाकर किसी बेहतर चीज़ की वजह बनी थी? क्या आपने कुछ सीखा? क्या इसने आपको एक नया नज़रिया दिया या आपको ज़्यादा मजबूत बनाया?

| नकारात्मक घटना | सकारात्मक नतीजे |
|---|---|
|  |  |
|  |  |
|  |  |

इस बारे में सोचिए। अब आपको निराश होने की ज़रूरत नहीं है जब आपकी ज़िन्दगी में कुछ "नकारात्मक" होता है। रोने और शिकायत करने के बजाय, आप

आगे दिखने वाले सकारात्मक रास्ते की तलाश कर सकते हैं। हो सकता है कि अपनी परिस्थिति के सकारात्मक पहलू की पहचान करने में आपको थोड़ा वक़्त लगे। लेकिन एक बार जब आप इस सिद्धान्त में भरोसा करने लगेंगे, आपको इसके फायदे भी मिलने लगेंगे।

याद रखें: मुसीबत महानता का निमन्त्रण है। कभी-कभार नहीं। हमेशा!

# 45

# मिले मौकों का भरपूर फायदा उठाएं

*मैं तैयारी करूँगा और किसी दिन मुझे मौका मिलेगा।*

**—अब्राहम लिंकन**

कई दूसरे नौजवानों की तरह, मैंने लिटिल लीग बेसबॉल खेली है। मैं एक अच्छा फील्डर था, लेकिन जब बॉल हिट करने की बात आती थी, तो मैं—साफ़-साफ कहूँ तो—घटिया था। ऐसा इसलिए क्योंकि मुझे गेंद शरीर पर लगने का डर रहता था। इसलिए जब पिचर बॉल फेंकने के लिए पीछे जाता था, मैं प्लेट से पीछे हट जाता था।

इस लिटिल लीग "करियर" का एक दिन मुझे अच्छी तरह याद है। मेरी बल्लेबाज़ी की बारी थी और मैं लीग के सबसे अच्छे पिचर में से एक का सामना करने के लिए प्लेट तक पहुँचा। वो लड़का गेंद ज़ोर से फेंका करता था। खैर, उसने बहुत तेज़ गेंद फेंकी और मैंने बैट घुमा दिया। बैट से बॉल के टकराने की ज़ोरदार आवाज़ आई! चमत्कारिक ढंग से, मैंने गेंद को हिट किया था और वो सेंटर फील्डर और राइट फील्डर के बीच से लॉन्ग लाइन ड्राइव के लिए चली गई थी। आपको बताऊँ तो मैं हैरान रह गया था। मैंने पहले कभी अपने बैट से ऐसी आवाज़ आती नहीं सुनी थी। इसलिए मैंने बेस के चारों ओर दौड़ना शुरू कर दिया, जितनी तेज़ी से मैं दौड़ सकता था, दौड़ रहा था। गेंद लुढ़ककर इतनी आगे जा चुकी थी कि आउटफील्डर के पास इसे जल्दी पकड़ पाने का कोई मौका नहीं था। मैं बेस के चारों ओर आराम से दौड़कर वापस अपनी जगह पर आ सकता था।

खैर, जब मैंने होम प्लेट को पार किया, मेरी टीम के साथी मेरे ऊपर कूद पड़े। वे भी मेरे छिपे हुए इस कौशल से हैरान थे। मैं बहुत ख़ुश था... तब तक, जब मैंने आँखों के कोने से विरोधी टीम के कैचर को अपने डगआउट की ओर आते हुए देखा। उसके हाथ में गेंद थी... और उसने मुझे टैग कर दिया।

होम प्लेट अम्पायर चिल्लाया, "तुम आउट हो! तुम होम प्लेट चूक गए।" हारने की तकलीफ़ और शर्मिन्दगी के बारे में क्या बताऊँ! मेरा होम रन मुझसे छीन लिया गया था। फिर, मेरी तकलीफ़ को और बढ़ाते हुए, पहले बेस अम्पायर ने कहा, "उसने पहला बेस भी नहीं छुआ था।" खैर। मैंने चार में से कम से कम दो बेस छुए थे।

ये कैसे हुआ? मुझे चारों बेस तक दौड़ने और होम रन पूरा करने में इतनी परेशानी क्यों हुई? मेरी दिक़्क़त ये थी कि मुझे गेंद को हिट करने की कोई उम्मीद नहीं थी। इसलिए जब मैंने ऐसा किया तो मैं दौड़ने के लिए तैयार नहीं था।

आप ध्यान दीजिए, जब आपकी अपेक्षाएं कम होती हैं तो आपके रास्ते में अचानक आने वाले "मौक़ों" का फायदा उठाना थोड़ा मुश्किल होता है। इसे ध्यान में रखते हुए आपको यहाँ दो खास सुझाव दे रहा हूँ ताकि आप ख़ुद को मिलने वाले मौकों का ज़्यादा से ज़्यादा फायदा उठा सकें।

## अपना एटीट्यूड सही करें

जब मैं लिटिल लीग के उन गेम्स में प्लेट की तरफ जाता था, मेरा *एटीट्यूड* ढीला रहता था। मैं ख़ुद से कहता रहता था, "मैं अच्छा हिटर नहीं हूँ," और "मैं गेंद को बहुत दूर तक नहीं मारूँगा।" ये ख़ुद को सही साबित करने वाली भविष्यवाणी हो गई और, नतीजतन, मैंने शायद ही कभी गेंद को हिट किया हो। जब मैंने उस दिन गेंद को आउटफील्ड में मारा तो मैं हैरान रह गया और अनाड़ी खिलाड़ी की तरह बेस के चारों ओर भागा। याद रखें, कम उम्मीदें निराशाजनक नतीजे देती हैं।

क्या आपकी ज़िन्दगी का कोई ऐसा क्षेत्र है जहाँ आप अभी ख़ुद को नकारात्मक सन्देश दे रहे हैं? अगर हाँ, तो अपने *एटीट्यूड* को तुरन्त बदलना ज़रूरी है। वरना, आपका प्रदर्शन निचले स्तर का बना रहेगा।

## हमेशा तैयार रहें

सकारात्मक दृष्टिकोण अपने आप में इस बात की गारंटी नहीं देता कि आप ख़ुद को मिले मौकों का भरपूर फायदा उठा सकते हैं। *तैयारी* अगला महत्वपूर्ण कदम है।

चूंकि मुझे गेंद को हिट करने की उम्मीद नहीं थी, मैंने बेस पर दौड़ने की तकनीक के बारे में ध्यान ही नहीं दिया। (इसकी एक सही तकनीक होती है!) अगर मैंने बेस-रनिंग का अभ्यास किया होता तो मैं गेंद को हिट करने के बाद ज़्यादा कामयाब हुआ होता।

आपके करियर में भी ऐसा ही होता है। मान लें कि जॉन एक कामयाब सेल्सपर्सन है और उसके पास डिस्ट्रिक्ट मैनेजर बनने का अवसर है। उसे आगे बढ़ने के लिए किस प्रकार के कौशल महत्वपूर्ण हो सकते हैं? सबसे पहले, उसे महीने भर में होने वाली मीटिंग्स या सेल्स कन्वेंशन्स में कई बार बहुत सारे लोगों के सामने बोलने की ज़रूरत होगी। अगर जॉन पहले से कुशल वक्ता नहीं है, तो बेहतर होगा कि बोलने के कौशल में सुधार करने के लिए वो टोस्टमास्टर्स जैसे ग्रुप में शामिल हो जाए।

जॉन को अलग-अलग व्यक्तित्व वाले कर्मचारियों का हौसला बढ़ाने और उन्हें सँभालने में भी मदद की ज़रूरत हो सकती है। वो इस कौशल को विकसित करने के लिए किताबें पढ़ सकता है, सेमिनार में भाग ले सकता है और दूसरे कामयाब मैनेजरों से मार्गदर्शन ले सकता है। चाहे उसका नज़रिया कैसा भी हो, अगर जॉन तैयारी करने में नाकाम रहता है तो शायद वो अपने प्रमोशन का भरपूर फायदा नहीं उठा पायेगा; और हो सकता है कि उसे प्रमोशन मिले ही नहीं।

वैसे, जॉन को तैयारी *कब से* शुरू कर देनी चाहिए? जितनी जल्दी हो, उतनी जल्दी! दुखद सच्चाई ये है कि ज़्यादातर लोग अपनी तैयारी तब शुरू करते हैं, जब काफी देर हो चुकी होती है। अगर जॉन डिस्ट्रिक्ट मैनेजर बनने की इच्छा रखता है तो उसे प्रमोशन मिलने से पहले अच्छी तरह से तैयारी शुरू कर देनी चाहिए। इस तरह, वो दिखा पायेगा कि वो तरक्की पाने लायक है और, जब उसे नई नौकरी मिलेगी, वो अपना कौशल दिखाने के लिए तैयार होगा!

इसका निष्कर्ष ये निकलता है: जब आप पूरी तैयारी के साथ एक सकारात्मक दृष्टिकोण अपनाते हैं, तो आप पक्के तौर पर कई मोर्चों को फतह करते हैं!

# 46

# अपने एटीट्यूड पर ध्यान दें

*दुनिया बदलने की तो हर कोई सोचता है,*
*लेकिन ख़ुद को बदलने की कोई नहीं सोचता।*
**—लियो टॉल्स्टॉय**

एटीट्यूड और प्रेरक सिद्धान्तों के बारे में मेरे प्रेजेंटेशन के बाद, दर्शकों में से कोई ना कोई अक्सर ये कहने के लिए मेरे पास आता है कि वो एटीट्यूड को कितनी अहमियत देते हैं। वो शख़्स कुछ ऐसी बातें करेगा: "आप जानते हैं एटीट्यूड के बारे में आपकी इन बातों की वाकई में किसे ज़रूरत है? मेरी बहन एमिली को। वो बहुत नकारात्मक है और मैं उसे बदलने के लिए नहीं कह सकता।"

आपको आश्चर्य होगा कि ऐसा कितनी बार होता है। नाम बदलते हैं लेकिन कहानी एक जैसी है। उनके पति, उनके बेटे, उनके अच्छे दोस्त—किसी और को एटीट्यूड बदलने की ज़रूरत होती है। जब वे अपने परिवार के "नकारात्मक" सदस्य या दोस्त के बारे में बात करते हैं, तो मैं उनकी निराशा देख और महसूस कर सकता हूँ।

वैसे तो किसी को सकारात्मक बनाने में मदद करने की बात सुनना हमदर्दी, अच्छी सोच से भरा और यहाँ तक कि नेक लगता है। लेकिन, पहली बार में बनी ये धारणा ग़लत हो सकती है। सालों के अनुभव से मैंने पाया है कि जो शख़्स किसी और के रवैये में 'सुधार' करने की कोशिश कर रहा है, वो किसी वजह से ऐसा कर रहा है। वे लोग दूसरे शख़्स की मदद ज़रूर करना चाहते हैं। मुझे इसमें कोई शक नहीं है। हालांकि, मकसद इससे कहीं ज़्यादा होता है।

जो लोग किसी और के रवैये को प्रभावित करने की लगातार कोशिश करते हैं, वे ऐसा करके अक्सर अपनी व्यक्तिगत विकास यात्रा से ध्यान भटका लेते हैं। दूसरे शब्दों में, किसी और के दृष्टिकोण को बदलने के लिए समय और ऊर्जा खर्च करने के बाद, आपको अपने दृष्टिकोण और विकास पर काम करने का अवसर नहीं मिलेगा। आखिरकार, आप ख़ुद से कहते हैं, "मैं कैसे अपने सपनों को पूरा करने के लिए काम कर सकता हूँ जब मुझे पहले इस दूसरे शख़्स को बदलना है?"

## ख़ुद का नज़रिया बदलना काफी मुश्किल है

ज़्यादातर लोग, जो अपने दृष्टिकोण में सुधार करना चाहते हैं, वे रातों-रात कोई जीवन्त और सकारात्मक दृष्टिकोण विकसित नहीं कर लेते हैं। इसमें थोड़ा समय और बहुत अधिक अनुशासन लगता है। किसी भी नई आदत की तरह, शुरुआत में इसमें आसानी महसूस नहीं होती है। मैंने पाया है कि ज़िन्दगी में तीन सबसे मुश्किल काम हैं:

- किसी और का नज़रिया बदलना
- ख़ुद का नजरिया बदलना
- नई सीडी से चमकीला रैपर हटाना

मज़ाक की बात छोड़ भी दें, तो भी याद रखें कि आप दूसरे इंसान के व्यक्तिगत विकास को नियन्त्रित नहीं करते हैं। पता नहीं कैसे, हम सोच लेते हैं कि हमारा मिशन दूसरों को सकारात्मक जीवन के सिद्धान्त सिखाना है ताकि वे बेहतर जीवन जी सकें। और हाँ, ये सच है कि अगर दूसरे लोग इन सिद्धान्तों का पालन करते हैं तो वे ज़्यादा ख़ुश और कामयाब होंगे। फिर भी हम किसी और की सोच या हरकतों पर अपने हुक्म नहीं चला सकते हैं। दूसरे व्यक्ति की ज़िन्दगी उसकी ख़ुद की ज़िन्दगी है, आपकी नहीं। अगर आप उनकी जगह होते तो आप क्या करते, ये सोचना ही बेकार है। हर शख़्स का अपने दृष्टिकोण और काम पर एकाधिकार होता है। मेरा मानना है, हमें हर शख़्स के अपनी मर्जी से सोचने और काम करने के अधिकार का सम्मान करना चाहिए।

आपको ध्यान भटकाने वाली किसी चीज़ की ज़रूरत नहीं है जो आपके व्यक्तिगत विकास के सफर को और मुश्किल बना दें। जब आप किसी और के रवैये को ठीक करने की कोशिश कर रहे होते हैं, तो आप अपनी कामयाबी में मुश्किलें बढ़ा रहे होते हैं।

## आप ध्यान भटकाने वाली चीज़ें क्यों करते हैं

यहाँ आप सोच रहे होंगे, "मैं अपने व्यक्तिगत विकास को बाधित करने के लिए मुश्किलें क्यों पैदा करूँगा?" सीधे शब्दों में कहें तो आप इस बात से डरते हैं कि आपकी व्यक्तिगत विकास यात्रा आपको कहाँ ले जायेगी। जब हम डरते हैं, तो हम अक्सर अपने "कम्फर्ट ज़ोन" में रहने के लिए उस डर से पीछे हट जाते हैं।

जब आप एक बेहतर दृष्टिकोण विकसित करना और अपनी क्षमता का पता लगाना शुरू करते हैं, तो आपका मन उत्साहित रहता है। आप नई सम्भावनाओं के लिए तैयार हो रहे होते हैं। आगे का रास्ता तेज़ी से तय होने वाला है, या कम से कम आप ऐसा सोचते हैं। हालांकि, शुरुआती आशावाद के बावजूद, आपके मन में ये विचार चल रहा होता है कि अगर आप अपनी ज़िन्दगी में साहसपूर्वक आगे बढ़ते हैं तो मौजूदा दोस्ती और रिश्तों का क्या होगा। आप अनुमान लगाते हैं (कम से कम मन में ही) कि कुछ लोग आपके "नए" रूप को स्वीकार नहीं करेंगे। डर पैदा होता है कि आप उन रिश्तों को नुकसान पहुँचा सकते हैं या उन्हें "खो" भी सकते हैं। नतीजतन, आप अपने विकास को पटरी से उतारने के लिए किसी चीज़ की तलाश करने लगते हैं—ध्यान भटकाने वाली कोई चीज़ या प्रोजेक्ट जो आपको वहीं रखेगी जहाँ आप पहले से हैं।

आपके मन में ये विचार भी आयेगा कि अगर आप ख़ुश और ज्यादा कामयाब होंगे तो क्या होगा। ज़िन्दगी मुझसे क्या-क्या मांगेगी? क्या मैं अपनी इस नई कामयाबी को सँभाल पाऊँगा? एक बार फिर, अनजान चीज़ों का डर। इस डर के जवाब में, हम अक्सर पीछे हटने का रास्ता खोज लेते हैं।

इस बात को समझें कि ये लेख दूसरों की मदद करने से इनकार करने के बारे में नहीं है। किसी को बेहतर ज़िन्दगी जीने में मदद करने के लिए एक सकारात्मक सन्देश, एक किताब या ऑडियो कार्यक्रम साझा करना बहुत बढ़िया है। ऐसा करते रहने के लिए मैं आपका हौसला बढ़ाऊँगा। ये केवल उस समय एक समस्या बन जाती है जब दूसरा व्यक्ति आपकी भावना या इरादे को नहीं समझ पाता। तब आप तय करते हैं कि आप इस व्यक्ति की सोच को सकारात्मकता में "बदलने" की पूरी कोशिश करेंगे, चाहे कुछ भी हो जाए! और तभी आप उस लकीर को पार कर जाते हैं जिससे ना तो आपकी मदद होती है और ना ही दूसरे व्यक्ति की।

## एक बेहतर रणनीति

अगर आप ख़ुद को दूसरे लोगों को अधिक सकारात्मक जीवन जीने के लिए "बदलने" की कोशिश करते हुए पाते हैं, तो पहले इसे मानें। न तो इसे लेकर बचाव

की मुद्रा में आएं और ना ही इससे इनकार करें। ईमानदार रहें, लेकिन साथ ही ख़ुद पर सख्ती ना दिखाएं।

इसके बाद, अपनी ख़ुद की ज़िन्दगी पर ध्यान लगाएं। उन विचारों, भावनाओं और कामों पर ध्यान लगाएं जो आपको आगे बढ़ायेंगे। इसे मानें कि आपके इस सफर के दौरान कई बार आप डरेंगे, और ये बदलाव आपको थोड़े समय के लिए असहज भी कर सकता है। इन आशंकाओं का सामना करने और बदलावों को अपनाने की हिम्मत रखें। आप पायेंगे कि आपके पास इन भावनाओं को काबू में रखने के लिए जो चाहिए, वो सब है।

जब आप ख़ुद के एटीट्यूड को विकसित करने पर ध्यान लगाते हैं—और फिर अपने एटीट्यूड को काम में लाते हैं—तो एक अजीब, शानदार चीज़ होगी। दूसरे लोगों के एटीट्यूड पर असर डालने की आपकी ताक़त ज़्यादा होगी! देखिए, केवल आपका सकारात्मक *उदाहरण* ही दूसरों पर सबसे अधिक असर डालता है। आपके शब्दों भर से उन्हें यकीन नहीं होगा। लेकिन जब आप सकारात्मक होने का अभ्यास करते हैं और अपने डर का सामना करते हैं तो दूसरे आपकी ज़िन्दगी में सकारात्मक बदलाव देखेंगे... और वे जानना चाहेंगे कि आप क्या कर रहे हैं ताकि, वे भी इन फायदों को ले सकें।

# 47

# इसे दिल से लगाएं... फिर भूल जाएं

*अगर आपका कोई आलोचक नहीं है,*
*तो शायद आपको कोई सफलता नहीं मिलेगी।*

**—मैल्कम एक्स**

कई साल पहले, मैंने डॉन मिगुएल रुइज़ की बेस्ट सेलिंग किताब, *द फोर एग्रीमेंट्स* (एम्बर-एलन पब्लिशिंग, 2001) पढ़ी थी। समझ से भरी ये छोटी किताब एक सन्देश देती है जो है तो आसान—फिर भी काफी गहराई लिए हुए है। अपनी किताब में लेखक अपने पाठकों को एक आचार संहिता अपनाने को कहता है जिसमें चार समझौते शामिल हैं। इस लेख में, मैं दूसरे समझौते पर ध्यान दिलाना चाहता हूँ, जिसमें कहा गया है: "किसी भी चीज़ को दिल पर ना लें।"

बढ़िया सलाह, है ना? लेकिन ऐसा करने के बजाय कहना आसान है। दिक्कत ये है कि हममें से ज़्यादातर लोग आलोचना या अस्वीकृति को निजी तौर पर लेते हैं। *काफी निजी तौर पर।* जब मैं चीज़ों को निजी तौर पर ना लेने की इस समझदारी को पढ़ रहा था, मेरे दिमाग में एक कहानी आई।

मेरे स्पीकिंग करियर की बिलकुल शुरुआत में, मुझे एक संगठन ने दो घंटे का प्रेजेंटेशन देने को कहा था जो न्यू जर्सी में एक सम्मेलन कर रहा था। दर्शकों में करीब 250 लोग थे और उनमें से आधे लोग तो अपनी इच्छा से वहाँ आना ही नहीं चाहते थे। मेरी दिक्कत इसलिए और बढ़ गई थी क्योंकि मैं अपने प्रेजेंटेशन में कुछ नई चीज़ें शामिल कर रहा था। ऐसी चीज़ें जिनका मैंने अभी तक इतनी बड़ी तादाद में दर्शकों के सामने परीक्षण नहीं किया था।

मेरे प्रेजेंटेशन के कुछ हिस्सों को दर्शकों ने खूब सराहा। हालांकि, इसमें से कुछ बहुत अच्छे नहीं रहे। सेमिनार के अन्त में, मैंने ख़ुद के मूल्यांकन के लिए एक शीट दर्शकों को दी ताकि मैं अपने प्रदर्शन के बारे में उनकी प्रतिक्रिया जान सकूं। कुछ टिप्पणियाँ काफी सकारात्मक थीं: "उत्कृष्ट प्रस्तुति जिसने मुझे वास्तव में अपने बारे में गहराई से देखने के लिए प्रेरित किया" और "मुझे ये पसन्द आया।" यहाँ तक सब ठीक था।

फिर, कुछ दूसरी टिप्पणियाँ आईं। मेरे सवाल "इस कार्यक्रम से आपको सबसे अच्छे, सबसे उपयोगी विचार क्या मिले?" के जवाब में एक दर्शक ने कहा, "कुछ नहीं।" और एक सज्जन थे जिन्होंने मेरी प्रस्तुति के बारे में ये राय दी: "टोस्टमास्टर्स में जाओ या फिर बोलने और प्रेजेंटेशन देने पर कुछ टेप आजमाओ।" आउच!

उस दिन न्यू जर्सी से वापसी का सफर मेरे लिए सुखद नहीं था, और मैं मानता हूँ कि मैंने कुछ टिप्पणियों को निजी तौर पर लिया था। हालांकि, जब तक मैं घर पहुँचा, तब तक मैं इसे भुला चुका था और चीजों को ज़्यादा साफ़ देख पा रहा था।

अगली बार जब आपको कठोर टिप्पणियाँ सुनने को मिलें तो ये कुछ बातें हैं जिनका ध्यान रखें:

1. **ये आपके बारे में नहीं कहा गया है।** जब लोग आपके लिए अपमानजनक या कठोर टिप्पणियाँ करते हैं तो ये *उनके* अन्दर क्या चल रहा है, इसकी झलक है। उनके ये कथन उनकी भावनाओं, उनके अनुभवों और उनके अपने नज़रिये पर आधारित होते हैं। आप इस समय बस उनके निशाने पर होते हैं। कठोर आलोचना आमतौर पर नीचे दी गई किसी एक या ज़्यादा वजहों से की जाती है:

   **अहंकार।** कुछ लोग अपने अहंकार को सन्तुष्ट करने के लिए आपकी आलोचना करेंगे। वे आपको थोड़ा नीचे खींचते हैं ताकि वे आपसे बेहतर महसूस करें।

   **बेसब्री।** बेसब्र लोग भी अपमानजनक टिप्पणी करने की सम्भावना रखते हैं जो बढ़ा-चढ़ाकर की गई होती है। उदाहरण के लिए, अगर किसी बेसब्र शख्स को लगता है कि आपको 5 सेकंड में कोई काम पूरा करना चाहिए और आप 10 सेकंड लगाते हैं तो आपको कुछ ऐसा सुनाई देगा, "क्या तुम मूर्ख हो?" जाहिर है, इसका आपसे कोई लेना-देना नहीं है।

**बचपन का असर।** आपकी भावनाओं की परवाह किए बिना आपकी आलोचना करने वाले बहुत से लोग ऐसे माहौल में पले-बढ़े हैं जहाँ अक्सर उनकी कड़ी आलोचना की जाती थी और उन्हें खारिज कर दिया जाता था। वे बस उसी पैटर्न को दोहरा रहे होते हैं।

इस तथ्य को मान लें कि इस तरह के लोग समय-समय पर आपसे टकराते रहेंगे।

2. **आलोचना से सीखिए।** ज़्यादातर मामलों में आप आलोचना और अस्वीकृति से सीख सकते हैं। हालांकि टिप्पणियाँ कठोर या बढ़ा-चढ़ाकर कही गई हो सकती हैं, फिर भी शायद इनमें कुछ सच्चाई हो। उदाहरण के लिए, न्यू जर्सी के दर्शकों से मुझे ऐसे कई बेहतरीन सुझाव मिले जिनसे मैं अपने सेमिनार को बेहतर बना सकता था। अगर मैंने "बिना किसी लाग-लपेट के" की गई कई टिप्पणियों को अनदेखा कर दिया होता, तो मैं सुधार करने का एक मौका खो देता।

3. **आलोचना पर हँसिए।** एक आलोचनात्मक टिप्पणी के शुरुआती झटके से उबरने के बाद ख़ुद को एक अच्छी हँसी के लिए तैयार कीजिए! ये तनाव कम करता है और चीज़ों को सही नज़रिए से देखने में मदद करता है। उस दिन मैंने मूल्यांकन के लिए जो फॉर्म बांटे थे, उन पर एक लाइन लिखी थी "क्या हम आपको उद्धृत कर सकते हैं?" मैं इसे इसलिए रखता हूँ क्योंकि कई लोग सकारात्मक टिप्पणियाँ देते हैं जिन्हें मैं अपनी तारीफ के तौर पर इस्तेमाल करना पसन्द करता हूँ। इस सवाल के जवाब में जिस शख़्स ने मुझे "टोस्टमास्टर्स में शामिल होने" के लिए कहा था, उसने "हाँ" का विकल्प चुना था (जिसका अर्थ है कि मैं उसे उद्धृत कर सकता था)। देखिए, कभी-कभी आप सिर्फ हँस सकते हैं!

4. **आप जो हासिल करना चाहते हैं, उसे पाने के लिए किसी को ख़ुद को रोकने ना दें।** न्यू जर्सी में मेरा दिन खराब था, लेकिन मैं कुछ लोगों को मुझे आगे बढ़ने और अपने कौशल को बढ़ाने से रोकने देने की इजाज़त बिलकुल नहीं देने वाला था। ज़िन्दगी ये देखने के लिए आपका इम्तेहान लेगी कि आप किसी खास मुकाम को हासिल करने की राह पर चलने के लिए कितने गम्भीर हैं। कभी ना कभी, आपको उस तरह की प्रतिक्रिया का सामना करना पड़ेगा जो मुझे उस दिन न्यू जर्सी में मिली थी। और जब आपके साथ ऐसा हो तो याद रखें: किसी

को भी अपने सपने को दबाने न दें। अगर आप वो कर रहे हैं जो आप करना चाहते हैं (और किसी और को तकलीफ़ नहीं दे रहे हैं), तो ख़ुद से पूछने वाला इकलौता सवाल है: क्या इस हालात में मैंने अपना सबसे अच्छा प्रदर्शन दिखाया? उस दिन न्यू जर्सी में, मैंने उस वक़्त अपनी काबिलियत के हिसाब से सबसे अच्छा प्रेजेंटेशन दिया था। आप ख़ुद को सर्वश्रेष्ठ से बेहतर करने के लिए नहीं कह सकते।

5. **दूसरों को थोड़ी छूट लेने दें।** अगर मैंने पिछले कुछ सालों में कुछ सीखा है तो वो ये है कि हमें दूसरों की भावनाओं के बारे में थोड़ा ज्यादा ध्यान रखना चाहिए। हाँ, हमें समय-समय पर फीडबैक देना होता है और आलोचना करनी होती है। लेकिन हम सभी कभी-कभी बहक जाते हैं, चाहे अपने परिवार के लिए या साथ काम कर रहे लोगों के लिए। हम ऐसी बातें कहते हैं जो हम नहीं चाहेंगे कि दूसरे हमसे कहें। हम बेसब्र हो जाते हैं और भूल जाते हैं कि हमें उन चीज़ों को सीखने में वक़्त लगा है, जिन्हें हम दूसरों से पूरी तरह से तुरन्त अच्छी तरह से करने की उम्मीद कर रहे हैं।

डॉन मिगुएल रुइज़ ने बेजोड़ सलाह दी जब उन्होंने कहा कि हमें किसी भी चीज़ को दिल पर नहीं लेना चाहिए। फिर भी, मैं ये मान रहा हूँ कि मैं अभी तक पूरी तरह से इस पर अमल नहीं कर पाया हूँ। मैंने केवल उस समय को कम कर दिया है जितनी देर तक मैं चीज़ों को दिल पर लेता हूँ। पहले मैं जिन चीज़ों के लिए निजी तौर पर सालों तक बुरा मानता था, वो पहले महीनों में बदला... फिर हफ़्तों में...फिर दिनों में... और अब ये कुछ घंटे या मिनट तक सिमट गया है। मैं बहुत बेहतर महसूस करता हूँ और इसके नतीजे में मैंने काफी कुछ हासिल किया है।

आप भी चीज़ों को दिल पर लेने में लगने वाले समय को घटाने पर काम करें—और आप अपने जीवन को एक नए स्तर पर ले जायेंगे।

# 48

# देना और हासिल करना

*पाने वालों को नहीं मिलता—देने वालों को मिलता है।*

**—यूजीन बेंज**

छोटी उम्र से ही हम यही सुनते हैं कि "लेने से देना बेहतर है।" इसका मतलब ये निकलता है कि देने में हमेशा नेकी होती है, जबकि किसी से कुछ लेने में कोई ना कोई स्वार्थ छिपा होता है। मुझे ग़लत नहीं समझें। मैं देने को सबसे ज़्यादा अहमियत देता हूँ। बाइबिल में भी लिखा है—"दूसरों को दो और ये तुम्हें दिया जायेगा।" दरअसल, देना कुछ पाने के लिए एक शर्त है।

लेकिन पाने की भूमिका को भी कम करके ना देखें। अपनी कामयाबी को बढ़ाने और ज़िन्दगी का पूरा अनुभव लेने के लिए, हमें सीखना चाहिए कि कैसे देना और हासिल करना है। देने और पाने, दोनों के माध्यम से अपने जीवन की गुणवत्ता बढ़ाने के लिए यहाँ नौ महत्वपूर्ण दिशानिर्देश बताए जा रहे हैं:

1. **देने के बारे में अपना नज़रिया बड़ा करें।** कुछ लोग देने का मतलब केवल पैसे के सन्दर्भ में ही निकालते हैं.. और, सच में, कई लोग नेक कामों और संस्थानों को पैसे दान भी करते हैं। हालांकि, आप अपनी इच्छा से अपना *समय* भी दान कर सकते हैं। आप किसी सहकर्मी या नौजवान के मेंटर बनकर उसके साथ अपना *ज्ञान* बांट सकते हैं। और देने के सबसे महत्वपूर्ण तरीकों में से एक को नज़रअन्दाज़ ना करें—दूसरे शख्स की बातों को *ध्यान से सुनें।*

2. **जिस भावना के साथ देते हैं, उसके बारे में सोचें।** क्या आप बेमन से... और इस उम्मीद के साथ देते हैं कि आपको अपने "निवेश" पर जल्दी ही कुछ वापस मिलेगा? या क्या आप दान करते हैं केवल उस सन्तोष के लिए जो आपको देने से मिलता है और आप दूसरों की सेवा करना चाहते हैं? जब आप ख़ुशी-ख़ुशी और वापसी की उम्मीद के बिना दान करते हैं तो आप आने वाले समय में कई ऐसे फायदे हासिल करते हैं, जिनमें से कुछ दिखते हैं और कुछ नहीं।

3. **कोई भी दान छोटा नहीं होता।** दिखने में छोटे लेकिन रोज़ दान के कामों को नज़रअन्दाज़ न करें। कैशियर को काम होने पर आपकी मुस्कान या एक सहकर्मी को प्रोत्साहन के कुछ शब्द—ये देने के महत्वपूर्ण काम हैं। आसान शब्दों में, दान केवल बड़ी रकम देने तक सीमित नहीं है जहाँ वे आपके नाम पर अस्पताल के एक विंग का नाम रखते हैं। इसलिए, एक तरह के दान को दूसरे से बेहतर मानने के लालच से बचें। किसी की ज़िन्दगी को थोड़ा आसान बनाने के लिए आपके पास मौजूद हर अवसर का फायदा उठाएं।

4. **देने वाला बनिए, लेने वाला नहीं।** बेशक, हर कोई ख़ुद को "लेने वाला" नहीं, बल्कि "देने वाला" मानता है। लेकिन जिस तरह से दूसरे हमें देखते हैं, वो अक्सर हमारी सोच के उलट होता है। ये "सब कुछ या कुछ भी नहीं" वाला मसला नहीं है। कभी-कभी, हम ये भी नहीं समझ पाते हैं कि हम देने वाले की बजाय लेने वाले पाले में दाखिल हो चुके हैं। अक्सर, हम ऐसा तब करते हैं जब हमें मदद की दरकार होती है, जैसे नई नौकरी खोजना। दूसरे हमारे लिए क्या कर सकते हैं, अचानक ये हमारी बातचीत का अहम मुद्दा बन जाता है। अपने साथ पूरी तरह से ईमानदार रहें। नेटवर्किंग के दौरान और सहकर्मियों या ग्राहकों के साथ, पूरी तरह से पक्का करें कि आप दूसरों के लिए *काम करने* में दिलचस्पी ले रहे हैं—ना कि ज़्यादातर वक़्त अपने एजेंडे को आगे बढ़ाने में। ज़रूरत पड़ने पर मदद मांगें। लेकिन इस बात को मान लें कि लोग "लेने वाले" की मदद करने में कम दिलचस्पी रखते हैं, जबकि वे अपनी इच्छा से "देने वाले" की मदद करेंगे।

5. **"ना" कहकर ख़ुद को दान दें।** दान के तरीकों से जुड़ी हमारी आखिरी सलाह आपको हैरान कर सकती है। दरअसल, *ख़ुद* को दान देना भी ज़रूरी है। कभी-कभी, हम सोचते हैं कि जब भी दूसरे हमसे

मदद मांगते हैं तो हमें दूसरों की मदद करनी चाहिए। ऐसा नहीं है! जब आप ऐसा करते हैं, तो आप ख़ुद को थका देते हैं। ये ज़रूरी है कि आप अपने समय और संसाधनों को खर्च करने के लिए कुछ अनुरोधों को अस्वीकार करके ख़ुद का भी सम्मान करें।

अब जबकि हमने **दान** के कुछ बुनियादी नियमों को देख-समझ लिया है, तो अब हम अपना ध्यान **हासिल करने** के कौशल पर लगाते हैं जिसकी अहमियत भी बराबर है।

6. **हर तारीफ को ख़ुश होकर लें।** कुछ लोग दूसरों की तारीफ आसानी से कर सकते हैं, लेकिन जब तारीफ पाने की बात आती है तो वे बेहद असहज होते हैं और अक्सर तारीफ को "अस्वीकार" करते हैं। *"आपने उस एकाउंट के लिए बहुत अच्छा काम किया"* के बाद अक्सर *"ओह, मैंने ऐसा कुछ खास नहीं किया।"* जैसी बात सुनने को मिलती है। अभी से, चाहे आपको कैसी भी तारीफ मिले, बस *"शुक्रिया"* कहें। अगर कोई कहता है कि आप दुनिया के सबसे अच्छे शख़्स हैं, तो टिप्पणी करने वाले के साथ किसी बहस में न पड़ें। बस इसे "शुक्रिया" के साथ स्वीकार करें। जब आप तारीफों को अस्वीकार करते हैं, तो आप दूसरों से मौका छीनते हैं कि वे आपको कुछ देकर सन्तोष पाएं और खुद की अहमियत और आत्म-सम्मान को घटाते हैं।

7. **सभी तोहफों को ख़ुशी-ख़ुशी लें।** अगर कोई आपको *बिना किसी शर्त के* तोहफा देता है, तो उसे स्वीकार करें। (नोट: जब ये किसी बिज़नेस संस्थान में होता है, तो ये पक्का कर लें कि आपके संस्थान में ऐसे उपहारों को लेने पर प्रतिबन्ध वाला नियम तो लागू नहीं है।) यहाँ भी, ज़रूरी है कि आप दूसरों को आपको देने का मौका दें। वे ऐसा इसलिए करते हैं क्योंकि इससे उन्हें सन्तोष मिलता है (और क्योंकि उन्हें लगता है कि आप इस तोहफे के लायक हैं)। उन्हें वो सन्तोष पाने दें... और ख़ुद को ये मानने के लिए पर्याप्त अहमियत दें कि आप इसके लायक हैं।

8. **जो आप पहले ही पा चुके हैं उसके लिए अहसानमन्द रहें।** कृतज्ञता कुछ पाने की क्षमता को बढ़ाती है। आप पहले से जितना पा चुके हैं, उसकी जितनी ज़्यादा सराहना करते हैं, उतना ज़्यादा आपको भविष्य में मिलेगा। इसलिए, अपनी ज़िन्दगी में मिलने वाले कई उपहारों को हल्के में लेना बन्द करें। आपकी सेहत, आपके करीबी, आपकी जायदाद। इन

सभी चीज़ों के लिए हर दिन शुक्रगुजार रहें और आपको और ज़्यादा मिलेगा!

9. **पाने के लिए सब्र की ज़रूरत होती है।** अगर आप एक उदार, हँसमुख दाता रहे हैं, तो आपको मिलेगा भी। बदकिस्मती से, मैं आपको ये नहीं बता सकता कि ऐसा कब होगा... या मिलने वाली चीज़ कहाँ से आयेगी। कायनात इन सभी बातों का ख्याल रखती है—और इस तरह से कि आप कभी पहले से सोच नहीं सकते। जिन लोगों को आप देते हैं, ज़रूरी नहीं कि वही लोग आपको वापस दें। लेकिन निश्चिन्त रहें कि दान वापस घूमकर आता है और आने वाले वक़्त में, आपने जो दिया है उसके बराबर या उससे ज़्यादा ही आपको मिलेगा।

सालों पहले, मैंने रॉबर्ट शुलर का एक ऑडियो प्रोग्राम सुना था जिसमें उन्होंने कहा था: "आप सही मायने में कुछ भी नहीं दे सकते। ये हमेशा आपके पास वापस आयेगा।" क्या ये बेहतरीन सोच नहीं है? और मैंने इसे सच पाया है। देना वाकई में कई मायनों में शानदार है। ज़िन्दगी में असली मज़ा दूसरों की सेवा करने से मिलता है। ये हमें सन्तुष्टि की भावना देता है, क्योंकि हम जानते हैं कि हम दूसरों के लिए फर्क ला सकते हैं। हालांकि, जैसे हम दूसरों को देना चाहते हैं, वैसे ही हमें दूसरों को भी इजाज़त देनी चाहिए कि वे हमें दे सकें।

इसलिए, एक हँसमुख दाता और एक इच्छुक लेने वाला बनिए। ये सुखी, सार्थक और सफल जीवन का नुस्खा है।

# 49

# हम वहाँ कब पहुँचेंगे?

*जाने लायक किसी जगह के लिए कोई शॉर्टकट नहीं होता।*

**—बेवर्ली सिल्स**

जब मैं छोटा था, हमारा परिवार कार ट्रिप पर जाया करता था। कभी-कभी, हम न्यूयॉर्क से कुछ दक्षिणी राज्यों की यात्रा करते थे। अक्सर, हम कनाडा जाते थे। मेरे पिता हमेशा ड्राइविंग करते थे, मेरी मां आगे की सीट पर बैठती थीं और मैं और मेरा भाई पीछे बैठते थे। हम अपनी 500 मील की यात्रा में लगभग 30 मील की दूरी तय कर चुके होते थे, तब मैं कुलबुलाते हुए अपने पिता से पूछता था, "हम वहाँ कब तक पहुँचने वाले हैं?"

मेरे पिता कहते थे कि हमने अभी शुरुआत की है और वहाँ पहुँचने के लिए बहुत सफर करना बाकी है। और 40 या 50 मील बाद (शायद उससे भी कम!), मैं फिर से वही सवाल दोहराता था। बेशक, हम हमेशा वहाँ पहुँचे और मैं हर सफर से सकुशल वापस आया। मुझे लगता है कि मैं थोड़ा उतावला था।

मैंने हाल ही में अपने कुछ लक्ष्यों के बारे में सोच-विचार किया और एक बार फिर, मैंने ख़ुद को ये पूछते हुए सुना, "मैं वहाँ कब पहुँचूंगा?" क्या आप अपने लक्ष्यों के सिलसिले में ख़ुद से यही सवाल पूछते हैं? हो सकता है कि आप किसी खास नतीजे को पाने के लिए इतनी मेहनत कर रहे हों... और ये अभी तक मिला नहीं हो।

अगर आप कभी भी ख़ुद को उस स्थिति में पाते हैं, तो आपको बस थोड़े प्रोत्साहन और कुछ मुद्दों पर सोचने की ज़रूरत है। हालांकि, ये समझ लें कि

आपकी चुनौतियों का जवाब किसी और के पास नहीं है। यहाँ सोचने के लिए कुछ मुद्दे हैं, लेकिन आपको ही आखिरकार अपने फैसले लेने होंगे।

1. **अपने जुनून के स्तर का पुनर्मूल्यांकन करें।** क्या आप अभी भी इस लक्ष्य को प्राप्त करने के लिए उत्साहित हैं? अगर ऐसा है, तो आगे बढ़ते रहें। हालांकि, अगर आपने लक्ष्य के प्रति अपना उत्साह खो दिया है तो शायद ये उस रास्ते पर दोबारा विचार करने का समय है जिस पर आप चल रहे हैं। आप ख़ुद को तर्कों के सहारे मूर्ख बना सकते हैं कि आप जो कर रहे हैं वो क्यों कर रहे हैं। लेकिन मैंने सीखा है कि *मन की आवाज़* झूठ नहीं बोलती। अगर आप हर दिन संघर्ष कर रहे हैं और कुछ खास हासिल नहीं कर रहे, तो आप शारीरिक, भावनात्मक और आध्यात्मिक रूप से खुद को थकाते जा रहे हैं। यहाँ सावधान हो जाएं। मैं ये नहीं कह रहा हूँ कि लक्ष्य के रास्ते में हर काम मज़ेदार होगा। ऐसा कम ही होता है। लेकिन, अगर हर दिन के अन्त में आप ख़ुद को ये कहते हुए पाते हैं, "मुझे इस काम से नफ़रत है," तो आपको थोड़े बदलाव करने के लिए गम्भीरता से सोचना चाहिए।

2. **रास्ते में दिखने वाले नज़ारों का लुत्फ उठाएं।** अपने बचपन की कार ट्रिप के दौरान मैं अपनी मंजिल तक की दूरी बताने वाले संकेतों में इतना डूबा रहता था कि मैं रास्ते में आने वाले सुन्दर दृश्यों को देखने और उनकी सराहना करने की ओर ध्यान ही नहीं देता था। ऐसा ही हमारी ज़िन्दगी के साथ भी है। अगर हम अन्तिम नतीजे के बारे में बहुत अधिक सोचने-विचारने लगते हैं तो हम कई अनमोल क्षणों को खो देते हैं जो हमारे दिन, महीने और साल बनाते हैं। हम अपने परिवार की तारीफ नहीं करते हैं और अपने आस-पास की सुन्दरता और चमत्कार को भी नज़रअन्दाज़ करते हैं। इसलिए अपने लक्ष्य को हासिल करने के दौरान आप अपना सन्तुलन न खोएं और अपने आसपास की दुनिया से आँखें ना मून्द लें।

3. **आपने जितनी दूरी तय की है, उसका श्रेय खुद को दें।** हम अक्सर अपनी सारी ऊर्जा उन चीज़ों पर केन्द्रित करते हैं जो हमें लगता है कि गायब हैं या जिन लक्ष्यों को हमने अभी तक हासिल नहीं किया है। हम उन बहुत सी चीज़ों को भूल जाते हैं जो हमने हासिल की हैं। अगर आपके लक्ष्य महत्वाकांक्षी हैं तो मैं शर्त लगा सकता हूँ कि उसके पहले ही आपने कई असाधारण उपलब्धियाँ हासिल की होंगी। सोचें कि आप

पांच या दस साल पहले कहाँ थे... या दो साल पहले भी। ख़ुद की पीठ थपथपाएं उन कौशलों के लिए जो आपने विकसित किए हैं, जो प्रतिबद्धता आपने दिखाई है, जिन ज़िन्दगियों पर आपने असर डाला है और उन नतीजों के लिए जो आपने हासिल किए हैं।

4. **बहुत ज्यादा धैर्य रखिए।** सालों पहले, मैंने वेन डायर का एक ऑडियो प्रोग्राम सुना था जिसमें उन्होंने कहा था, "अच्छी चीज़ों में समय का कोई डर नहीं होता।" क्या शानदार नज़रिया है! अगर आपको ख़ुद पर काफी ज़्यादा यकीन है, तो आप तब तक काम जारी रखेंगे जब तक कि आप तय किया हुआ लक्ष्य हासिल नहीं कर लेते। कभी-कभी, आपने जितना सोचा होता है, उससे ज़्यादा समय लगेगा। जैसा कि डेविड गेफेन ने एक बार कहा था, "एक योजना भगवान की और एक आपकी। और आपकी योजना कोई मायने नहीं रखती।" अभिनेता विलियम एच. मैसी का उदाहरण लें, जिन्होंने 1997 में फिल्म *फ़ार्गो* में अपनी अदाकारी के लिए ऑस्कर नामांकन पाया। मैसी को 25 सालों से भी ज़्यादा समय तक (ज़्यादातर नाटकों में) अभिनय करने के बाद 47 साल की उम्र में पहला मौका मिला था। कई बार उन्होंने अपने एक्टिंग करियर को छोड़ने के बारे में भी सोचा। अब, वह अभिनय की दुनिया में टॉप पर हैं और उनकी काफी मांग है। तो, रुकिए और सब्र रखिए।

5. **समझें कि "वहाँ" होने भर से आप ख़ुश नहीं होंगे।** इस जाल में फंसना आसान है। आप अपने बिज़नेस में कुछ हासिल करने के लिए इतने जुनूनी हो जाते हैं कि आप मानने लगते हैं कि लक्ष्य तक पहुँचने पर आपको तुरन्त ख़ुशी मिल जायेगी। फिर भी, अपने लक्ष्य तक पहुँचने के लम्हे पर शायद ही वो उत्साह रहता है, जैसी आपने उम्मीद की होती है। टेनिस स्टार मार्टिना नवरातिलोवा ने इसे कुछ यूं समझाया है: "जीत का क्षण उसे जीने के लिए बहुत छोटा होता है।" लक्ष्य तक पहुँचने के लिए आपका पूरा सफर सच्ची ख़ुशी महसूस कराता है। इसके अलावा, ये न भूलें कि जब आप "वहाँ" पहुँच जाते हैं, तब भी आपको आगे बढ़ने के लिए एक और "वहाँ" चुनना होता है।

6. **हर दिन थोड़ा-थोड़ा आगे बढ़ें।** जब चीज़ें हमारी योजना के अनुसार नहीं चल रही हों तो उदास और हतोत्साहित होना बहुत आसान है। और कुछ समय के लिए उदास होना ठीक भी है। इसके बाद, ख़ुद

का हौसला बढ़ाएं और सुनिश्चित करें कि हर दिन कुछ ऐसे काम करें जो आपको आपके उद्देश्य की ओर ले जाएं। ज़रूरी नहीं कि ये काम बहुत बड़े हों—एक फोन कॉल या एक चिट्ठी भी मायने रखती है। इससे आपकी रफ़्तार बनी रहेगी और आप वे इनाम ढूंढ़ पायेंगे जो अनुशासित होने और हर वक़्त सकारात्मक कदम उठाने की वजह से ही मिलते हैं। सबसे बुरी चीज़ जो आप कर सकते हैं, वो है चुपचाप बैठ जाना, कुछ ना करना और ख़ुद के लिए बुरा महसूस करना।

7. **लचीला रुख अपनाएं और रास्ते बदलने के लिए तैयार रहें।** 1980 के दशक में, कई लेखक अक्सर 10 या 20 साल के लक्ष्य निर्धारित करने की वकालत करते थे। बताइए, दुनिया कितनी बदल गई है! अब, हम जानते हैं कि अगले कुछ महीनों के लिए कारोबारी माहौल और तकनीकी विकास की भविष्यवाणी करना कितना मुश्किल है। हालांकि, इस तेज़ बदलाव के साथ अविश्वसनीय और नए मौके मिलते हैं, और हमें उनका फायदा उठाने के लिए तैयार रहना चाहिए। इसलिए ये महत्वपूर्ण है कि आप अपने लक्ष्यों को हासिल करने के लिए कितने लचीले हैं... और शायद ख़ुद के लक्ष्यों को लेकर भी। जब लगे कि समय सही है तो लक्ष्य को पाने वाले रास्तों को बदलने का साहस भी आप में होना चाहिए। अक्सर आपने जिस रास्ते पर चलने की योजना बनाई होती है, वो वही नहीं होती है जिस पर आप चलेंगे। नई सम्भावनाओं के लिए तैयार रहें!

8. **भले ही छोटे हों, लेकिन सकारात्मक संकेतों की तलाश कीजिए।** हम सभी के साथ ऐसा होता है, जब फ़ोन नहीं बजता और कुछ भी ठीक नहीं लगता। अगर आपके साथ ऐसा हफ़्तों और महीनों से हो रहा है, तो शायद अपनी रणनीति पर दोबारा विचार करने का समय आ गया है। लेकिन अगर आप आगे बढ़ रहे हैं, धीरे-धीरे ही सही, ज़िन्दगी आपको, आमतौर पर "मामूली" जीत के तौर पर, कुछ संकेत देती है। आप कोई बड़ा सौदा कर सकते हैं...किसी काम के आदमी से मुलाकात हो सकती है... या आपको ख़ुशी देने वाला फीडबैक मिल सकता है। आगे बढ़ने के लिए इन सकारात्मक संकेतों को प्रेरणा की तरह इस्तेमाल करें!

---

काश, मैं आपको बता पाता कि सफर कितना लम्बा होगा जब तक आप जहाँ भी जाना चाहते हैं, वहाँ नहीं पहुँच जाते। लेकिन मैं नहीं बता सकता। समय-समय पर, शायद आप भी निराश होकर ये सवाल पूछ सकते हैं। कोई बात नहीं। सही रास्ते पर बने रहने के लिए इन दिशानिर्देशों का इस्तेमाल करें और चीज़ों को सही परिप्रेक्ष्य में देखने में ख़ुद की मदद करें।

याद रखें, सफर ही वास्तव में मायने रखता है। सुनिश्चित करें कि आप रास्ते में हर कदम को संजो सकें।

# 50

# आप गहरी छाप छोड़ रहे हैं

*नेकी के छोटे काम जैसी कोई चीज़ नहीं होती।*
*हर काम एक लहर बनाती है जिसका कोई तार्किक अन्त नहीं होता।*
*—स्कॉट एडम्स*

अपने पिता की शुरुआती यादों में मुझे परिवार के साथ बिताई एक छुट्टी अच्छी तरह से याद है। मैं उस समय करीब 7 साल का था और हम अमेरिका के दक्षिणी राज्यों में कहीं जा रहे थे। मैं और मेरा भाई कार की पीछे वाली सीट पर थे और मां और पिता आगे की सीटों पर थे। गर्मी की दोपहर का समय था जब मेरे पिता ने एक आइसक्रीम वाले को देखा और कार उसके पास रोक दी।

जैसे ही मेरे पिता कार से बाहर निकले, उन्होंने देखा कि ट्रक के पास लगी कुर्सियों पर पांच बच्चे बैठे हुए है। उन पांचों में से चार लड़के आइसक्रीम खा रहे थे। मैंने देखा कि मेरे पिता उस लड़के के पास गए जिसके पास आइसक्रीम नहीं थी और उससे कहा, "क्या तुम कोई आइसक्रीम खाना चाहोगे? मैं तुम्हें दिला दूँगा।" लड़के ने विनम्रता से मेरे पिता से कहा कि उसे आइसक्रीम नहीं चाहिए।

ये मेरे पिता की ओर से दिखाया गया अच्छा बर्ताव था। लेकिन इसमें बड़ी बात क्या थी, है ना?

दरअसल, इसमें बड़ी बात थी।

एक अजनबी के लिए मेरे पिता का ये नेकी भरा काम उस दिन मेरे दिमाग में छप गया था। और मुझे लगता है कि उस घटना ने मेरे अपने बर्ताव को आकार देने में बड़ी भूमिका निभाई है।

मेरे पिता ने दूसरे तरीके से भी मुझ पर अमिट छाप छोड़ी। मेरे पिता के लिए सामाजिक या आर्थिक स्थिति ज़्यादा मायने नहीं रखती थी। वो बड़े-बड़े पद या नाम वाले लोगों के असर में नहीं आते थे। वो वेटरों और फर्श पर झाड़ू लगाने वाले लोगों से बात करने में समान दिलचस्पी दिखाते थे। वो सबका आदर करते थे और किसी को कमतर नहीं समझते थे। और इस तरह, मेरे पिता के व्यवहार ने लोगों के साथ पेश आने के मेरे बर्ताव पर आज तक अपना असर छोड़ रखा है।

अगर आप दूसरों पर अपनी अमिट छाप और सकारात्मक प्रभाव छोड़ना चाहते हैं तो इन कुछ बातों पर विचार जरूर कीजिए:

1. **विरोधाभास को पहचानिए।** हम जब किसी पर अपना असर छोड़ने की कोशिश करते हैं तो ऐसा आमतौर पर नहीं कर पाते। इसके बजाय, ये तब होता है जब हम केवल अपनी ज़िन्दगी जी रहे होते हैं और वो काम कर रहे होते हैं जो सामान्य व रोज़मर्रा की चीज़ें लगती हैं। हाँ, कुछ ऐसे लोग भी हैं जो बड़ी उपलब्धि के जरिए या एक सेलेब्रिटी होने के कारण काफी असर डालते हैं। लेकिन, अमिट छाप ओप्रा विनफ्रे या माइकल जॉर्डन जैसे मशहूर लोगों के लिए ही आरक्षित नहीं हैं। वे आपके और मेरे लिए भी हैं—हर दिन, हर पल।

   जब मैं पीछे मुड़कर देखता हूँ तो मुझे ऐसा कुछ भी याद नहीं आता जब मेरे पिताजी मेरे साथ बैठे हों और कहा हो, "अब तुम्हें बताता हूँ कि तुम्हें लोगों के साथ कैसा व्यवहार करना चाहिए।" मैंने बस देखा कि उन्होंने अपनी ज़िन्दगी को कैसे जिया। तो लोग भी आपकी ज़िन्दगी को ऐसे ही देख रहे हैं, चाहे आप इसे महसूस करें या नहीं। ये आपकी ज़िन्दगी की सभी भूमिकाओं के लिए सच है—चाहे आप माता-पिता हों, बच्चे हों, कर्मचारी हों, किसी कारोबार के मालिक हों या कुछ और कर रहे हों।

2. **हर पल सचेत रहकर ज़िन्दगी को जिएं।** हालांकि हम उन घटनाओं या हालातों की योजना नहीं बना सकते जो अमिट छाप पैदा करेंगे, लेकिन हम अपने बर्ताव और इसके सम्भावित असर के बारे में थोड़ा ज़्यादा जागरूक हो सकते हैं। कई बार, हम अपनी ज़िन्दगी को "ऑटोमैटिक पायलट" ढंग से जीते हैं, मतलब कि हम आदतन काम करते हैं, ये महसूस किए बिना कि हमारे कामों का दूसरों पर क्या असर हो सकता है। इनमें से कई जगहों पर हमारा बर्ताव उस चीज़ से मेल नहीं खाता जिसे हम अपने आदर्श बताते हैं। (मिसाल के लिए, आप

मानते हैं कि आप "खुले दिमाग वाले" हैं और फिर ख़ुद को अलग नज़रिया रखने वाले किसी शख़्स के प्रति असहिष्णु पाते हैं।)

आज से, अभी से, ये समझ लें कि आपकी हर बातचीत कीमती है। जैसा कि लेखक डैन मिलमैन अक्सर कहते हैं, "कोई भी लम्हा साधारण नहीं होता है।" इसे ध्यान में रखते हुए, आप सचेत रूप से ईमानदारी, नेकी को चुन सकते हैं और हर समय अपनी सबसे अच्छी कोशिश कर सकते हैं।

इसलिए अगली बार जब आप कुछ करने वाले हों तो ख़ुद से पूछें: अगर मुझे पता होता कि मेरे बर्ताव का किसी पर अमिट प्रभाव पड़ेगा तो मैं अभी क्या कदम उठाऊँगा? इसका मतलब आपको पर्फेक्ट बनाना नहीं है। कई बार ऐसा वक़्त आयेगा जब हम ऐसा बर्ताव करेंगे जिस पर हमें गर्व न हो। फिर भी, जब आप अपने रोज़ाना के बर्ताव के असर को महसूस करेंगे, आप पायेंगे कि आप अलग-अलग फ़ैसले ले रहे हैं।

3. **लम्बे समय तक रहने वाले असर को पहचानें।** हम लम्बे समय तक रहने वाली जो छाप छोड़ते हैं, उसके नतीजों का अन्दाजा लगाना मुश्किल है। जब मेरे पिता ने उस छोटे बच्चे से पूछा कि क्या उसे आइसक्रीम चाहिए, वो मुझे प्रभावित कर रहे थे—साथ ही हर उस शख़्स को जो आने वाले वक़्त में मेरे सम्पर्क में आने वाला था—हमेशा के लिए! क्या इस बात पर यकीन हो सकता है? लेकिन ये बात बढ़ा-चढ़ाकर नहीं कही जा रही। मेरे पिता के बर्ताव ने मेरे चरित्र को गढ़ने में मदद की, और इसने उस तरीके पर असर डाला जिससे मैं उस घटना के बाद के 45 सालों के दौरान लोगों के साथ पेश आता रहा हूँ। यही नहीं, हो सकता है कि जिन लोगों से मैं मिला, उनमें से कुछ पर मेरा असर हुआ हो और उन्होंने वही मूल्य उनसे मिलने वाले लोगों को पहुँचा दिए हों। ये चक्र कभी ना ख़त्म होने वाला है। यानी, इस संसार में कोई भी काम छोटा नहीं है। एक साधारण सा काम भी पूरी इंसानियत को बदल सकता है।

आखिर में, आप चाहें या नहीं लेकिन आप कई बार लम्बी छाप छोड़ते हैं। ये आप पर निर्भर करता है कि आपके दिए गए सन्देश सकारात्मक हैं या नकारात्मक। जैसे-जैसे आपका दिन बीत रहा है, इस पर थोड़ा ज़्यादा ध्यान दें कि आप कैसे बोलते हैं और कैसा बर्ताव करते हैं। हो सकता है कि आप ऐसी छाप छोड़ रहे हों, जो पीढ़ियों तक बनी रहे।

# 51

# तरक्की का रास्ता

*सब कुछ जानने के बाद आप जो सीखते हैं वही मायने रखता है।*

**—जॉन वुडन**

अगर आप इस लेख को पढ़ रहे हैं, तो शायद ये मान लेना सही है कि आपको आत्म-विकास में दिलचस्पी है। मेरा अन्दाजा है कि आप बिल्कुल वही इंसान नहीं हैं जो आप पांच साल पहले थे। आप अलग तरह से सोचते हैं। आप अलग तरह से काम करते हैं। आप दुनिया को अलग तरह से देखते हैं। संक्षेप में, आप आगे बढ़ रहे हैं और बदल रहे हैं।

जब हम शारीरिक रूप से बढ़ रहे होते हैं, तो हम बदलावों को देख सकते हैं। लेकिन, जब निजी और पेशेवर विकास की बात आती है तो हमारी तरक्की को देख पाना हमेशा इतना आसान नहीं होता है। जाहिर तौर पर, व्यक्तिगत विकास का आंकलन करने के लिए हमारे पास कोई सीधा फॉर्मूला नहीं है, लेकिन मैं कुछ संकेतों के बारे में बताने जा रहा हूँ जिनकी मदद से हम ये जान सकते हैं कि हम इस समय कहाँ खड़े हैं।

*आइए देखते हैं कि नीचे की कितनी चीज़ें अब आपके लिए सही हैं। अगर वे सही हैं तो आपको बधाई! और अगर वे सही नहीं हैं, तो इन्हें अपनाने की कोशिश करें, जब आप अपने आत्म-विकास के अगले स्तर तक पहुँचने की सोचें।*

1. **आप दूसरों पर दोष नहीं मढ़ते या बहाना नहीं बनाते हैं।** आप महसूस करते हैं कि दूसरों पर उंगली उठाना आपकी मुश्किलों का हल नहीं है। इसके बजाय आप ख़ुद के नतीजों और ख़ुशियों के लिए

व्यक्तिगत रूप से जिम्मेदारी लेते हैं। आप अपने एटीट्यूड, अपने कौशल, अपने कामकाज और अपने अनुशासन पर ध्यान केन्द्रित करते हैं।

2. **आप पीछे मुड़कर नहीं देखते।** अतीत में हुई अप्रिय घटनाओं को बार-बार याद करने से वे नहीं बदलेंगे—और ये वर्तमान में आपको केवल बुरा ही महसूस कराते हैं। तो ऐसा क्यों करना? व्यक्तिगत तौर पर जिम्मेदारी लेने का ये मतलब भी है कि आप जिस रास्ते पर चल रहे हैं, उसे कभी भी बदल सकते हैं। अतीत से सीखें, लेकिन उससे चिपके ना रहें। इसके बजाय सकारात्मक भविष्य बनाने के लिए आज ही कदम बढ़ाएं।

3. **आप अपने विचारों की पवित्रता का बचाव करते हैं।** अब आपको सन्देह नहीं है कि आपके विचार आपकी असलियत को आकार दे रहे हैं। और, अगर ऐसा है तो आप कभी नकारात्मक क्यों सोचेंगे? आप ख़ुद को अनुशासित कर रहे हैं कि आप उस चीज़ पर ध्यान लगाएं जिसे आप चाहते हैं—ना कि उस पर जिसे आप नहीं चाहते।

4. **आपकी आध्यात्मिक आस्था तेज़ी से बढ़ रही है।** एक बार जब आप इस तथ्य को मान लेते हैं कि किसी परम शक्ति ने आपको बनाया है और उसके पास आपकी ज़िन्दगी के लिए कोई खास योजना है, तो आप एक अलग स्तर पर ज़िन्दगी जीना शुरू करते हैं। आप अपनी सम्भावनाओं से सुर मिलाने लगते हैं और यकीन करते हैं कि आपको अपनी यात्रा के दौरान मार्गदर्शन मिलेगा। आप हिम्मत भरे काम करते हैं। और, आप पाते हैं कि आपके पास उन नाकामियों और निराशाओं को सँभालने की ताक़त है जो अस्थायी रूप से आपका रास्ता रोकती हैं।

5. **आप दूसरों से अपनी तुलना करना बन्द कर देते हैं।** अब आप अपनी कामयाबी का आंकलन इस आधार पर नहीं करते हैं कि कोई और कितना पैसा कमा रहा है या आप अपने संस्थान में कितनी तेज़ी से आगे बढ़े हैं। आप केवल ख़ुद से प्रतिस्पर्धा करते हैं और हर दिन ख़ुद की काबिलियत को आगे बढ़ाने का लक्ष्य रखते हैं।

6. **आप हर दिन आभार जताते हैं।** जब आप छोटे होते हैं तो आप हर चीज़—आपकी सेहत, आपके सिर पर छत और आपकी थाली में भोजन—को हल्के में लेते हैं। जैसे-जैसे साल बीतते हैं, आपको

अचानक ज़िन्दगी के "स्याह" पक्ष का अनुभव होता है। या तो आप, या आपके रिश्तेदार या दोस्त गम्भीर बीमारियों से घिर जाते हैं। आप उन लोगों को निजी तौर पर जानने लगते हैं जो उम्र के तीसरे, चौथे या पांचवें दशक में मौत के शिकार हो गए। अपनी ज़िन्दगी की कमियों की शिकायत करने के बजाय आप ख़ुद को परम शक्ति से मिले ढेरों उपहारों के लिए आभार जताते हैं। आप एडी रिकनबैकर की बुद्धिमानी भरी सलाह से इत्तफाक़ रखते हैं, जिन्होंने एक बार कहा था, "अगर आपके पास पीने के लिए ताज़ा पानी और आपका पसन्दीदा भोजन उपलब्ध है तो आपको कभी भी किसी चीज़ के बारे में शिकायत नहीं करनी चाहिए।"

7. **आप कहीं ज़्यादा हँसते हैं—खासकर ख़ुद पर।** हर दिन कई बार, आप ख़ुद को पेट फूलने तक हँसते हुए पाते हैं। आप अपने काम को गम्भीरता से लेते हैं लेकिन ख़ुद को नहीं। चाहे आप ग्राहकों, सहकर्मियों, दोस्तों या परिवार के साथ हों, हँसना सुनिश्चित करें। आप बेहतर महसूस करेंगे और आपको काफी मज़ा भी आयेगा।

8. **आप किसी चीज़ को लेकर उत्साहित हैं।** जब आप ज़िन्दगी के बहाव और अपनी सर्वोच्च क्षमता के साथ जी रहे होते हैं, तो आप उत्साहित रहते हैं। आपको हर किसी की पीठ पर धौल जमाने की ज़रूरत नहीं है, लेकिन आप उत्साहित और जीवन्त रहते हैं। आप हर सुबह एक उद्देश्य के साथ उठते हैं और दिन भर के काम के लिए तैयार रहते हैं। लोग आपको केवल देखकर—या बात कर—तुरन्त आपकी सकारात्मक ऊर्जा को भाँप सकते हैं।

9. **आप कुछ जोखिम उठा रहे हैं।** कोई आपको स्काइडाइविंग करने या ख़ुद की सेहत को ख़तरे में डालने के लिए नहीं कह रहा है। हालांकि, तरक्की के रास्ते की मांग होती है कि आप अनजान रास्ते पर चलें। यहीं आप ख़ुद की तलाश कर पाते हैं—और पता लगाते हैं कि आपमें क्या हासिल करने की काबिलियत है। आपको उन बड़ी चीज़ों के बारे में आइडिया और विज़न मिलना शुरू हो जाता है जिन्हें आप हासिल कर सकते हैं, और आप में उनके पीछे जाने की हिम्मत आ जाती है। कुछ करने के बारे में केवल सोचने भर की बजाय, आप कदम बढ़ाते हैं और उस काम को कर डालते हैं!

10. **आप इस बात की चिन्ता कम करते हैं कि दूसरे लोग क्या सोचते हैं।** क्या कोई फ़ैसला लेने से पहले आपको अभी भी किसी की मंज़ूरी लेने की ज़रूरत है? तरक्की के रास्ते पर, आप वो करने को तैयार हैं जो आपके हिसाब से सबसे अच्छा है—भले ही कोई और इसे नापसन्द करे। आपके करियर, आपके रिश्ते और आपके लक्ष्यों जैसे बुनियादी मसलों पर सलाह लेना सही है। लेकिन अन्त में, आपका नज़रिया ही मायने रखता है। आप अपनी ज़िन्दगी के लिए किसी और की योजना अपनाकर कभी भी ख़ुश नहीं होंगे।

11. **आप ईमानदारी और सत्यनिष्ठा पर ज्यादा जोर देते हैं।** जब कोई नहीं देख रहा होता, तब भी आप सही काम करते हैं। आपका उद्देश्य व्यक्तिगत और पेशेवर दोनों तरह से ठोस और लम्बे समय के रिश्ते बनाना है और आप इसे तब तक पूरा नहीं कर सकते जब तक कि आप चरित्रवान और सत्यनिष्ठ न हों। दूसरों के लिए अच्छा होने के अलावा, इसमें आपकी अपनी भलाई भी है। ज़िन्दगी में आप जो कुछ भी करते हैं, वो बूमरैंग की तरह वापस आपके पास आ जायेगा। इसलिए अगर आप चाहते हैं कि लोग आपके साथ ईमानदारी और सम्मान से पेश आएं तो आपको उनके साथ भी वैसा ही व्यवहार करना चाहिए।

12. **आप दूसरों को "सुधारने" की कोशिश बन्द कर देते हैं।** आपने सीख लिया है कि कम आत्म-विकास ख़तरनाक हो सकता है। आपने देखना शुरू कर दिया है कि ज़िन्दगी जीने का एक बेहतर तरीका है और आप चाहते हैं कि दूसरे भी "इसे समझें", लेकिन आप मानते हैं कि हर किसी का अपना रास्ता होता है—और आप दूसरों की तरक्की की रफ़्तार तय नहीं कर सकते। इसलिए, दूसरों को "बदलने" की बजाय, आप ख़ुद पर काम करना जारी रखते हैं और पाते हैं कि आपका उदाहरण आपके किसी भी उपदेश से ज़्यादा ताक़तवर है।

13. **आप किसी और को ऊपर उठाने की जिम्मेदारी लेते हैं।** आपको याद है कि ज़िन्दगी और करियर के हर स्तर पर ऊपर जाना आपके लिए कितना मुश्किल था, और अभी इसमें कितनी चुनौतियाँ हैं। इसके अलावा, आप जानते हैं कि आप अभी जहाँ हैं, वहाँ आप इसलिए हैं क्योंकि, काफी हद तक, कुछ लोगों ने आप पर भरोसा किया... आपका हौसला बढ़ाया... और आपकी मदद की। आप उन लोगों के

लिए भी ऐसा करने की कोशिश करते हैं जो आपके अनुभव से फायदा उठा सकते हैं।

14. **आप चीज़ों को सही दृष्टिकोण से देखते हैं।** आपकी ज़िन्दगी में वाकई में जो महत्वपूर्ण चीज़ें हैं, उनकी सूची छोटी होती जा रही है। आप कड़ी मेहनत करते हैं और आपके पास जो भी भौतिक सुख-सुविधाएं मौजूद हैं, उसका आनन्द लेते हैं, लेकिन "चीज़ें" आपके लिए उतनी ज़रूरी नहीं हैं जितनी पहले थीं। आप मानते हैं कि आपकी और आपके करीबियों की सेहत और कल्याण ही वास्तव में मायने रखता है। अब आप रोज़ की छोटी-छोटी झुंझलाहट (काम या घर की) को अपना पूरा दिन बर्बाद नहीं करने देते।

15. **आप सुनते ज़्यादा हैं... और सवाल पूछते हैं।** आपने अपने अहंकार को थोड़ा वश में करना सीख लिया है और आपको हमेशा ध्यान खींचने की ज़रूरत महसूस नहीं होती है। आप ये भी जान गए हैं कि जब आप बात कर रहे होते हैं तो आप कुछ भी सीखते नहीं हैं। इसलिए आप अपनी बातचीत को सन्तुलित करते हैं और सवाल पूछकर दूसरे लोगों से जानकारी निकालते हैं। आप उनकी पृष्ठभूमि, अलग-अलग मुद्दों पर उनकी सोच, उनके करियर और उनके परिवारों के बारे में जानने में अधिक दिलचस्पी रखते हैं। हर इंसान के पास बताने के लिए लुभावनी कहानी होती है, और आप इसे सुनना चाहते हैं।

16. **आपने पाया है कि अनुशासन में मज़ा है।** मैंने कभी नहीं सोचा था कि मैं ऐसा कहूँगा! फिर भी ये सच है। शारीरिक चुस्ती के लिए आप हर हफ़्ते कई बार कसरत करते हैं। एक कामयाब करियर बनाने के लिए आप हर पल बुनियादी बातों पर ध्यान देते हैं। अब आप "तेज़ नतीजे" की तलाश में नहीं हैं। इसके बजाय, आप अच्छी तरह से जानते हैं कि इनाम पाने से पहले आपको कोशिश करनी होगी। आपको किसी चीज़ से चिपके रहने और समय के साथ उसमें महारत हासिल करने में काफी सन्तोष मिलता है।

17. **आप ख़ुद के लिए और दूसरों के लिए ऊँचे स्तर तय करते हैं।** रुकिए, यहाँ "पर्फेक्शन" पाने की बात नहीं हो रही। बल्कि, तरक्की के रास्ते पर, आपके अन्दर अपनी क्षमता का ज़्यादा से ज़्यादा इस्तेमाल करने की इच्छा है। अब आप ख़ुद की सबसे अच्छी कोशिश से कम पर समझौता नहीं करते हैं। और, जब आप दूसरों में ज़्यादा काबिलियत

देखते हैं, आप उन्हें भी उनकी प्रतिभा विकसित करने के लिए प्रोत्साहित करते हैं।

हमने अब तक आपकी निजी और पेशेवर तरक्की के रास्ते के 17 संकेतों का जिक्र किया है। मुझे यकीन है कि आप ख़ुद के अनुभवों के आधार पर कई और चीज़ें जोड़ सकते हैं। अपनी तरक्की पर नज़र रखने के लिए इन विचारों को नियमित तौर पर अपने सामने रखें। उन्हें लगातार अपनाएं और आपको अभूतपूर्व नतीजों का मज़ा मिलेगा—साथ ही जबरदस्त रोमांचक सफर का भी!

# 52

# आप जो जवाब ढूँढ़ रहे हैं, वे आपके भीतर हैं

*आपके जवाब किसी के पास नहीं हैं।*

**—जेफ़ केलर**

जब कोई फ़ैसला लेना हो, और हम किसी आदर्श व्यक्ति या किताब से सलाह लें और उपयुक्त हल ढूंढ़ लें, तो ज़िन्दगी कितनी आसान हो जायेगी। बदकिस्मती से, ऐसा शायद ही कभी इतना आसान होता है।

ऐसी कोई किताबें, पाठ्यक्रम या सन्त नहीं हैं जो आपके जीवन के बुनियादी फ़ैसले ले सकें, जैसे: *क्या मुझे अपनी कम्पनी में नया ओहदा लेकर दूसरी जगह चले जाना चाहिए?...* या *क्या मुझे इस शख्स से शादी करनी चाहिए?* ये महत्वपूर्ण फैसले आपके हाथ में ही होते हैं।

वैसे आपके जवाब अन्त में आपको अपने भीतर ही मिलेंगे, उन तक पहुँच पाना थोड़ा मुश्किल हो सकता है। यहाँ, आपकी ज़िन्दगी के अहम मुद्दों का सही समाधान निकालने—और उन्हें लागू करने—में आपकी मदद के लिए कुछ दिशानिर्देश दिए गए हैं।

1. **अपनी क्षमताओं पर भरोसा रखें।** कभी भी, आप जिन फ़ैसलों का मुमकिन होना मानते हैं, वे सीधे तौर पर उस चीज़ से जुड़े होते हैं जिसे हासिल करने का आपको यकीन होता है। अगर आपको ख़ुद की क्षमताओं में कम भरोसा होता है और आप केवल सीमित सफलता पाने

की कल्पना करते हैं तो आपका दिमाग केवल उन जवाबों तक पहुँच पाता है जो इस सीमित सफलता को पाने लायक होते हैं। इसलिए अपने लिए मुमकिन चीज़ों की सोच को ऊपर उठाएं—आप कहीं ज़्यादा बड़े मौकों को जान पायेंगे।

2. **फ़ैसले लें।** ज़्यादातर फ़ैसलों, यहाँ तक कि ज़रूरी भी, का जीने-मरने से सम्बन्ध नहीं होता। फिर भी बहुत से लोग यहाँ अटक जाते हैं क्योंकि वे कोई भी फ़ैसला लेने से पहले हर सम्भावित स्थिति के बारे में जानने की कोशिश करते हैं। एक रास्ता चुनना और उस पर आगे बढ़ते जाना कहीं बेहतर है। अगर आपका फ़ैसला कारगर नहीं होता है, तो आप बदलाव कर सकते हैं या भविष्य में कोई दूसरा विकल्प चुन सकते हैं। *(नोट: मैं जीवनसाथी चुनने के लिए इस नज़रिये का इस्तेमाल नहीं करूँगा!)*

    मैं जाँचे-परखे बिना जल्दबाजी में किसी भी तरह के कदम उठाने की वकालत नहीं कर रहा हूँ। लेकिन आप ये इन्तज़ार नहीं कर सकते कि "पर्फेक्ट" जवाब निकल आने के पहले आपको सभी मुश्किलों और चुनौतियों से निपटने के तरीके पता चल जाएं।

3. **सुनिश्चित करें कि** आप **अपने लिए सर्वश्रेष्ठ के बारे में सोच रहे हैं।** अगर आप अपने फ़ैसले इस आधार पर करते हैं कि दूसरे आपसे क्या चाहते हैं तो आप निराशा भरी ज़िन्दगी की तरफ बढ़ रहे हैं। आप किसी और के तय किए गए लक्ष्य तक पहुँचने में कभी भी सफल नहीं होंगे। आपके भीतर जो ताक़त और प्रतिभा है उसे कोई और नहीं जान सकता। (कई बार आप भी उनके बारे में नहीं जानते हैं!) तो, अपने दिल की सुनें। यही आपकी ताक़त है और इस तरह ही आप ख़ुद के लिए सबसे अच्छा समाधान पायेंगे।

4. **ये स्वीकार करें कि जवाब अक्सर परत-दर-परत सामने आते हैं।** कई मायनों में, आपकी ज़िन्दगी एक जिग्सा पज़ल की तरह है, जिसमें एक बार में पज़ल का एक हिस्सा डाला जाता है। कुछ हिस्सों को आपस में जोड़ने के बाद ही आप समझ पाते हैं कि दूसरे हिस्से कैसे "बड़ी तस्वीर" में फिट होंगे। अक्सर, आपको कोई एक जवाब मिलेगा जो आपको केवल एक निश्चित दूरी तक ले जायेगा। उसी में सन्तुष्ट रहें। जैसे ही आप पहेली के उस हिस्से को जोड़ेंगे, आप आगे बढ़ेंगे और लिए जाने वाले अगले सही कदम को देख पायेंगे।

5. **अपने अन्दर की आवाज़ को सुनिए।** क्या आपने कभी ये महसूस किया है कि कहीं तो कुछ गड़बड़ थी—और इसके बावजूद आप इसके साथ आगे बढ़े? इसका नतीजा कैसा रहा? शायद आपको बाद में अपने फ़ैसले पर पछतावा हुआ हो। आपके अन्दर की आवाज़ ने आपको चेताने की कोशिश की थी कि कुछ गड़बड़ी है और आपने इसे अनदेखा कर दिया। अपने अन्दर की आवाज़ पर भरोसा करें और उसके दिखाए रास्ते पर चलें—भले ही जवाब आपकी पहले से बनी सोच के खिलाफ जाता लगे।

6. **प्रार्थना करें और आध्यात्मिक मार्गदर्शन की तलाश करें।** बहुत से लोगों को लगता है कि वे परम शक्ति से जुड़ाव के जरिये "सही" जवाब पा सकते हैं। लेकिन ऐसा नहीं है कि किसी खास नतीजे के लिए प्रार्थना की जाए। इसके बजाय, दिमाग खुला रखें और परम शक्ति से जरूरी फ़ैसले लेने में आपका मार्गदर्शन करने के लिए कहें।

7. **जवाब को अपनाने के लिए तैयार रहें।** कई लोग अपनी समस्या का हल जानते हैं, लेकिन समाधान के साथ आगे बढ़ने के लिए वे इसे अमल में लाने के लिए तैयार नहीं रहते हैं। उदाहरण के लिए, आपके यहाँ एक कर्मचारी लम्बे समय से काम कर रहा है जो लगातार ख़राब प्रदर्शन कर रहा है। आप जानते हैं कि उस शख़्स को नौकरी से निकाल देना चाहिए लेकिन आप ऐसा करने के लिए खुद को तैयार नहीं कर पाते हैं।

    इस बात को मान लें कि आपके सबसे अच्छे जवाबों में अक्सर चुनौतियाँ, मुश्किलें, और शायद थोड़ा भावनात्मक दर्द शामिल होगा। ये कीमत आपको चुकानी होगी, लेकिन बाद में आपको ख़ुशी होगी कि आपने ये कीमत चुकाई।

8. **साहसी बनें!** साहस ऐसा गुण है जो इसकी गारंटी देता है कि आप अपने सबसे सटीक जवाबों तक पहुँचें और उन्हें सफलतापूर्वक अमल में लाएं। अपनी क्षमता की सीमाओं का पता लगाने और सामने आने वाले जवाबों पर अमल करने का साहस रखें। कई बार रास्ते में असफल होने के लिए तैयार रहें। जब आप अपना साहस दिखाते हैं, ज़िन्दगी आपको ज़्यादा से ज़्यादा शानदार जवाबों और अवसरों से नवाजती है।

आपकी ज़िन्दगी अपनी अनूठी ताक़तों को खोजने और विकसित करने का सफर है। साहस, ऊँची उम्मीदें, दृढ़ता, और ख़ुद के प्रति सच्चे होने की इच्छा के साथ आगे बढ़ें। फिर, आपको वे सारे जवाब मिल जायेंगे जिनकी आपको ज़रूरत है।

# 53

## हर चीज़ के पीछे कोई वजह होती है

*जो कुछ मैंने देखा है, वो मुझे उन सभी चीज़ों के लिए रचयिता पर भरोसा करना सिखाता है जिन्हें मैंने नहीं देखा है।*

**—राल्फ वाल्डो एमर्सन**

क्या आप अपनी ज़िन्दगी में ज़्यादा कामयाबी और कम तनाव का आनन्द लेना चाहेंगे? क्या आप चाहते हैं कि आपकी रोज़ की तकलीफ़ों का आप पर कम असर पड़े? क्या आप थोड़ी मन की शान्ति पसन्द करेंगे?

नहीं, इन शानदार चीज़ों का आनन्द उठाने के लिए आपको बोतल में बन्द किसी जिन्न को खोजने की ज़रूरत नहीं है। हालांकि, आपको जो चाहिए, वो है एक महत्वपूर्ण अवधारणा में विश्वास—कि *हर चीज़ के पीछे कोई वजह होती है।*

20 साल से ज़्यादा बीत गए, जब मैंने लोगों के सामने बोलना शुरू किया था, तब मैं अक्सर अपने श्रोताओं से पूछता था, "आप में से कितने लोग मानते हैं कि सब कुछ किसी कारण से होता है?" आमतौर पर लगभग 25% लोग हाथ उठाते। अब, जब मैं यही सवाल पूछता हूँ तो 50% से 80% के बीच श्रोता हाँ में जवाब देते हैं।

*चाहे आप पहले से ही मानते हों कि चीज़ें किसी उद्देश्य के लिए होती हैं, या इस अवधारणा को लेकर आप अपना मन पक्का नहीं कर पाए हैं, इस सिद्धान्त का ज़्यादा से ज़्यादा फायदा लेने के लिए यहाँ की कुछ बातों पर सोचिए:*

1. **अपनी वर्तमान परिस्थितियों को धिक्कारें नहीं... या अतीत से चिपके ना रहें।** जब हम अपनी ज़िन्दगी में "नकारात्मक" या तनावपूर्ण स्थितियों का सामना करते हैं तो हमारी तत्काल प्रतिक्रिया

क्रोधित, निराश या उदास होने वाली होती है। ये नीचे जाते जाने की शुरुआत होती है जिसमें हम अपने मन को निराशा भरी सोच से भर देते हैं और ज़्यादा नकारात्मक नतीजे सामने आने लगते हैं। इसके उलट, जब आप मानते हैं कि आपके सामने आ रही मुश्किलों का कोई उद्देश्य है तो आपकी मानसिक स्थिति बिल्कुल अलग होती है। आप महसूस करते हैं कि आपकी मौजूदा स्थिति किसी न किसी तरह से आपकी मदद कर रही है, चाहे वो ज़िन्दगी का कोई मोड़ हो या सबक जिसे आप बाद में अमल में ला सकते हैं।

2. **ये सिद्धान्त केवल त्रासदियों और समस्याओं तक सीमित नहीं है।** वैसे ये सच है कि आप हर नाकामी में भी सकारात्मक पहलुओं को देख सकते हैं, ये सिद्धान्त कि सब कुछ किसी ना किसी वजह से होता है, सकारात्मक अनुभवों और "तटस्थ" घटनाओं पर भी लागू होता है। उदाहरण के लिए मान लीजिए कि नेटवर्किंग मीटिंग में आपकी किसी से मुलाकात होती है। वो व्यक्ति आपके लिए कोई विशेष महत्व नहीं रखता है और ऐसा नहीं लगता कि वो आपको किसी तरह का फायदा दिला सकता है। लेकिन आप ये नहीं सोच पा रहे हैं कि शायद आप दोनों भविष्य में एक-दूसरे की मदद कर सकते हैं।

3. **निष्क्रिय होना हल नहीं है।** सिर्फ़ इसलिए कि आपके साथ होने वाली घटनाओं के पीछे कोई "वजह" है, इसका मतलब ये नहीं है कि आप चुपचाप बैठकर अपने लक्ष्यों को प्राप्त कर सकते हैं और कामयाबी के आप तक चलकर आने का इन्तज़ार कर सकते हैं। अभी भी आप सक्रिय रहकर चीज़ों को उनके अंजाम तक पहुँचा सकते हैं। इसके लिए ऊर्जा, रचनात्मकता और हाँ, आपकी ओर से काफी कोशिशों की ज़रूरत होती है!

4. **"दोतरफा रास्तों" को पहचानिए।** इस आइडिया पर यकीन कर लेना आसान है कि आप जिस इंसान से मिलते हैं, उसके पास आपको देने के लिए कुछ न कुछ है। ये *कुछ हद तक* सच है। लेकिन, इस बात को नज़रअन्दाज़ न करें कि आपको दूसरों को कुछ देना होता है। और, वैसे तो अक्सर कई तरीकों से हर पक्ष एक-दूसरे की मदद करता है, ऐसे कई मामले होते हैं जहाँ ये "लेन-देन" बराबरी वाला नहीं होता। इसी तरह, रिश्तों में कई बार ऐसा होता है जब आप किसी दूसरे शख़्स को ज़्यादा दे रहे होते हैं बनिस्पत उससे मिलने वाली मदद के।

5. **आपको हमेशा कुछ "बेहतर" की ओर धकेला जा रहा है।** क्या आपको कभी नौकरी से निकाल दिया गया और फिर आप एक बेहतर करियर की तलाश में आगे बढ़े? या क्या आपने किसी से अपने रिश्तों को ख़त्म कर दिया (या आपसे किसी ने रिश्ते ख़त्म कर दिए हैं!)... और फिर किसी ऐसे इंसान से मिले जो आपके लिए एक बेहतर जीवन साथी था? इन दोनों उदाहरणों में ज़िन्दगी आपको किसी ऐसी चीज़ की ओर धकेल रही थी जो आपको और भी अधिक सन्तुष्टि दे।

बेशक, इन सभी परिस्थितियों में आपके पास बेहतर विकल्प को छोड़ने का मौका था। उदाहरण के लिए, नौकरी से निकाले जाने के बाद आप नौकरी के मौकों की कमी के बारे में शिकायत कर सकते थे। या, रिश्ता ख़त्म होने के बाद आप ये निष्कर्ष निकाल सकते थे कि आप "प्यार में बदकिस्मत" हैं। अगर आपने इन विकल्पों को अपनाया होता तो आप उस बेहतर स्थिति से चूक जाते जो आपकी पहुँच में ही थीं।

6. **आप कभी भी** सब कुछ **नहीं समझा पायेंगे।** ये सिद्धान्त कि सब कुछ किसी वजह से होता है, ज़िन्दगी के बारे में आपके हर सवाल का जवाब नहीं देगा। इसके उलट आप पायेंगे कि आप कुछ घटनाओं को बेहतर ढंग से समझने में सक्षम हैं, फिर भी ऐसे कई रहस्य होंगे जिन्हें आप समझा नहीं सकते।

---

**इस दुनिया में कुछ भी संयोग नहीं है।** जब आप इस पर विश्वास करने लगते हैं तो आप सम्भावनाओं की एक नई दुनिया में प्रवेश कर जाते हैं। जब कोई समस्या आती है, तो "मैं ही क्यों?" की शिकायत करने की बजाय आप उस सबक की तलाश करते हैं जो आप सीख सकते हैं, या उस मौके की तलाश करते हैं जो आसपास मौजूद है। आपको अहसास होगा कि इस दलील का कोई मतलब नहीं होता है कि आपके साथ ऐसा कुछ नहीं होना चाहिए था। ऐसा हुआ... इसकी एक वजह है... और अगर आप बुद्धिमान हैं, तो आप इसे अपने फायदे के लिए इस्तेमाल करेंगे!

# 54

# आइए कुछ नए ट्रेंड शुरू करें

*ऐसा लगता है कि हम हमेशा संक्रान्ति में रहते हैं और*
*इसका सम्बन्ध सार्थक चीज़ों से ज़्यादा ट्रेंड्स से है।*
**—मार्ली मैटलिन**

जब कोई "ट्रेंड्स" के बारे में बात करता है, तो आप सोच सकते हैं कि बात शेयर बाजार या चलन में आई पोशाकों या टाई की हो रही है। लेकिन, मेरा मानना है कि हमारी रोज़ की ज़िन्दगी में इनसे ज़्यादा अहमियत रखने वाले ट्रेंड्स काम कर रहे हैं, जिनकी चर्चा कम होती है। जिन ट्रेंड्स का मैं जिक्र कर रहा हूँ,ये वैसे सिद्धान्त हैं जिनके साथ हम जीते हैं। और इनमें से कुछ ट्रेंड्स वाकई में बहुत परेशान करने वाले हैं।

यहाँ मैं कुछ नए ट्रेंड्स की बात कर रहा हूँ, जिन्हें मैं उनकी जगह रखना चाहूँगा जो अभी चलन में हैं:

**दूसरों को ग़लत ठहराने और बहाना करने... के बजाय... जिम्मेदारी लेना।** हम ऐसे समय में रह रहे हैं जब उंगली उठाना बहुत आम हो गया है और निजी जिम्मेदारी खत्म हो रही है। अगर हम ग़लत फ़ैसले करते हैं तो हमें उन फ़ैसलों के नतीजों को स्वीकार करना चाहिए। अगर हम बलि का बकरा ढूंढ़ेंगे तो कभी भी कामयाब या ख़ुश नहीं होंगे। हम अपनी ज़िन्दगी की दशा-दिशा के जिम्मेदार हैं। जब हम जिम्मेदारी लेते हैं तो हम सकारात्मक बदलाव ला सकते हैं। जब हम दूसरों को दोष देते हैं तो हम वहीं अटके रहते हैं।

**हर व्यक्ति का सम्मान करना... बजाय... किसी प्रसिद्ध हस्ती का गुणगान करने के।** यही चीज़ काफी ग़लत है कि हम कई-कई घंटे टीवी पर बिना सिर-पैर वाले शो देखने में बिता देते हैं। लेकिन फ़िल्म या टीवी सितारों की निजी ज़िन्दगी के बारे में सबकुछ जानने का क्या औचित्य है? उनकी ज़िन्दगी के बारे में क्यों पढ़ें—या टीवी पर गॉसिप शो क्यों देखें -—जबकि हम अपनी ख़ुद की प्रतिभा निखारने या कुछ और सार्थक चीज़ें करने पर ध्यान लगा सकते हैं? निजी तौर पर मैं नहीं मानता कि कोई भी किसी और से "बेहतर" या "अधिक महत्वपूर्ण" है। हम सभी एक जैसे हैं, भले ही आपकी नौकरी कैसी भी हो या आपके बैंक खाते में कितने भी पैसे जमा हों। क्या आपके बच्चे की ज़िन्दगी को ढालने वाले समर्पित स्कूल शिक्षक टीवी सीरियल के किसी एक्टर से कम महत्वपूर्ण हैं? मुझे लगता है कि ये वक़्त मशहूर हस्तियों के बारे में जुनूनी होने से ख़ुद को रोकने का और हमारी ज़िन्दगी में आने वाले हर शख़्स को अहमियत देने का है।

**सही बात कहना.... बजाय... वो कहने के जिसे आपके ख्याल से दूसरे सुनना चाहते हैं।** ऐसे लोगों को ढूंढ़ना चुनौती है जो वाकई में वही कहते हों जिस पर वो यकीन करते हैं। मिसाल के लिए राजनेताओं को लें। वे शायद ही कभी प्रामाणिक होते हैं और केवल वही कहेंगे जो "राजनीतिक रूप से सही" होता है, और अक्सर पिछले चुनावी नतीजों से प्रभावित होता है। आप प्रामाणिकता और सच्चाई की ऐसी कमी कुछ बिज़नेस के ख़ुद को पेश करने के तरीकों में भी देखते हैं। टीवी पर दिखाए जाने वाले बीमा कम्पनियों के विज्ञापनों पर ध्यान दीजिए। हम एक ऐसा दृश्य देखते हैं जहाँ एजेंट तुरन्त दुर्घटना स्थल पर पहुँच जाता है ताकि ग्राहक को उसकी कार को पानी से बाहर निकालने में मदद कर सके और उसे उसी हफ्ते बीमा के दावे पर भुगतान का इन्तजाम भी करता है। क्या आपको यकीन है कि ज़्यादातर दावों को इसी तरह से सुलझाया जाता है?

वैसे ये सच है कि हम सभी (व्यक्तिगत तौर पर और व्यवसाय में) कुछ हद तक "मुखौटा" लगाए रखते हैं और अक्सर ख़ुद को कुछ ऐसा दिखाते हैं जो हम नहीं होते हैं, लेकिन हम ज़्यादा सच्चे होकर फायदे में रह सकते हैं। इससे हमें दूसरों तक ज़्यादा असरदार ढंग से अपनी बात पहुँचाने और अपने बारे में बेहतर महसूस करने में मदद मिलेगी। प्रामाणिकता एक ताक़त है अगर हमारे भीतर इसे अपनाने का साहस हो।

**विचारों की सहनशीलता... बजाय... टकराव और ज़िद के।** मुझे हमेशा सिखाया गया था कि आप किसी से कड़वा बोले बगैर असहमत हो सकते हैं। ऐसा

लगता है कि ये सीख अब काम नहीं आती। इसकी जगह एक झगड़ालू रवैये ने ले ली है, जहाँ लोग आक्रामक रूप से उन लोगों पर हमला करते हैं जो उनकी बातों से असहमत होते हैं। टीवी समाचार कार्यक्रमों में आप अक्सर ऐसे मेहमानों को देखते हैं जो किसी मुद्दे के अलग-अलग पक्षों की वकालत कर रहे होते हैं। "वाद-विवाद" अक्सर निजी छींटाकशी में तब्दील हो जाता है और फिर हर कोई अपने विपक्षी के विचारों को हास्यास्पद बताने लगता है। इस आधार पर बहुत सारे रेडियो टॉक शो बनाए गए हैं। ज़िन्दगी में ज़्यादातर मुद्दे केवल "काले" और "सफ़ेद" नहीं होते हैं और हम अलग-अलग पृष्ठभूमि और अनुभवों वाले लोगों से हर मुद्दे पर अपने विचारों से सहमत होने की उम्मीद नहीं कर सकते। हमें दूसरों की बातों को ज़्यादा सुनने और अलग दृष्टिकोण रखने वालों के लिए बड़ा दिल दिखाने की ज़रूरत है। हम ये सीख सकते हैं कि हम सब कुछ नहीं जानते हैं और सच्चाई अक्सर चरम स्थितियों के बीच में कहीं होती है।

**सकारात्मक सोच... बजाय... नकारात्मक सोच के।** मीडिया में आप जो पढ़ते हैं, देखते हैं या सुनते हैं, उसमें से कितना हिस्सा सकारात्मक है? शायद 10%. ये मीडिया की ग़लती नहीं है। जिस समय लोग नकारात्मक ख़बरें देखना या पढ़ना बन्द कर देंगे, मीडिया कुछ अलग पेश करेगा। हमने ख़ुद को नकारात्मक चीज़ों पर ध्यान देने की आदत लगा दी है। मीडिया चाहे जो भी रिपोर्ट करे, आप सकारात्मक ख़बरों को फैलाने वाला बन सकते हैं। आप अपनी ज़िन्दगी नकारात्मक की बजाय सकारात्मक चीज़ों के बारे में बात करके जी सकते हैं। आपके पास जो नहीं है, उसके बारे में शिकायत करने की बजाय आपके पास जो है, उसके लिए आप आभार जता सकते हैं। आप दूसरों की कमियों को देखने की बजाय दूसरों में अच्छाई देख सकते हैं। जब आप अपना ध्यान सकारात्मकता पर लगाते हैं, तो आप ज़्यादा हासिल करेंगे, बेहतर महसूस करेंगे और दूसरों को प्रेरित करेंगे।

**सादगी और सहजता... बजाय... बहुत ज़्यादा प्लानिंग और बनावट के।** जब मैं बच्चा था तब ज़िन्दगी बहुत कम जटिल लगती थी। स्कूल के बाद मैं अपना होमवर्क करता था और दोस्तों के साथ खेलने के लिए बाहर या स्कूल के यार्ड में चला जाता था। आजकल ऐसा लगता है कि हर बच्चे के लिए ढेरों गतिविधियाँ तय हैं जिनमें उसे हर दिन शामिल होना है। इन बच्चों को ऐसे लोगों की ज़रूरत है जो इनके दिन भर के काम का ख्याल रखें क्योंकि उनके व्यस्त कार्यक्रम किसी कम्पनी में काम करने वाले शख़्स से कम नहीं हैं। इसके अलावा, माता-पिता से उम्मीद की जाती है कि वे बच्चों को इन कार्यक्रमों में ख़ुद छोड़ने-लेने आएं। इसके नतीजे में, बच्चे और माता-पिता दोनों तनाव में रहते हैं।

हाँ, दोस्तों, मुझे अहसास है कि आज दुनिया अलग है और आर्थिक और सामाजिक सच्चाइयों—माता-पिता दोनों काम पर जाने वाले, डे केयर सेंटर, असुरक्षित आस-पड़ोस, वगैरह—ने हमारे बच्चों की परवरिश के तरीके को बदल दिया है। और, दरअसल, कई लोग दलील देंगे कि आज बच्चों के पास ज़्यादा मौके हैं क्योंकि उन्हें इन सभी गतिविधियों की समझ है। आप मुझे "पुराने ज़माने का" कह सकते हैं लेकिन मुझे लगता है कि जीवन के अपने कुछ मूल्य हैं जिनमें ये सारी बनावट नहीं है और थोड़ी सहजता है। ढेरों गतिविधियों में शामिल होने का मतलब ये नहीं है कि आप बेहतर ज़िन्दगी जी रहे हैं। हो सकता है कि आपकी ज़िन्दगी ठीक इसके उलट हो।

**मन की शान्ति... बजाय... कहीं बाहर प्रेरणा की तलाश के।** उत्साह और बाहरी प्रेरणा में कुछ भी ग़लत नहीं है। हालांकि, जब हम सोचते हैं कि हमारे बाहर की चीज़ें हमें स्थायी सन्तुष्टि देने वाली हैं तो हम ख़ुद का मज़ाक उड़ा रहे होते हैं। शान्ति और ख़ुशी केवल ख़ुद के अन्दर ही पाई जा सकती है। कोई दूसरा व्यक्ति आपको मन की शान्ति नहीं दिला सकता। कोई दवा या उत्तेजना बढ़ाने वाली चीज़ आपको शान्ति नहीं देगी। मैं भौतिक सुख-सुविधाओं के पूरे समर्थन में हूँ; इससे आपकी यात्रा ज़्यादा सुखद बनती है और आप दूसरों की मदद भी कर पाते हैं। लेकिन, कितनी भी सांसारिक सम्पत्ति आपको स्थायी सन्तुष्टि नहीं देगी। खामोशी के लम्हों के माध्यम से शान्ति मिलती है—ना कि शोरशराबे और धमाचौकड़ी के बीच—और ना ही जायदाद इकट्ठा करते जाने से।

अब जब आपने इनमें से कुछ ट्रेंड्स को परख लिया है, तो इस बारे में थोड़ा सोचें कि आपके काम कौन आयेगा। ये फ़ैसला आप पर निर्भर करता है कि आप मौजूदा ट्रेंड्स को लेकर चलना चाहते हैं—या एक नया रास्ता बनाना चाहते हैं। चलिए, उन ट्रेंड्स पर एक बार और नज़र डालते हैं जिनके सुझाव मैं दे रहा हूँ:

- जिम्मेदारी उठाना
- हर व्यक्ति का सम्मान
- प्रामाणिकता
- विचारों की सहनशीलता
- सकारात्मक सोच
- सादगी और सहजता
- मन की शान्ति

जब आप इन नए ट्रेंड्स पर अमल करेंगे, तो आप अपनी ज़िन्दगी को सार्थक, और सम्बन्धों और असाधारण सफलताओं से भरपूर बना पायेंगे।

# आभार

ईश्वर का, प्यार भरे मार्गदर्शन और मेरे ऊपर हमेशा अपना आशीर्वाद बनाए रखने के लिए।

मेरी पत्नी डोलोरेस का, उनके प्यार और हर कदम पर मेरे काम में उनके समर्थन के लिए।

स्टुअर्ट कामेन का, इस किताब के ज़्यादातर लेखों के शानदार संपादन के लिए।

हज़ारों लोगों का, जिन्होंने मेल, ईमेल और व्यक्तिगत रूप से मुझसे संवाद कर बताया कि उन्हें इन लेखों से कितना फायदा पहुंचा है। मैं आपके समर्थन और प्रोत्साहन के लिए दिल से आभारी हूं।

# लेखक के बारे में

जेफ़ केलर 'एटीट्यूड इज़ एवरीथिंग' नामक कंपनी के प्रेसिडेंट हैं और उन संस्थानों के साथ काम करते हैं जो कामयाब लोगों को विकसित करना चाहती हैं। जेफ़ उन लोगों के साथ भी काम करते हैं जो अपनी पूरी क्षमता तक पहुंचना चाहते हैं। जेफ़ प्रेरणा और मानवीय क्षमता के क्षेत्र में वक्ता, सेमिनार लीडर और लेखक हैं। 20 से ज़्यादा सालों से, वो कारोबारियों, व्यापार संगठनों और शिक्षण संस्थानों में उत्साह बढ़ाने वाली अपनी प्रस्तुतियां दे रहे हैं।

अपनी "पहली ज़िंदगी" में, जेफ एक वकील थे और एक वक्ता और लेखक के रूप में करियर बनाने का फ़ैसला करने के पहले उन्होंने दस से ज़्यादा सालों तक वकालत की।

जेफ़ बेस्ट-सेलिंग किताब, *एटीट्यूड इज़ एवरीथिंग* के लेखक हैं, जिसकी 10 लाख से ज़्यादा प्रतियां दुनिया भर में बिक चुकी हैं। उनसे संपर्क करने के लिए आप jeff@attitudeiseverything.com पर ईमेल भेज सकते हैं।

# अनुवादक के बारे में

अनुवादक धीरज कुमार अग्रवाल मीडिया प्रोफेशनल हैं और मुंबई में रहते हैं। पत्रकारिता और संचार में आपका 16 वर्षों से अधिक का अनुभव है। साथ ही साहित्य सृजन से सक्रिय रूप से जुड़े हैं। आप एक दर्जन से अधिक अंग्रेजी किताबों का हिंदी में अनुवाद कर चुके हैं। इनकी लिखी कविताओं का एक संग्रह 'शाम अभी बाकी है' के नाम से ई-बुक के रूप में प्रकाशित हो चुका है। इसके अतिरिक्त पर्सनल फाइनेंस से जुड़े मुद्दों में गहरी पकड़ है और कई वेबसाइटों के लिए नियमित लेखन करते रहे हैं।